KB205563

성결교회 부모교육 시리즈

# BCM 부모 에센스 Ⅰ

# BCM 부모 에센스 Ⅰ

ⓒ 기독교대한성결교회 출판부

2010년 10월 25일 초판 1쇄 발행
2015년 1월 20일 초판 2쇄 발행

발행인 / 김진호
편집인 / 유윤종
책임편집 / 강신덕
기획 · 편집 / 전영욱 강영아
디자인 · 일러스트 / 권미경 오인표
홍보 · 마케팅 / 강형규 박지훈
행정지원 / 조미정 박주영

펴낸곳/ 기독교대한성결교회 출판부
주소/ 서울시 강남구 테헤란로64길 17(대치동)
전화/ 02-3459-1051~2 팩스/ 02-3459-1070
이메일/ edu@eholynet.org
등록/ 1962년 9월 21일 등록번호/ 제 16-21호

책값은 뒤표지에 있습니다. 잘못된 책은 구입하신 곳에서 교환해 드립니다.
ISBN 978-89-7591-275-7 93230

성결교회 부모교육 시리즈

# BCM 부모 에센스 I

총회교육국 편

기독교대한성결교회출판부

## 부흥을 위한 동행

처음 BCM 교육목회가 소개된 후 3년이 흘렀습니다. 곳곳에서 회복과 부흥의 외침이 들려옵니다. 많은 교사들이 일어서고 있습니다. 많은 교사들이 영적 각성과 회복을 경험하고 있습니다. 많은 교사들이 가르치는 사역의 귀중함을 깨닫기 시작하고 있습니다. 많은 교사들이 사역 일선에서 부흥하고 있습니다. BCM과 성결교회 교육의 부흥은 이제 비단 교단 내의 축제만이 아닙니다. 이것은 한국교회 전체가 주목하며 한국교회 전체가 감사하는 제목이 되고 있습니다. 하나님께 감사할 일입니다.

이제 BCM 교육목회는 한편으로 교회교육의 기틀과 내용을 보다 충실하게 하면서 다른 한편으로 도약과 확장의 기회를 마련하고 있습니다. 가정의 부모가 함께하는 다음세대 교육을 확립하는 것입니다. 성결교회의 다음세대를 가르치는 일은 교회만의 사명일 수 없습니다. 성결교회의 다음세대를 가르치는 일은 교회와 가정, 사회의 기독교 일꾼들이 함께 도모해야 하는 연합사역입니다. 특별히 부모와 교회의 교사들이 함께 이 일을 도모하여 나아갈 때 우리 어린이와 청소년들이 보다 안정적인 신앙교육의 기회를 얻게 될 것이며, 이를 통해 우리 가정이 주 안에서 더욱 든든하고 평안한 가정이 될 것입니다. 더욱 기대할 만한 일은 가정의 회복과 부흥이 곧 교회의 회복과 부흥으로 직결될 것이라는 사실입니다.

사실 오늘 많은 교회들이 도약과 부흥을 외칩니다. 성장을 위한 다양한 비결들을 쏟아내고 있습니다. 그러나 정작 우리가 생각해야 하는 것은 바로 우리 교회의 가장 기초단위라고 할 수 있는 가정이 영적으로 회복되는 일일 것입니다. 우리 가정은 지금 파괴되고 있고 단절되고 있습니다. 누군가는 심각한 가정 붕괴현상에 대해 외치기도 합니다. 우리 사회의 가장 기본적인 공동체 근간인 가정이 무너지고 있는 이 현상은 교회가 좌시할 수 없는 현실입니다. 우리는 교회의 부흥이야말로 우리 사회의 가정이 회복되는 데서 시작될 때 가장 안정적으로 이루어진다는 점을 직시해야 합니다.

　BCM 부모교육은 이런 관점에서 우리 성결교회의 부모들이 자녀 신앙교육의 소명을 갖고, 부모로서 바르게 서서, 신앙인 부모로서 자녀를 신앙 안에서 바르게 양육할 수 있도록 정보와 기술을 제공하는 것을 목적으로 발간되었습니다. 우리는 우리 부모들로 하여금 교회의 신앙교육에 대한 귀중한 동반자가 되게 함과 동시에 그들 스스로 가정 안에서 진정한 목자로 바르게 서게 하는 일을 바라는 열망을 이 책에 담았습니다. ‘BCM 부모 에센스’가 가정과 교회의 온전한 회복의 길을 열 첩경이 될 것임을 확신합니다.

　선교 2세기, 부흥을 열망하는 성결교회의 모든 목회자와 교사 그리고 부모 여러분, 가정과 부모의 회복을 위해 헌신합시다. ‘BCM 부모 에센스’가 여러분의 헌신에 귀중한 안내자요, 동반자가 될 것입니다. 성결교회 부흥을 위해 가정의 부모와 교회의 교사들을 동반자로 세워주십시오. 그래서 성결교회의 부흥의 불길이 이들이 맞잡은 손으로부터 더욱 맹렬하게 일어나도록 협력하여 주십시오. 하나님께서 이 거룩한 동역에 큰 축복을 허락하여 주실 것입니다.

　BCM 부모교육을 통하여 여러분 교회와 가정에 큰 부흥의 역사가 일어나기를 기도하겠습니다.

2015년 1월 20일
교단총무 김진호 목사

## Part 1.
# 거룩한 부르심을 받았습니다
이형로 목사 (만리현교회 담임)

# BCM 부모 에센스 길라잡이

기독교대한성결교회 총회교육국

## 뜻있는 성결 부모들에게

2007년 기독교대한성결교회 총회는 교단 창립 100주년을 기념하여 교단의 새로운 100년을 기약하는 새교육제도인 'BCM 교육목회 제도'를 개발, 전국 교회의 박수 가운데 그 시작을 알렸습니다. 이제 BCM 교육목회가 안정적인 궤도에 들어서고 있는 시점에서 총회는 BCM 교육목회를 교회의 실행으로만 제한하지 않고, 교회의 모든 부모들이 가정에서 어린이와 청소년을 양육하는 책임을 감당하여 '교육목회의 여정'에 동참할 수 있도록 하기 위해 'BCM 가정 교육목회'의 새로운 장을 개척하였습니다.

BCM 가정교육목회는 BCM 교회교육목회와 마찬가지로 크게 두 가지의 교육 사역 보급 영역으로 구분되어 있습니다. 그 하나가 바로 마이티(Mighty) 시리즈의 개발·보급입니다. 이미 총회교육부는 지난 3년여 동안 교단 내 지교회 교사들이 손에 잡고 활용할 수 있는 반목회 지침서인 'BCM 유아, 어린이, 청소년 마이티 플래너(Mighty Planner)'를 개발하여 보급하고 있습니다. BCM 가정교육목회 역시 마찬가지로 성결교회의 모든 부모들이 자녀들을 대상으로 월요일부터 토요일까지 한 주간 동안 가정에서 목자로서 자녀양육에 헌신할 수 있도록 하는 유아, 어린이 가정교육목회 지침서인 'BCM 유아, 어린이 마이티

패밀리(Mighty Family)'를 유아와 어린이용 가정신앙학습지인 'BCM 유아, 어린이 마이티 북(Mighty Book)'과 함께 개발 · 보급합니다.

다른 하나는 에센스(Essence) 시리즈의 개발 · 보급입니다. 총회는 이미 BCM 교육목회가 세상에 처음 나오던 해에 BCM 교육목회를 실제로 실천할 실행주체인 교사들을 양성하고 훈련하기 위한 교재인 'BCM 교사 에센스 시리즈 1, 2, 3권'을 개발 · 보급하였습니다. 이제 총회는 가정에서 자녀들을 위하여 헌신된 교육목회자로 설 수 있는 부모를 양성하고 훈련하기 위한 교재인 'BCM 부모 에센스' 시리즈를 개발 · 보급합니다. 바로 지금 여러분이 읽고 있는 시리즈입니다.

이제 이 시리즈들은 교회의 교사들과 가정의 부모들을 하나님의 어린이와 청소년을 위한 목자적 양육의 틀 안에서 하나로 이어줄 것입니다. 이 시리즈들은 오늘 이 시대 우리 어린이들과 청소년들을 하나님의 귀하신 뜻 가운데서 바르게 양육하고자 하는 모든 성결교사들과 모든 성결 부모들에게 가르침의 사역을 위한 동반자가 되어 줄 것입니다.


## 신실한 성결인 부모를 위한 에센스

이 책이 집필되는 과정 중에 한 목사님 부부와 이야기를 나눌 기회가 있었습니다. 오랜 시간 작은 지방 도시에서 목회를 해 오신 목사님과 사모님은 성도들과 더불어 가정과 자녀 교육에 대하여 이야기를 나누거나 교육할 기회가 닿을 때마다 오직 한 가지를 말했답니다. '자녀를 세상으로 파송하십시오.' 지방의 중소도시인지라 교인 가정 대부분은 자녀들이 중학교나 고등학교를 마치면 서울을 비롯한 대도시로 자녀를 떠나보내는 일이 다반사였습니다. 그러니 매년 1~3월이면 학교를 졸업하고 진학하거나 취직한 자녀들이 교회와 가정을 떠나면서 환송을 하는 일이 빈번하기 마련이었습니다.

목사님과 사모님 본인들 역시도 아쉽고 가슴 저린 '자녀 떠나보내기'의 과정을 거쳐야 하기는 마찬가지였습니다. 그러던 어느 순간, 목사님은 이렇게 빈번한 '자녀 떠나보내기'의 과정에서 교회의 모든 가정들이 오직 한 가지 이슈에 집중해야 할 필요를 느꼈답니다. 바로 자녀를 전도자로 파송하는 일이었습니다. 장성하여 부모의 품과 살던 고장을 떠나는 자녀들에게 아브라함과 초대교회 전도자들의 마음을 갖도록 하자는 것이었습니다.

이후 그 교회의 아이들과 청소년 교육은 자연스레 선교교육이 되었습니다. 성도들 역시 가정에서 자녀들을 '바르게 혹은 영적으로 떠나보내기' 위한 영적인 시간들을 자주 갖게 되었습니다. 자연스럽게 이 교회의 주요 초점은 교회 모든 가정의 자녀들이 교회의 협력과 부모님들의 간절한 기도 가운데 온전한 복음 증거자로서 세상에 나아가도록 양육하는 일이 되었습니다. 목사님과 사모님은 지난 30여 년의 세월 동안 교회의 모든 부모 성도들과 함께 그렇게 약 200여 명의 성공하거나 혹은 실패한 가정선교사들을 대도시로 혹은 전 세계로 파송하는 일을 해오셨답니다.

오늘날 많은 그리스도인 부모들이 신앙 가운데서 자녀들을 바르게 양육하는 일에 깊이 있고 절실한 욕구를 느끼고 있습니다. 세상은 점점 악해져만 가고 사람들은 점점 신실함으로부터 멀어져가는 시점에서 우리 그리스도인 부모들은 '어떻게 하면 우리 자녀들을 이 세상의 가치에 잘 적응시킬까?' 하는 문제보다 '어떻게 하면 우리 자녀들을 이 세상 가운데서 그리스도인으로서 바르게 세울 수 있을까?(때로는 세상과 반대되는 입장에 설지라도)'라는 문제에 더 많이 관심을 갖습니다.

몇몇 부모들은 그 일을 스스로의 힘으로 해보겠다고 다양한 자료를 취합하고 고민하고 연구하여 자녀를 위한 독특한 교육 방식과 길을 열기도 합니다. 또 어떤 부모들은 신앙적으로 바르게 자녀를 양육하기 위하여 좋은 강사들이 엄선된 세미나에 참석하여 며칠씩 함께 고민하고 씨름하고 돌아오기도 합니다. 또 어떤 부모들은 그저 기도밖에는 할 수 있는 것이 없다고 생각해서 기도원과 기도처를 찾아가 전심으로 기도하는 일에 매진하기도 합니다.

BCM 부모 에센스는 이 모든 부모들의 시대적인 진지한 고민과 그 해법을 찾기 위한 노력에 대한 총체적인 대안입니다. BCM 부모 에센스는 이 험난한 시절에 자녀를 바른 길로 인도하고 진리로 가르치며 주님이 주신 생명의 자리를 빼앗기지 않으려는 모든 신앙인 부모들에게 진실한 대안이 됩니다. BCM 부모 에센스는 그 모든 교육의 과정을 통하여 부모로 하여금 시대를 넘어서는 하나님의 진리 가운데 바르게 서도록 인도하고 예수 그리스도의 십자가 그늘 아래에서의 은혜로운 삶을 추구하며 성령으로 충만하여 살아가는 거룩한 능력의 삶을 제안합니다. BCM 부모 에센스는 무엇보다 부모들이 이 모든 일들에 대하여 앞서 사는 선생(先生)이 되기를 바랍니다. 그래서 우리 자녀들이 하나님의 은혜와 진리 가운데 거룩한 삶을 살 수 있도록 인도하는 첩경은 바로 부모 스스로가 모범이 되고 그 가운데 자녀를 바르게 훈육하는 일이라는 것을 제안합니다.

BCM 부모 에센스는 진지한 영성으로 이 시대를 고민하는 부모들을 위한 책입니다. BCM 부모 에센스는 진지한 영성으로 이 시대를 고민하는 부모들을 한자리에 모으기 원하는 모든 성결목회자들을 위한 책입니다. 이 시리즈는 신앙인 부모와 교회의 목회자, 그리고 교사들이 서로 머리와 무릎을 맞댈 수 있게 하는 몇 안 되는 귀한 책입니다.


## BCM 부모 에센스 가르치고 배우기

BCM 부모 에센스는 기본적으로 세 가지의 단계 과정을 제안합니다. 첫째는 부모로 바르게 서는 일입니다. BCM 부모 에센스는 무엇보다 이 시대 그리스도인 부모들이 신앙인으로서 바른 정체성과 바른 영성을 갖기를 바랍니다. 그래서 그저 생물학적인 부모로만 살지 않고 하나님 앞에 바른 소명을 받은 하나님의 귀한 자녀로 설 수 있게 되기를 바랍니다. 그래서 이 시리즈를 접하는 모든 그리스도인 부모들이 그 자녀들에게 자신들의 정체성은 다른 어떤 곳이 아닌 하나님에 대한 신앙과 하나님의 신앙인들이 모인 교회에서 찾을 수 있다는 것을 분명하게 전할 수 있게 되기를 바랍니다.

둘째는 바른 부모로 변화하는 일입니다. BCM 부모 에센스는 부모가 그 자녀들을 양육함에 있어서 스스로를 성숙하게 하고 스스로의 삶의 방식과 패턴을 변화시키는 일에 주저함이 없게 되기를 바랍니다. 이 시리즈는 교육에 동참하는 모든 부모들이 가정을 바라보는 안목과 배우자를 바라보는 안목, 나아가 자녀를 바라보는 안목이 변화되고 그 변화된 안목과 자세에 걸맞은 자녀 양육의 방법을 모색할 수 있게 되기를 바랍니다.

셋째는 바른 양육자로서 알아야할 충실한 정보를 갖는 일입니다. BCM 부모 에센스는 온전한 부모로 스스로를 세우고 그 합당한 삶의 안목과 방식을 선택하여 성숙한 양육자로 변화한 부모들에게 자녀 양육에 꼭 필요한 정보와 기술을 제공할 수 있기를 바랍니다. 그래서 그들이 자녀를 바르게 이해하는 방법, 자녀와 소통하는 방식, 나아가 교회와 더불어 신앙 안에서 협력적으로 바르게 자녀를 양육하는 방법에 대해 구체적으로 체득할 수 있게 되기를 바랍니다.

위의 참 부모되기, 참 부모로 변화하기, 참 부모가 알아야할 것을 알기 등의 세 가지 단계 과정은 이 시리즈가 추구하는 독특한 교육 방식을 통해 참여하는 부모들에게 안정적으로 전수될 것입니다. 이 시리즈는 교회로 하여금 그 공동체에 참여하는 부모들이 바른 교육목회적 양육자로서 가정 가운데 설 수 있도록 하기 위한 '교회의 부모교육 과정'입니다. 따라서 이 부모교육과정의 인도자 역할을 기본적으로 교회의 목회자 혹은 사모들로 설정하였고, 그 대상은 자녀를 둔 '신앙인 부모'로 제한하고 있다는 것을 먼저 일러둡니다. 그 구체적인 교수학습의 특징과 단계는 다음과 같습니다.

첫째, 이 시리즈는 각 단원의 1개 과가 한 개의 강의로 실행되도록 구성하였습니다.

둘째, 이 시리즈는 총회가 운영하는 'BCM 부모교육지도자 세미나'의 교육과정을 이수한 담임목사(혹은 목회자에 의해 위임된 사모, 부교역자, 평신도지도자)의 인도로 진행됩니다.

셋째, 각 과는 정해진 인도자의 강의와 관련 토론으로 진행됩니다.

넷째, 각 과를 마친 후 인도자는 참여한 부모들을 소그룹화하여 주어진 방법대로 '만나모임'을 진행하도록 함으로써 강의에 참여한 부모들이 교육 받은 내용과 부모로서의 실제적인 삶을 연결할 수 있도록 격려합니다.

다섯째, 이 교육에 참여하는 부모들은 기본적인 신앙의 소양교육(예를들면 평신도 제자훈련)을 마친 사람들로 하되, 필요에 따라 인도자의 동의하에 초신자들이나 비기독교인들도 참여할 수 있도록 합니다.

여섯째, 이 교육에 참여하는 부모들은 총 14~18주, 5개월 동안 진행되는 정규강의에 빠짐없이 참여해야 하고, 이외에 각 단원 교육을 마친 후 진행되는 '만나모임'에 적극적으로 참여해야 합니다.


## BCM 부모 에센스 교회에 세우기

이 시리즈는 교회로 하여금 그 공동체의 신앙인 부모들이 보다 더 적극적으로 자녀들의 신앙교육에 참여하고 보다 책임감 있는 신앙인 부모로서의 역할을 다하도록 하기 위하여 기획되었습니다. 따라서 이 시리즈의 교육과정은 담임목사의 전적인 헌신과 인도 아래 '모든 성결교회'에 개설되어야 합니다. 또한 교회의 교육적 리더의 성실한 지원과 협력 아래 교회교육과 가정교육이 하나로 이어지고 협력하는 공동적 체제로 온전하게 세워질 때까지 지속적으로 실시되어야 합니다.

**첫째 단추: 인도자 세우기** 이 시리즈를 안정적으로 실행하기 위하여 교회
는 담임목사나 사모 혹은 담임목사에 의해 위임된 교회의 교육
지도자들로 하여금 총회교육부가 실행하는 'BCM 부모교육지
도자 세미나'에 참여, 과정을 수료하도록 합니다.

**둘째 단추: 인도자의 준비** 일련의 과정을 수료한 인도자들은 먼저 훈련
받은 교재의 내용을 충실히 숙지한 후, 각 단원과 과별로 제공
되는 교육자료들을 총회교육국 홈페이지에서 받아 주어진 지
침에 따라 세부적이고 구체적인 강의안을 개발합니다.
(www.eholynet.org)

**셋째 단추: 협력자 개발** 인도자는 이 시리즈를 교육하기 위하여 자원하는
협력자를 별도로 구성합니다. 초기에는 목회실과 평신도 교육
지도자들로 구성하고, 점차 이 과정의 수료자들이 시리즈 교육
과정의 협력자로 참여할 수 있도록 격려합니다. 협력자들은 강
의를 준비하고 운영하는 일들을 지원하거나, 특별히 만나모임
이 보다 원활하게 진행될 수 있도록 리더나 운영자의 역할을 담
당합니다.

**넷째 단추: 강의의 운영** 실질적으로 강의를 운영할 때 인도자는 참여자들
로 하여금 반드시 교재의 내용을 미리 읽어 오도록 하고, 강의
진행 후 반드시 관련된 과제를 제안하여 참여자들이 보다 더 적
극적이고 효율적으로 과정에 참여하도록 격려합니다.

**다섯째 단추: 홍보** 이 시리즈를 원활하게 운영할 수 있도록 인도자와 협력
자 혹은 교회의 리더들이 교회학교 학부모들이나 유아, 어린이
청소년을 자녀로 둔 교인들을 대상으로 적극적으로 홍보 작업

을 진행합니다. 홍보를 위한 다양한 자료들은 총회교육국 홈페이지를 활용합니다.

여섯째 단추: 수료자 이 시리즈의 교육을 수료한 부모들에 대하여 'BCM 부모 헌신예배' 등의 방법으로 수료식을 거행하고 수료증을 배포합니다. 또 자녀교육에 관한 다양한 후속 교육 시리즈들을 운영, 수료자들로 하여금 보다 심화되고 풍성한 단계로 나아갈 수 있도록 격려합니다.

## BCM 부모 에센스 1권의 주요 내용 및 집필진

| 단원 | | 교육내용 | 집필진 |
|---|---|---|---|
| BCM 길라잡이 | | BCM 부모 에센스 길라잡이 | 총회교육국 |
| | | BCM 교육목회 이해 | 총회교육국 |
| 1단원<br>거룩한 부르심을<br>받았습니다. | 1과 | 부모로 부르심을 받았습니다. | 이형로 목사<br>(만리현교회 담임) |
| | 2과 | 자녀로 부르심을 받았습니다.<br>(하나님의 자녀로서의 부모) | |
| 2단원<br>하나님의<br>안목으로<br>바라봅니다. | 1과 | 하나님의 안목으로 가정을 봅니다. | 구경선 교수<br>(서울신학대학교<br>보육학과) |
| | 2과 | 하나님의 안목으로 배우자를 봅니다. | |
| | 3과 | 하나님의 안목으로 자녀를 봅니다. | |
| 3단원<br>건강한 가정을<br>만듭니다. | 1과 | 현재의 가정을 이야기합니다. | 채경선 교수<br>(성산효대학원대학교<br>상담학과) |
| | 2과 | 과거의 가정을 이야기합니다. | |
| | 3과 | 자녀에게 건강한 가정을 선물합니다. | |

# BCM 교육목회 이해

기독교대한성결교회 총회교육국

교회는 그리스도의 몸으로서 그 본질과 기능을 온전하게 이루어야 합니다. 교회는 그리스도를 머리로 삼아야 합니다. 교회는 아울러 머리이신 예수님을 중심으로 각 지체가 서로 긴밀한 영적 네크워크를 형성해야 합니다. BCM 교육목회는 그 교회론적 본질 회복을 추구하는 교회의 체제입니다.

본 강의는 BCM 교육목회에 대한 전반적인 이해를 돕기 위해 구성되었습니다. 본 강의는 BCM의 개념이해와 구조파악, 그리고 그 실제적인 적용을 위한 제안 등으로 구성됩니다. 교사들은 본 강의를 듣거나 읽음으로써 BCM 교육목회가 의미하는 그리스도인과 교회, 그리고 세상과 하나님 나라의 의미에 보다 더 가까이 다가갈 수 있습니다. 무엇보다 본 강의는 교사들이 BCM 교육목회를 진지하게 이해함으로써 교회의 교육적 사명을 성실하게 수행할 수 있게 되기를 기대합니다.

## 목회의 본질을 회복하는 교육

'BCM'은 성결교회가 앞으로 추진해 나갈 새로운 교육제도의 명칭으로, 영어 'The Body of Christ Model : an Educational Ministry System'의 이니셜입니다. 영어 명칭에서 추측할 수 있듯이 이 새로운 교육제도는 교회를 그리스도의 몸으로 생각하고 그것을 교육목회적인 관점으로 접근한 창의적인 교육

시스템입니다. BCM 교육목회제도는 한마디로 "영성을 기반으로 하여 돌봄과 성숙, 그리고 사역과 나눔이 이루어질 수 있도록 돕는 통합적인 교육목회 시스템"입니다.

'교육목회'라는 말은 목회를 교육적으로 하는 것을 의미합니다. 교회에서 교육은 성숙한 인간을 형성시키는 것을 목적으로 하는데, 목회가 교육목회여야 한다는 것은 교육의 목적을 목회적 돌봄과 양육을 통해서 이루자는 것입니다. 이것은 교육과 목회의 본질이 교육목회를 통해 다시 발견되고 회복되어야 한다는 것을 의미합니다. 그리스도의 몸으로서의 교육목회제도인 BCM이 의도하는 것이 바로 이것입니다. BCM 교육목회제도는 단순한 교육제도가 아닌 목회의 원형을 회복시키고자 하는 노력이라 할 수 있습니다.

## 지체들 사이의 관계 개념을 구체화한 제도

BCM은 이상적인 교육목회를 지향합니다. 그러기 위해서 갖추어야 할 전제들이 있습니다. 전인적인 차원에서 신앙형성을 도와야 한다는 것, 성결교회의 신학이 충분하고 분명하게 반영되어야 한다는 것, 학교식 교육방식이 아닌 신앙공동체적 접근이어야 한다는 것, 소수의 지도자가 아닌 교회의 전체 구성원에 의해 수행되어야 한다는 것, 목회가 교회 사역만이 아닌 사회에 대한 봉사를 포함해야 한다는 것, 그리고 정보화 사회의 특성을 반영해야 한다는 것 등이 그것입니다.

교회는 그리스도의 몸이고 우리는 그 지체들이라고 말합니다. 그런데 막상 그것이 무엇이냐고 물으면 구체적으로 말하기가 어렵습니다. BCM은 그것을 개인, 소그룹, 회중, 사회, 그리고 성서와 전통으로 봅니다. BCM을 구성하는 5개의 핵심요소를 설명하면 다음과 같습니다.

개인 │ 개인은 교회의 가장 기초적인 단위입니다. BCM 교육목회제도에서는 개인이라는 차원이 지닌 의미와 각 개인이 긍정적인 방향으로 변화되는 것을 우선적으로 생각합니다. 중요한 것은 BCM 교육목회제도에서는 각 개인은 관계적 존재로, 그 관계가 주는 영향력에 의해 성장하는 자라고 이해한다는 점입니다.

**소그룹** 각 개인이 모이면 작은 공동체인 소그룹이 형성됩니다. 소그룹은 각 개인에게 깊이 있는 만남과 역동성을 선사하고 회중모임의 핵심적인 토대가 된다는 점에서 차별적인 중요성을 지닙니다. 기독교교육이 추구하는 신앙이 지적이고 정의적이며 행동적인 영역들을 포괄하고 삶의 방식(life-style)으로 자리매김되는 것이라는 점을 염두에 둘 때, 소그룹의 중요성이 한층 부각되게 됩니다. 그 이유는 소그룹이 이러한 신앙이 형성되는 데 결정적인 도움을 주는 만남을 제공하기 때문입니다. 만남은 단순히 피상적인 만남이 아닌 인격적인 만남이 이루어질 때 비로소 의미 있는 만남이 됩니다. 이러한 의미 있는 만남은 개인들이 깊이 있게 만날 때 가능한 일입니다. 소그룹에서 이러한 만남이 이루어질 수 있습니다.

**회중** 회중은 기독교 신앙공동체의 원형으로, 교회의 구성원들이 모두 모인 전체 모임을 의미합니다. 하나님께서 히브리 민족을 부르셨을 때, 그 분은 한 개인을 부르신 것이 아니라 하나의 공동체인 회중을 부르셨습니다. 구약에 의하면, 하나님께서 애굽에서 종노릇하던 히브리 백성을 구원해 주심으로써 '하나님의 백성'이라는 무리가 형성되었습니다(출 14-15장). 신약에서는 오순절에 베드로의 설교를 듣고 회개하고 그리스도를 믿게 된 사람들이 초대교회의 회중으로 모이게 되었습니다. 회중은 단순히 사람들의 모임이 아니라, 하나님과 예수 그리스도와의 관계를 통한 모임이자 조직체인 것입니다. 이렇게 볼 때 회중, 곧 신앙공동체를 형성하는 것이 교회의 우선적인 과제라는 것을 알 수 있습니다.

성서와 전통 | 성서와 전통에 의해 교회 공동체의 성격이 결정됩니다. 신앙공동체의 신앙은 성서에 근거하여 생성되고 성장해야 합니다. 성서의 말씀이 성령을 통해 학습자들에게 열릴 때, 비로소 하나님의 말씀으로 경험되고 삶을 변화시키고 성숙시키는 원동력이 됩니다. 전통은 기독교의 역사적 흐름 가운데서 경험한 것과 그것에 대한 반응의 결과들로 구성되어 있습니다. 예를 들어, 예배의 요소들, 절기행사, 목사와 장로제도, 교회의 관습들이 신앙전통에 해당됩니다. 그러한 전통들 중에서 중추적인 역할을 하는 것으로서 교단의 신학적 입장을 들 수 있습니다. 성결교회의 신학적 특성은 "개신교복음주의 웨슬리안 사중복음신학"입니다. 시스템적 관점에서 볼 때, 성결교회의 신학과 전통은 몸으로서의 교회의 심장과 같아서 개인, 소그룹, 회중, 사회와 같은 교회의 각 지체들에게 혈액과 영양을 공급해 줍니다.

사회 | 지금까지의 사회에 대한 교회의 입장과 태도를 살펴보면 대개 무관심하거나 권위주의적인 것이었습니다. 그런데 시스템적인 관점에서 보면, 일방적이기만 한 관계는 존재할 수 없다는 것을 알 수 있습니다. 오늘날 다양한 매스미디어의 활용, 거주지의 확대로 인한 주일 오후예배 제도, 토요 휴무제를 겨냥한 예배 시간 변화 등은 교회가 사회로부터 영향을 받고 있다는 증거입니다. 분명한 것은 교회는 사회 속에 존재하면서 사회와 영향을 주고받는다는 사실입니다. 시스템적인 관점에서 볼 때, 교회는 사회와의 관계에 대해 일단 호의적일 필요가 있습니다. 지금까지 사회를 부정적 의미에서 "세속"으로 몰아붙이고, 따라서 소극적인 방어 자세로만 일관해 왔다면, 이제 교회는 사회를 나의 일부를 구성하는 자원으로 받아들여야 합니다. 사회 안에 교회의 성장 자원이 있다는 혁신적인 생각이 사회 속에 있는 긍정적인 요소들을 볼 수 있게 할 것입니다.

그렇다면 신앙공동체를 이루는 이 다섯 가지 요소들 사이에는 어떤 관계가 형성되어야 하고 그 성격은 어떠해야 할까요? 즉 어떤 모습으로 그리스도의 몸을 이루어가야 할까요? BCM에서는 그들 관계들 사이에서 다음의 스무 가지 주요 개념들이 달성되어야 한다고 봅니다.

**친밀감**
**개 인 ⇌ 소그룹**
**돌 봄**

첫 번째, 소그룹을 구성하는 각 개인은 '친밀감'을 형성하고 그것을 서로 나눔으로써 소그룹이 생명력 있고 성장하는 공동체가 되도록 기여합니다. 소그룹이 유지되고 성장하는 데 필요한 필수 요건은 바로 구성원들의 친밀감입니다. 이 친밀감이 형성되기 위해서는 구성원들이 서로를 깊이 알고 사랑하는 관계를 이루어야 합니다(벧전 1:22). 두 번째, 소그룹은 개인에게 '돌봄'을 제공합니다. 소그룹은 개인을 돌봄으로써 그가 신앙공동체에 안정감 있게 정착하도록 인도합니다. 소그룹은 각 개인이 질병이나 사고 등으로 인해 어려움 가운데 신앙생활에 위기를 경험할 때 더욱 더 관심을 가지고 돌봄을 제공하게 됩니다.

**성 실**
**개 인 ⇌ 회 중**
**공동체정신**

세 번째, 개인은 교회 전체 모임인 회중에 대하여 '성실'해야 합니다. 회중이 성립하려면 개인들의 지속적인 참석이 필수적으로 전제되어야 합니다. 즉, 교인이 모여야 교회가 형성될 수 있는 것입니다. 개인이 성실하게 참석할수록 회중 공동체가 더욱 안정감 있게 유지될 수 있습니다. 네 번째, 회중은 개인에게 '공동체정신'을 제공합니다. 각 개인의 신앙생활을 살펴보면 '나는 OO교회의 일원이다'라는 의식이 매우 큰 비중을 차지합니다. 대부분의 사람들이 신앙생활을 생각할 때, 자신이 속한 교회의 회중 공동체에 참여하는 생활을 그리게 됩니다. '어느 회중 공동체에 소속되어 있느냐'라는 문제가 신앙생활에 있어서 많은 영향을 미치게 된다는 것입니다. 회중은 어떤 동질성(homogeneity)을 공유하게 함으로써 하나(oneness)라는 일체감, 즉 공동체 정신을 선물합니다.

다섯 번째, 성서와 전통은 개인에게 '기억' 거리들을 제공합니다. 성서와 전통은 기억될 만한 다양한 자원들을 각 개인에게 제공함으로써 그들에게 영향을 미칩니다. 이때의 기억은 주로 신앙적인 기억을 의미합니다. 성서와 전통은 개인의 신앙성장에 필요한 가장 핵심적인 자원들을 제공한다는 점에서 차별적인 중요성을 지닙니다. 여섯 번째, 개인은 성서와 전통에 '응답'함으로써 반응합니다. 각 개인은 성서와 전통이 제공하는 다양한 기억거리들을 전인적으로 이해하고 그것에 대하여 응답을 합니다. 이로써 개인은 성서와 전통이 지닌 존재 이유와 가치를 증명할 뿐만 아니라, 기독교 역사에 있었던 과거와 미래의 내용들이 실존적인 차원에서 재현(再現) 또는 실현(實現)되도록 합니다.

일곱 번째, 사회는 개인에게 '행동양식' 형성을 위한 자원들을 제공합니다. 개인은 사회화(社會化, socialization) 과정 중 다양한 경로를 통하여 그 사회가 요구하는 적절하고 바람직한 가치 규범이나 생활 방식 등을 내면화하여 자신이 속한 사회에 적절한 행동양식을 습득하게 됩니다. 대부분의 사람들은 사회로부터 제공받은 행동양식에 지배를 받으며 그에 준하는 생활을 하게 됩니다. 여덟 번째, 개인은 사회를 향해 '화해'의 사역을 함으로써 사회에 긍정적인 영향을 미칩니다. 그리스도인으로서의 개인은 사회로부터 동떨어진 존재가 아닙니다. 그들은 모두 그리스도인이면서 동시에 사회인입니다. 때문에 사회가 하나님 나라를 실현해가는 장이 된다는 점을 염두에 두어야 합니다. 하나님 나라를 실현하는 데 있어서 각 개인이 할 수 있는 일은 '화해'를 실천하는 일입니다.

아홉 번째, 소그룹은 서로 '연대(連帶, solidarity)'함으로써 회중모임이 형성되도록 합니다. 회중 공동체에 속한 소그룹들이 건전하게 성장하면, 자연스럽게 회중 공동체에 연대감이 조성되게 됩니다. 이때 회중은 '공동체들의 공동체'로 이해하면 됩니다. 사실 각 소그룹은 각기 독특한 목적, 경험, 구성원, 정체성을 지닙니다. 이러한 소그룹들은 공동의 신앙고백, 공동의 예배, 공동의 목적 등을 통하여 연대감을 갖게 되고, 결국 회중에 연대감을 형성함으로써 회중 공동체가 안정감을 확보할 수 있도록 합니다. 열 번째, 회중은 다양한 방법으로 소그룹을 '지원(支援, support)'합니다. 기본적으로 소그룹은 회중의 지원을 기반으로 합니다. 회중이 소그룹에 하는 지원은 인적 측면(도우미 제공, 교사 제공 등), 물적 측면(재정, 장소, 기자재 등), 심리적 측면(지지, 격려, 조정 등)을 통해서 이루어집니다. 특별히 회중이 소그룹의 균형(balance), 조화(harmony), 변화(change) 등을 위한 조정의 역할을 할 수 있다는 점도 기억해야 합니다.

> **영 성**
> **성서와 전통 ⇄ 소그룹**
> **활 성**

열한 번째, 성서와 전통은 소그룹에 '영성(靈性, spirituality)'이 형성되는 데 필요한 자원들을 제공합니다. 인간에게는 본성적으로 하나님을 향한 갈망인 영성이 존재합니다. 성서와 전통은 소그룹의 영성 함양을 위해 자원을 제공함으로써 소그룹이 역동성을 갖도록 기여합니다. 소그룹이 성서와 전통으로부터 영성 함양을 위한 자원을 더 많이 얻게 될수록, 그 소그룹은 더욱더 강한 그룹 다이나믹스(group dynamics)가 일어나게 될 것입니다. 열두 번째, 소그룹은 성서와 전통을 '활성(活性, vitality)'화함으로써 그것들이 현재에 의미가 있는 것이 되도록 합니다. 소그룹은 그 자체가 지닌 역동적 특성으로 인해 성서와 전통을 활성화시킵니다. 여기에서 활성화시킨다는 말이 의미하는 바는 문자의 형태로 기록되어 있는 경전인 성서와 과거의 역사적 시간과 관련된 전통을 오늘에도 생생한 의미와 영향력을 지닌 것으로 변화되도록 한다는 것입니다.

열세 번째, 소그룹은 사회에 '참여(participation)'함으로써 사회 변화를 유도합니다. 그리스도인이 사회에 관심을 갖고 봉사해야 한다는 것은 누구나 다 인식하고 있지만, 사실 각 개인별로 사회적 활동에 참여한다는 일은 매우 어렵습니다. 그러나 소그룹 단위인 경우에는 조금 더 쉽게 사회적 참여를 시도할 수 있게 됩니다. 소그룹이 사회에 참여하는 방법은 매우 다양합니다. 불우한 이웃의 필요를 채워주는 것부터 시작해서 다양한 기관들과 비정부조직(NGO) 등에 참여하여 정의롭고 평등한 사회를 만들어 가는 데 일조할 수 있습니다. 열네 번째, 사회는 소그룹에 '문화풍토'를 제공합니다. '문화풍토'라는 용어는 특별히 인간의 행동 양식이 형성되는 데 영향을 주는 다양한 조건들을 의미합니다. 소그룹들은 각기 다양한 성격을 소유하는데, 그것들은 모두 기본적으로는 그 소그룹들이 속한 문화풍토로부터 영향을 받게 되어 있습니다. 예를 들어, 요즘 소그룹들은 소그룹을 원활하게 운영하기 위하여 인터넷상의 카페, 클럽 등을 적극적으로 활용하는 경향이 있는데, 이것은 정보화 사회가 내포한 문화풍토로부터 영향을 받은 것입니다. 이처럼 사회는 소그룹에 문화풍토를 제공함으로써 소그룹이 형성되는 데 영향을 미칩니다.

열다섯 번째, 회중은 신앙전통을 '개혁(reformation)' 하는 역할을 합니다. 회중은 그동안 공동체가 유지해 온 가르침과 전통 중에서 시대의 흐름에 역행하거나 뒤지는 점들, 그리고 성서적 진리에서 멀어진 내용들을 하나님 나라의 비전에 비추어 걸러내고(선별) 수정하는 '점진적'이고 '실용적'이며 '정의로운' 개혁의 주체가 되어야 합니다. 열여섯 번째, 성서와 전통은 회중에게 '고유성'을 제공합니다. 교회의 비가시적인 영역에 해당되는 부분은 회중의 고유성(정체성)이 형성되는 데 영향을 미칩니다. 한 교회의 비가시적 요소들을 대변하는 것으로서 신학적 입장과 같은 것을 들 수 있을 것입니다. 성서와 전통은 하나님, 계시, 인간, 죄, 구원, 세계, 교회 등에 관한 신학적 입장을 회중에게 제공해야 합니다.

이 상
회중 ⇄ 사회
변화

열일곱 번째, 회중은 사회에 기독교적 '이상(ideal)'을 제공합니다. 회중은 그들이 속한 사회에 대해 '빛과 소금'(마 5:13-14)의 역할을 감당해야 합니다. 회중은 사회를 포용하는 개방적인 자세를 지닌 동시에 그들로부터 밝고 바른 '이상'으로 비치는 존재가 되어야 합니다. 또한 회중은 그들이 살고 있는 삶의 현장인 사회의 정치적 이념, 경제 구조, 지배적인 가치관이 하나님의 뜻과 일치하는지를 분별하여 미래 지향적인 비전을 사회에 제시하여야 합니다. 열여덟 번째, 사회는 회중 모임이 시대적 흐름을 따라 '변화'되도록 영향을 미칩니다. 현대 사회는 빠르게 변화되고 있습니다. 그래서 '나의 생각이 변화를 쫓아가느냐, 아니면 변화를 리드해 가느냐'가 이 시대를 사는 사람들의 과제요 또한 가장 중요한 경쟁력의 원천일 것입니다. 교회는 사회와 밀접한 관계를 맺으면서 사회에 기독교적 '이상'을 제공하여 그 사회에 영향력을 미칠 수 있도록 힘써야 합니다.

기독교윤리
성서와 전통 ⇄ 사회
개방성

열아홉 번째, 성서와 전통은 사회에 '기독교윤리'를 제공합니다. 사람들은 각자가 정한 윤리체계에 따라 삶을 영위해 나갑니다. 그런데 현대인들은 생명, 평화, 인권과 같은 중요한 문제에 많은 관심을 보이고 있지 않는 것 같습니다. 교회는 이들에게 생명을 사랑하는 인간 존중의 정신, 정의롭고 평화로운 삶을 살아야 한다는 사회정화의 정신 등 기독교윤리 개념을 제공해야 합니다. 스무 번째, 사회는 성서와 전통에 '개방성(openness)'을 제공합니다. 교회의 뿌리의 대부분은 본질적인 내용들과 항구적인 진리들을 포함하고 있습니다. 그래서 자칫 획일화되고 경직되기 쉬운 경향이 있습니다. 교단의 신학적 성격이 보수성이 강할수록 상대적으로 개방성이 약해지게 됩니다. 따라서 사회는 성서와 전통에 늘 새로움과 다채로움이라는 도전을 제시해야 합니다. 그래서 신앙과 전통이 좀더 유연하고 적응적인 성격을 갖도록 도와야 합니다.

## BCM의 이론적 구성

### BCM 교육목회제도의 성서적 기초

'그리스도의 몸'은 성서가 교회를 표현하는 방법 중 하나입니다. 이러한 표현은 예수님의 십자가 사건을 경험한 각 지체들은 그리스도의 사랑 안에서 유기적으로 한 몸을 이루고 있다는 것을 강조합니다. 이렇게 어떤 공동체를 상호 의존적인 유기적 단위로 보는 성서의 관점은 바로 우리가 지향하는 시스템적 관점과 매우 깊은 유사성을 가지고 있습니다.

| 로마서 | 12:4-5 |
|---|---|
| 고린도전서 | 12:12-27 |
| 에베소서 | 1:22-23, 2:16, 4:4, 4:7-8, 4:12, 4:15-16, 5:23, 5:30 |
| 골로새서 | 1:18-19, 1:24, 2:19, 3:15 |

### BCM 교육목회제도의 목적

"사람들로 하여금 성령의 은혜를 체험하는 가운데 예수 그리스도를 믿음으로 구원에 이르게 하고, 하나님의 말씀을 따라 성결하게 살면서 건강한 몸과 마음으로 다시 오실 예수 그리스도를 기다리며, 신앙 공동체의 주역으로서 이웃에게 복음을 전하며 하나님 나라를 이루어가도록 돕는 것이다."

위의 목적을 이루기 위해 지적 측면, 정의적 측면, 행동적 측면을 중심으로 전인적 관점에서 교육목표를 서술하면 다음과 같습니다.

첫째, 기독교적 관점에 근거하여 자기 자신과 세계를 명확하게 이해합니다. (지적 측면)

둘째, 하나님의 사랑을 본받아 자신과 타자를 뜨겁게 사랑합니다. (정의적 측면)

셋째, 교회와 세계에 대한 봉사와 헌신을 생활화합니다. (행동적 측면)

## BCM 교육목회제도의 운영 원리

BCM(그리스도의 몸 모델) 교육목회제도는 다섯 지체들로 구성됩니다: 다섯 지체들은 앞에서 언급한 스무 가지의 핵심 개념들을 공유영역으로 묶은 것입니다.

머리(HEAD: 새김마루) 부분은 그리스도인으로서, 그리고 성결교회의 일원으로서 자신이 누구인지 그 정체성을 파악하는 것과 관련됩니다.

눈(EYE: 소망마루) 부분은 기독교적 가치관으로 인해 변화를 향해 새로운 시각을 갖게 되는 것과 관련됩니다. 새로운 전망을 가질 때 신앙적인 변화와 성숙이 가능해집니다.

가슴(HEART: 믿음마루) 부분은 성결교회의 신학이 강조하는 거룩한 사랑과 관련되는 부분으로, 주로 함께 모여 예배드리고 영성을 강화하는 것과 관련됩니다.

손(HAND: 사랑마루) 부분은 교회 안의 신앙생활에서 그리스도의 몸과 지체들을 섬기는 것, 그리고 자신에게 주어진 달란트를 개발하는 것과 관련됩니다.

발(FOOT: 섬김마루) 부분은 사회를 향한 봉사에 해당됩니다. 손 부분이 주로 교회 안에서 이루어지는 봉사라면, 발 부분은 교회 밖을 향한 봉사라는 점에서 상호 구별됩니다.

위의 내용을 형상화해 보면 아래의 그림과 같습니다.

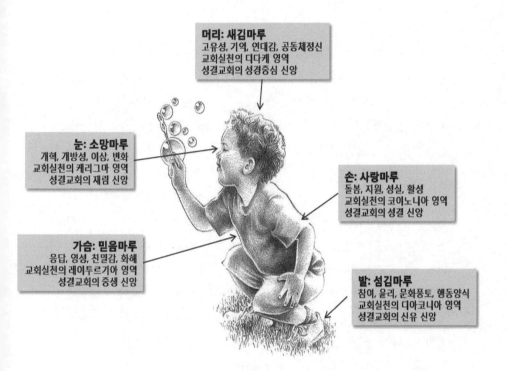

BCM 교육목회제도는 교회의 다섯가지 실천과 성결교회의 신학에 근거합니다: 그 상호 관계는 아래의 표와 같습니다.

| 지체 | 교회의 사명 | 사중복음 |
|---|---|---|
| 머리(새김마루) | 디다케 | 성경 |
| 가슴(믿음마루) | 레이투르기아 | 중생 |
| 손(사랑마루) | 코이노니아 | 성결 |
| 발(섬김마루) | 디아코니아 | 신유 |
| 눈(소망마루) | 케리그마 | 재림 |

BCM 교육목회제도는 통합적 구성방식을 지향합니다: 시스템적 접근에 의한 BCM 교육목회제도는 통합적 구성방식을 지향합니다. 여기에 말하는 통합적 구성방식은 학교교육제도에 준하여 연령별로 구분된 획일적 구성방식을 탈피하여, 공동체 전체를 관계 중심적이면서도 상황 중심적으로 구성하는 방법을 의미합니다. 다만, 적용의 과정에서 유념해야 할 점은 각 교회의 상황을 고려하여 그에 맞게 융통성 있게 적용해야 한다는 것입니다.

BCM 교육목회제도는 구성원들의 관계와 그 상호작용을 중시합니다: 시스템적 관점에서 볼 때 BCM 교육목회제도는 그 구성원들의 관계와 상호작용에 의해 성립되고 유지되며 성장한다고 볼 수 있습니다. 따라서 BCM에 참여하는 모든 사람들은 교육목회제도의 전 영역을 통해 상호 관계성 속에서 활동함으로써 서로에게 영향을 주고받으며 배움을 형성해 갑니다. 이를 위해 모든 구성원이 소그룹 모임에 관심을 갖고 참여하며, 서로 친밀감을 형성하여, 나눔과 돌봄을 극대화하는 것을 목표로 삼습니다.

BCM 교육목회제도는 교회와 사회의 관계를 강조합니다: 지금까지의 교회학교 형태나 양육 프로그램들에서는 각 개인의 신앙성장에만 초점이 맞추어져 있었습니다. 그래서 교육 내용이나 활동들이 주로 교회 안의 영역들에 머물러 있었습니다. 그러나 우리는 교회 안에서는 물론이고 교회 밖에서도 영향력을 발휘할 수 있는 그리스도인을 양성하고자 합니다. 특별히 시스템적 관점에서 볼 때, 각 개인과 교회는 사회 속에 존재하면서 사회와 관계를 맺으며 서로 영향을 주고 받고 있음을 알 수 있습니다. 사회의 특성과 변화를 명확하게 파악하고, 그에 대해 적절하게 적응하고 반응을 거듭하는 교회야말로 열린 시스템이 되어 건강하게 성장할 수 있습니다.

BCM 교육목회제도는 온라인과 오프라인을 동시에 활용합니다: 현대 사회의 특성을 나타내는 용어 중 하나가 바로 '정보화'입니다. 현대 사회에서 컴퓨터와 인터넷은 마치 공기와 같이 필수적인 존재가 되었습니다. BCM 교육목회제도는 지금까지 이루어져 온 오프라인에서의 활동과 함께 온라인에서의 활동 또한 적극 활용하고자 합니다. 이를 위해 교단 차원에서 BCM 교육목회를 위한 웹사이트를 개설하여 개 교회의 교육 담당자들이 웹사이트를 통해 다양한 정보와 교육 자료들을 얻을 수 있도록 했습니다. 한편 각 교회에서 미니홈피, 카페, 블로그, 클럽 등 손쉬운 온라인 매체들을 활용하여 의사소통의 통로로 활용할 수 있도록 적극 권장할 것입니다.

# BCM 교육목회의 실제

BCM 교육목회제도는 그리스도의 몸인 교회를 이루는 다섯 지체들의 은유적 표현인 다섯 개의 '마루'로 운영됩니다. '마루'란 주님의 몸 된 교회를 건강하고 활력 있게 성장하게 하는 신앙교육의 환경입니다. 그 기능과 역할에 따라 독특한 성격을 지니는 다섯 개의 '마루'로 새김마루, 소망마루, 믿음마루, 사랑마루, 섬김마루를 소개합니다.

새김마루: '새김마루'는 '머리' 지체에 해당하는 교육의 장으로, 학습자들이 그리스도인으로서 그리고 성결교회의 일원으로서 자신이 누구인지 그 정체성을 형성하기 위한 지적인 기반을 마련한다는 의미를 갖습니다. 여기에서 어린이와 청소년들은 기독교와 성결교회의 전통 안에서 성경 말씀과 기독교적 진리의 주요 내용들을 배우게 됩니다. 새김마루에서는 '고유성', '기억', '연대감', '공동체정신'의 개념들이 해당 교육 프로그램을 통해 구체적으로 적용됩니다.

소망마루: '소망마루'는 '눈' 지체라고 할 수 있습니다. 어린이와 청소년들은 소망마루에서 지금까지와는 다른 새로운 시각을 갖게 됩니다. 그리고 그러한 시각을 통해 그들은 주님이 재림하실 새 하늘과 새 땅을 소망하는 자들로 변화될 것입니다. 따라서 소망마루에서는 어린이와 청소년들이 다시 오실 예수 그리스도를 기다리며 그리스도의 바람직한 몸 공동체를 구성하고 그 내용을 실천할 것을 결단하게 합니다. 이를 위해 소망마루는 '개혁', '개방성', '이상', '변화'의 개념들을 실현하기 위한 프로그램들을 제시합니다.

**믿음마루:** '믿음마루'는 '가슴' 지체에 해당하는 교육의 장으로, 하나님을 향한 신앙심과 이웃에 대한 신뢰심을 키운다는 의미를 갖습니다. 여기에서 어린이와 청소년들은 자신을 성찰하여 마음을 비우고, 그리스도에 대한 열망과 경건의 태도로 자신을 채워가게 될 것입니다. 믿음마루에서는 '응답', '영성', '친밀감', '화해'의 개념들이 해당 교육 프로그램을 통해 구체화됩니다.

**사랑마루:** '사랑마루'는 '손' 지체에 해당하는 교육의 장으로, 자신에게 주어진 달란트를 개발하여 교회 안에서 그리스도의 몸을 돌본다는 의미가 있습니다. 여기에서 어린이와 청소년들은 성결한 청지기로서의 삶을 살아가는 데 필요한 신체적 · 정서적 · 지적 자원들을 쌓아갑니다. 또한 이 자원을 가지고 다양한 교회 활동에 참여하여 공동체를 섬기는 자들이 됩니다. 사랑마루에서는 '돌봄', '지원', '성실', '활성'의 개념들이 각 교육 프로그램들을 통해 실현됩니다.

**섬김마루:** '섬김마루'는 '발' 지체와 관련이 있습니다. 발로 움직이지 않으면 배우고 깨달은 말씀을 삶에서 실천할 수 없습니다. 발은 학습자가 사회와 이웃을 향해 봉사하도록 인도해 줍니다. 따라서 섬김마루는 이웃에 대한 섬김의 정신으로 행동하는 신앙인이 되도록 한다는 의미를 갖습니다. 섬김마루는 '참여', '윤리', '행동양식', '문화풍토'의 개념들을 교회와 사회에서 실천합니다.

## BCM 교육목회 프로그램

| 지체 | 마루의 명칭 | 핵심 교육개념 | | BCM 프로그램 |
|---|---|---|---|---|
| 머리 | 새김마루 | 성서와 전통→회중 | 고유성 | 성결역사 만화 만들기 |
| | | 성서와 전통→개인 | 기억 | 예수님의 손과 발 |
| | | 소그룹→회중 | 연대감 | 지체 초청잔치 |
| | | 회중→개인 | 공동체정신 | 멘토링 |
| 가슴 | 믿음마루 | 개인→성서와 전통 | 응답 | 성결예배 |
| | | 성서와 전통→소그룹 | 영성 | 비전나무 심기 |
| | | 개인→소그룹 | 친밀감 | 누구일까? |
| | | 개인→사회 | 화해 | 순례클럽 |
| 손 | 사랑마루 | 소그룹→개인 | 돌봄 | 자원봉사자 훈련 |
| | | 회중→소그룹 | 지원 | 한나&엘가나 기도모임 |
| | | 개인→회중 | 성실 | No! 결석 주일 성령충만 예배 |
| | | 소그룹→성서와 전통 | 활성 | 구원 Travel |
| 발 | 섬김마루 | 소그룹→사회 | 참여 | 멋진 교회를 만들어요! |
| | | 성서와 전통→사회 | 윤리 | 바름이은행 |
| | | 사회→개인 | 행동양식 | 바꿔봐! |
| | | 사회→소그룹 | 문화풍토 | BCM문화 캠페인 |
| 눈 | 소망마루 | 회중→성서와 전통 | 개혁 | 말씀 따라 기다려요 |
| | | 사회→성서와 전통 | 개방성 | 미션! 씨앗친구 싹 틔우기 |
| | | 회중→사회 | 이상 | 보드게임 – G마블 |
| | | 사회→회중 | 변화 | 기자 클럽 |

## BCM 교육지도자 교육과정

| 마루 | 핵심 교육개념 | 개념 | 프로그램 | 교과목 |
|------|------------|------|---------|--------|
| 새김 마루 | 성서와 전통→회중 | 고유성 | 성결역사 만화 만들기 | 성결신학 |
| | 성서와 전통→개인 | 기억 | 예수님의 손과 발 | 교육과정의 이해 |
| | 소그룹→회중 | 연대감 | 지체 초청잔치 | 그룹 다이나믹스 |
| | 회중→개인 | 공동체정신 | 멘토링 | 교회의 이해 |
| 믿음 마루 | 개인→성서와 전통 | 응답 | 성결예배 | 종교경험 |
| | 성서와 전통→소그룹 | 영성 | 비전나무 심기 | 영성훈련 |
| | 개인→소그룹 | 친밀감 | 누구일까? | 대화법 |
| | 개인→사회 | 화해 | 순례클럽 | 필드 트립(견학) |
| 사랑 마루 | 소그룹→개인 | 돌봄 | 자원봉사자 훈련 | 소그룹 운동 |
| | 회중→소그룹 | 지원 | 한나&엘가나 기도모임 | 사례분석 |
| | 개인→회중 | 성실 | No! 결석 주일 성령충만 예배 | 사역자의 자기관리 |
| | 소그룹→성서와 전통 | 활성 | 구원 Travel | 부흥 |
| 섬김 마루 | 소그룹→사회 | 참여 | 멋진 교회를 만들어요! | 그리스도인과 봉사 |
| | 성서와 전통→사회 | 윤리 | 바름이은행 | 성결윤리 |
| | 사회→개인 | 행동양식 | 바꿔봐! | 교육과 사회화 |
| | 사회→소그룹 | 문화풍토 | BCM문화 캠페인 | 기독교 문화론 |
| 소망 마루 | 회중→성서와 전통 | 개혁 | 말씀 따라 기다려요 | 예수의 리더십 |
| | 사회→성서와 전통 | 개방성 | 미션! 씨앗친구 싹 틔우기 | 기독교 시민운동 |
| | 회중→사회 | 이상 | 보드게임 – G마블 | 하나님 나라 |
| | 사회→회중 | 변화 | 기자 클럽 | 멀티미디어 |

## BCM 교사 교육과정

| 마루 | 핵심 교육개념 | 개념 | 프로그램 | 교과목 |
|---|---|---|---|---|
| 새김 마루 | 성서와 전통→회중 | 고유성 | 성결역사 만화 만들기 | 성결교회의 정신과 역사 |
| | 성서와 전통→개인 | 기억 | 예수님의 손과 발 | 사도신경 이해 |
| | 소그룹→회중 | 연대감 | 지체 초청잔치 | 소그룹을 위한 목회 |
| | 회중→개인 | 공동체정신 | 멘토링 | 공동체 부흥을 위한 교육 |
| 믿음 마루 | 개인→성서와 전통 | 응답 | 성결예배 | 신앙이란 무엇인가? |
| | 성서와 전통→소그룹 | 영성 | 비전나무 심기 | 영성교육 |
| | 개인→소그룹 | 친밀감 | 누구일까? | 감성 커뮤니케이션 |
| | 개인→사회 | 화해 | 순례클럽 | 관계의 심리학 |
| 사랑 마루 | 소그룹→개인 | 돌봄 | 자원봉사자 훈련 | 돌봄과 배려 |
| | 회중→소그룹 | 지원 | 한나&엘가나 기도모임 | 합리적인 교육계획 |
| | 개인→회중 | 성실 | No! 결석 주일 성령충만 예배 | 교사의 자질 |
| | 소그룹→성서와 전통 | 활성 | 구원 Travel | 놀라운 전도전략 |
| 섬김 마루 | 소그룹→사회 | 참여 | 멋진 교회를 만들어요! | 소그룹별 사회봉사 |
| | 성서와 전통→사회 | 윤리 | 바름이은행 | 기독교 경제교육 |
| | 사회→개인 | 행동양식 | 바꿔봐! | 소명과 전문성 |
| | 사회→소그룹 | 문화풍토 | BCM문화 캠페인 | 21세기 학습자 이해 |
| 소망 마루 | 회중→성서와 전통 | 개혁 | 말씀 따라 기다려요 | 변혁의 리더십 |
| | 사회→성서와 전통 | 개방성 | 미션! 씨앗친구 싹 틔우기 | 미디어 비평 |
| | 회중→사회 | 이상 | 보드게임 – G마블 | 위대한 섬김의 인물들 |
| | 사회→회중 | 변화 | 기자 클럽 | 기독교 문화 콘텐츠 |

이형로 목사
만리현교회 담임

# 1단원 거룩한 부르심을 받았습니다

거룩한 부르심을
받았습니다

　'세상 모든 사람들은 부모가 된다.' 이 말은 지나친 말이 아닐 것입니다. 대부분의 사람들이 장성하여 사랑하는 사람을 만나고 결혼하여 자녀를 갖기 때문입니다. 가정을 이루는 것이지요. 이렇게 사람이 살아간다는 것은 사랑하고 자손을 얻고 자손을 성장시키는 일련의 과정입니다. 그런데 누구나 그렇게 부모가 되고 가정을 이루어 산다고 해서, 누구나 부모로서 온전한 가정을 이루며 살아갈 수 있는 것은 아닐 것입니다. 우리 사회에는 신문의 사회면을 장식하는 폐륜 부모의 이야기가 버젓이 존재합니다. 이렇게 극단적인 예를 들지 않는다 하더라도 부모가 되고 가정을 이룬다는 것이 쉬운 일은 아닙니다. 실제로 자신의 부모됨이 만점에 완벽하다고 자찬하는 부모는 거의 없습니다. 오히려 자신의 부족함을 알고 눈물로 그 부족함을 채우려 자책하는 경우가 더 많을 것입니다.

　'좋은 부모가 된다는 것'은 우리에게 분명 과제입니다. 어떻게 하면 좋은 부모가 될 수 있을까요? 이 단원에서 이형로 목사는 좋은 부모가 되는 길에 있어서 가장 중요한 것은 그 출발점을 바르게 선정하는 것이라고 말합니다. 부모로서 하나님의 부르심에 대해 순종하는 마음과 겸손한 마음으로 그 길에 들어서는 것, 그리고 부모이기 전에 먼저 그 자신이 하나님의 자녀로서 충분한 사랑과 은혜를 누려 온전한 그리스도인으로 바르게 서는 것 등이 그리스도인 부모를 만들기 위해 이 시리즈가 시작점으로 선정하고 있는 주요 포인트입니다. 부모가 된다는 것은 부모로서의 소명(calling)을 받고 그 부르심에 합당한 삶을 세워가는 것입니다. 부모로서 자녀 앞에 선다는 것은 그 자신이 먼저 하나님 앞에 구원받은 자녀로서 합당하게 서는 것입니다. 이 단원은 오늘 우리 그리스도인 부모가 이 두 가지 과제에 초점을 맞추기를 바라고 있습니다.

**이 단원은 크게 두 과로 나뉩니다.**

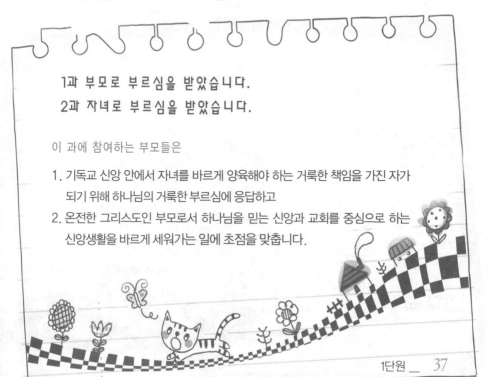

**1과 부모로 부르심을 받았습니다.**
**2과 자녀로 부르심을 받았습니다.**

이 과에 참여하는 부모들은

1. 기독교 신앙 안에서 자녀를 바르게 양육해야 하는 거룩한 책임을 가진 자가 되기 위해 하나님의 거룩한 부르심에 응답하고
2. 온전한 그리스도인 부모로서 하나님을 믿는 신앙과 교회를 중심으로 하는 신앙생활을 바르게 세워가는 일에 초점을 맞춥니다.

# Lesson1
## 부모로 부르심을 받았습니다

----------------------------------------

**아버지를 바꿔?**


한 초등학교 1학년 남자 아이가 전화를 받았습니다. 전화를 건 사람은 아버지의 친구였습니다.

"여보세요."

"그래, ○○, 잘 있었니?"

"예."

"아버지 계시냐?"

"예, 계십니다."

"아버지 좀 바꿔라."

"예? 아버지는 못 바꿉니다."

"왜?"

"……."

"아버지, 어디 편찮으시니?"

"아니요."

"그럼 왜 못 바꾸냐?"

"우리 아버지는 절대 못 바꿉니다."

"이 자식아, 빨리 바꿔라!"

"아저씨, 어떤 일이 있어도 아버지만은 절대로 바꿀 수가 없습니다!"

"휴…… 그래, 내가 말을 잘못했다. 내 너희 아버지께 할 이야기가 있
으니 전화 좀 바꿔라!"

"아, 예, 잠깐만 기다리세요. 전화 바꿔드리겠습니다."


이 아들의 말 속에 곱씹을 만한 진실이 담겨 있습니다. 누가 나를 낳
아주신 아버지를 함부로 바꿀 수 있겠습니까? 아버지는 우리가 임의로
바꿀 수 없는 것입니다. 우리가 절대로 바꿀 수 없는 것이 아버지요, 부
모입니다. 그런데 부모에게도 때로 변화가 필요합니다. 바른 어머니,
바른 아버지로서 스스로를 바르게 세워야 합니다. 부모를 다른 사람과
바꿀 수는 없지만, 바른 부모가 되기 위해 부모 스스로 바뀌어야 할 필
요는 있습니다.

오늘 하나님께서 우리를 그리스도인 부모로 부르셨습니다. 우리는
아무런 목적과 이유 없이 그냥 어쩌다가 부모가 된 것이 아닙니다. 우
리는 분명한 목적과 의미와 가치와 소용에 따라 부모가 되었습니다. 우

리는 그렇게 하나님께로부터 부모로 부르심을 받았습니다. 이런 우리가 자연적인 차원의 부모만으로 만족할 수 있을까요? 세속의 부모들이 생각하고 경험하는 삶과 자세만으로 만족할 수 있을까요? 우리는 부모에게도 새롭고 차원 높은 경지가 있다는 사실을 알아야 합니다. 그를 위해 우리는 우리 스스로를 끊임없이 갱신하고 새롭게 하는 노력을 기울여야 합니다. 그리스도인 부모는 하나님의 부르심에 따라 바뀌어야 합니다. 그리스도인 부모는 스스로를 한 단계 더 높이, 더 깊이있게 발전시키고 성숙시켜 하나님의 부르심에 합당한 부모로서 자신을 세워야 합니다.

## 하나님은 우리를 부모로 부르셨습니다

하나님께서 우리를 부모로 부르셨습니다. 이것은 잔치에로의 초대이자, 권위 있는 소환입니다. 부모로의 부르심(calling)은 기쁘고 즐거운 소명인 동시에 엄숙한 소명입니다. 하나님께서는 우리를 부르실 때 우리로 하여금 무엇이 되라고 부르십니다. 그리고 당신이 원하시는 무엇인가를 하라고 부르십니다. 지금 하나님께서는 특별히 우리를 부모로 부르셨습니다. 그 부르심 앞에서 우리는 먼저 좋은 부모가 되어야 합니다. 그래야만 우리는 좋은 부모의 역할과 노릇을 할 수 있을 것입니다. 그렇다면 하나님께서 우리를 부모로 부르신 그 부르심에는 어떤 의미가 있을까요?

축복으로의 부르심 하나님은 우리에게 복을 주시려고 우리를 부모로 부르셨습니다. 하나님께서는 자기의 형상, 곧 하나님의 형상대로 사람을 창조하시되 남자와 여자를 창조하시고, 그들에게 복을 선언하였습니다. 성경은 '하나님이 자기 형상 곧 하나님의 형상대로 사람을 창조하시되 남자와 여자를 창조하시고 하나님이 그들에게 복을 주시며 하나님이 그들에게 이르시되 생육하고 번성하여 땅에 충만하라, 땅을 정복하라, 바다의 물고기와 하늘의 새와 땅에 움직이는 모든 생물을 다스리라 하시니라(창 1:27, 28)'라고 말하고 있습니다. 여호와 하나님께서는 사람이 혼자 사는 것을 좋지 않게 여기셔서 그를 위하여 돕는 배필을 지으시고는 그를 이끌어 부부가 되게 하셨습니다. 하나님께서는 지금도 친히 한 남자로 하여금 한 여자를 돕는 배필이 되도록 하십니다(창 2:18, 22). 그러므로 아내를 얻은 사람은 여호와께 복을 얻고 여호와께 은총을 받은 자입니다(잠 18:22). 여기에 그리스도인으로서 부부됨의 의미가 있습니다.

부부가 동침을 하면 하나님께서 축복 가운데 아내의 태의 문을 여십니다. 그리고 부부에게 자녀를 선물로 주심으로(창 4:1, 20:18, 25:21, 29:31) 부모가 되게 하십니다. 우리를 양자로 삼으신 것이 하나님께 기쁨인 것처럼(롬 8:15; 갈 4:5, 6) 부모에게 주어진 자녀는 하나님께서 주시는 은혜의 선물입니다. 여기에 그리스도인 부모됨의 참 의미가 있습니다. 하나님께서 우리에게 자녀를 주심으로 우리를 부모로 부르신 것은 '생육하고 번성하여 땅에 충만하라'고 선언하신 하나님의 복이 실현되는 일입니다. 하나님께서는 우리에게 자녀를 선물로 주셔서 그 자녀로 하여금 우리 부모들의 대를 이어 복음의 능력 가운데 우리에게 주어진 땅을 정복하고 하나님의 뜻 가운데서 만물을 다스리도록 하십니다. 자녀를 얻는 것은 하나님의 복이 지속적으로 실현된다는 것입니다. 결국 부모가 되는 날은 하나님께 복 받는 날입니다. 부모로의 부르심은 축복으로의 부르심임에 틀림이 없습니다.

**기쁨으로의 부르심** 하나님은 우리에게 기쁨을 주시려고 우리를 부모로 부르셨습니다. 누가는 예수님의 탄생 이야기를 기록하면서 '어머니 됨'의 기쁨에 대해 말하고 있습니다. 마리아는 자신이 어머니가 된다는 사실을 알았습니다. 엘리사벳은 성령으로 잉태한 마리아가 자신을 방문했을 때, 성령의 충만함을 받아 큰 소리로 외쳤습니다. "여자 중에 네가 복이 있으며 네 태중의 아이도 복이 있도다. 주께서 하신 말씀이 반드시 이루어지리라고 믿은 그 여자에게 복이 있도다(눅 1:42, 45)." 이 때 세례 요한도 엘리사벳 안에서 기쁨으로 뛰놀았습니다.

하나님의 귀한 어린양을 잉태한 마리아 역시 기쁨에 겨워 찬양했습니다. 성령의 충만함과 말씀의 풍성함은 우리의 삶속에 주어진 은혜를 깨닫게 하고 그 가운데 기쁨의 찬양이 넘쳐나게 합니다(엡 5:18-20; 골 3:16, 17). 마리아는 태중에 하나님의 귀한 어린양을 품게 된 사실을 기뻐했습니다. 그리고 마음속에 두었던 하나님의 축복의 말씀을 찬송으로 바꾸어 불렀습니다(삼상 2:1-10 참조). 마리아는 태중의 아이를 감싸 안고 영혼으로 주를 찬양하며, 마음으로 하나님을 기쁘게 해드렸습니다(눅 1:46-56). 그렇게 열 달을 보내고 이 부부는 하나님께서 주신 귀한 아들을 얻었습니다. 그들은 하나님께서 지시하신 대로 그 이름을 '예수'라고 지었습니다. 결과적으로 예수님의 탄생은 이 부모에게 큰 기쁨이었고, 온 백성에게 미칠 큰 기쁨의 좋은 소식이었으며, 나아가 시므온에게 찬송이 되었고, 안나에게 감사의 제목이 되었습니다. 부모가 되는 날은 기쁘고 즐거운 날입니다.

**상급과 영광으로의 부르심** 하나님은 우리에게 상급 받는 영광을 주시려고 우리를 부모로 부르셨습니다. 자녀는 여호와께서 당신을 경외하는 부모에게 주시는 소망이요 복입니다(시 128:3, 4). 솔로몬은 성전에 올라가면서 하나님께서 선물로 주신 자식을 여호와의 기업이요, 그의 상급이요, 그의 영광이라고 노래했습니다. 그는 "보라 자식들은 여호와의 기업이요 태의 열매는 그의 상급이로다 젊은 자의 자식은 장사의 수중의 화살 같으니 이것이 그의 화살통에 가득한 자는 복되도다 그들이 성문에서 그들의 원수와 담판할 때에 수치를 당하지 아니하리로다(시 127:3-5)."라고 노래했습니다.

솔로몬은 자녀들을 여호와의 기업이라고 했습니다. 또 그는 자녀들이야말로 여호와 하나님께서 부모에게 주시는 선물이요, 태의 열매, 곧 부모에게 주시는 상급이라고 했습니다. 화살통에 화살이 가득한 장사가 복이 있는 것처럼, 자녀가 많은 부모는 성문에서 원수와 담판할 때에 수치를 당하지 않습니다. 슬하에 자녀를 두는 일은 부모에게 기쁨일 뿐 아니라 큰 훈장과도 같은 것입니다. 자녀들은 결국 부모에게 영광이 됩니다. 인생 처음 부모가 되는 날, 우리는 하나님께 선물과 상급과 영광을 받습니다.

**숙제로의 부르심** 하나님은 우리에게 숙제를 주시려고 우리를 부모로 부르셨습니다. 솔로몬은 '자식들은 여호와의 기업이요'라고 말합니다. '기업'은 하나님이 떼어내 주시는 '재산'을 의미하지만 '숙제, 과제'라는 의미도 있습니다. 그렇습니다. 자녀는 부모에게 주신 하나님의 소중한 분깃이요 선물이지만, 다른 한편 하나님께서 부모에게 주신 숙제요, 과제입니다. 부모가 된다는 것은 풀기 어려운 숙제요 만만치 않은 과제입니다. 만일 부모가 자녀를 잘 양육하지 못하면 그들은 우리의 기쁨이 아닌 슬픔이 되고, 우리의 영광이 아닌 수치가 될 것입니다. 솔로몬은 불순종하는 자녀는 '어머니의 근심(잠 10:1, 17:25)', '아버지에게 반역하는 미련한 자(잠 15:5)', '아버지의 근심과 슬픔(잠 17:21, 25)', '아버지의 재앙(잠 19:13)', '부끄러움을 끼치는 자(잠 19:26)', '부모의 재산을 소비하는 자(잠 28:24)'라고 경고하고 있습니다. 나아가 솔로몬은 '채찍과 꾸지람이 지혜를 주거늘 임의로 행하게 버려둔 자식은 어미를 욕되게 하느니라(잠 19:15)'라고 요약하고 있습니다. 중요한 문제는 부모로서 자녀를 바르게 인도하는 의무를 다하는 것입니다. 그 과제를 소중하게 품고 숙제하는 마음가짐으로 평생을 살아가는 것이야말로 참 부모가 되는 길입니다.

얼마 전까지 우리는 하나님 앞에 홀로 서 있었습니다. 그러나 얼마 지나지 않아 사랑 가운데 맺어진 동반자와 더불어 하나님 앞에 서게 되었습니다. 그리고 또 얼마 지나지 않아 하나님과 우리의 자녀 사이에서 사명으로 부르심을 받는 자리에 서 있다는 것을 깨닫게 되었습니다. 우리는 분명 하나님과 우리의 자녀 사이, 부모라는 그 소명의 자리에 부르심을 받았습니다. 마치 세상의 모든 목회자들과 사역자들이 '왕 같은 제사장'으로서 하나님과 세상 사이에서 특별한 사역으로 부르심 받아 서 있는 것과 같습니다. 그렇습니다. 하나님께서는 우리를 부모로 부르셨습니다. 부모로의 부르심은 한편은 축복이요, 기쁨이며, 영광입니다. 또한 상급이 풍성한 잔치로 초대하는 왕의 초청이기도 합니다. 하지만 다른 한편으로는 참으로 어려운 숙제를 주시기 위한 왕의 소환이기도 합니다.


## 하나님의 부르심에는 목적이 있습니다

하나님의 부르심에는 언제나 목적이 있습니다. 하나님께서는 당신의 사사들과 왕들과 선지자들과 제사장들을 부르실 때 나름대로의 목적을 부여하셨습니다. 그렇다면 하나님께서는 왜 우리를 부모로 부르셨을까요? 모든 부모들은 좋은 부모가 되기를 소원합니다. 우리는 가능한 한 자녀들에게 좋은 부모가 되고자 하는 강한 열망을 품고 있습니다. 좋은 부모가 되기 위해 우리는 어디에서 출발해야 할까요? 바로 하나님께서 우리를 부모로 부르신 목적에서 출발해야 합니다. 그렇다면 우리의 목적은 무엇이 되어야 할까요? 부르심에 합당하게 응답하려면, 우리는 먼저 우리를 부모로 부르신 하나님의 목적을 분명히 알아야 합니다.

**복의 통로** 여호와 하나님께 아브라함을 부르시고는 이렇게 약속하셨습니다. '너는 너의 고향과 친척과 아버지의 집을 떠나 내가 네게 보여 줄 땅으로 가라 내가 너로 큰 민족을 이루고 네게 복을 주어 네 이름을 창대하게 하리니 너는 복이 될지라 너를 축복하는 자에게는 내가 복을 내리고 너를 저주하는 자에게는 내가 저주하리니 땅의 모든 족속이 너로 말미암아 복을 얻을 것이라 하신지라(창 12:1-3).' 이 무모한 듯 특별한 부르심에 대해 아브라함은 믿음으로 순종하며 말씀을 따라 먼 여행을 떠났습니다(창 12:4; 히 11:8). 이후에 하나님께서는 또 아브라함을 부르셔서 그와 함께 언약을 세우셨습니다. '하늘을 우러러 뭇별을 셀 수 있나 보라 또 그에게 이르시되 네 자손이 이와 같으리라(창 15:5).' 대를 이을 자녀가 없던 아브라함에게 무수히 많은 자손들을 약속하신 것입니다. 하나님께서는 아브라함이 구십구 세 되던 때에 나타나셨습니다. 그리고 그의 이름을 '아브람'에서 '아브라함'으로 바꾸셨습니다. 또한 그의 아내 '사래'의 이름을 '사라'로 바꾸어 주시고는 이 부부가 여러 민족의 아버지와 어머니가 되게 하시겠다고 약속하셨습니다(창 17:5, 15).
놀랍게도 여호와 하나님께서 말씀하신 대로 아브라함의 늙은 아내인 사라가 임신을 하여 귀한 아들을 얻게 됩니다. 부부는 그의 이름을

'이삭'이라 하였습니다. 이 귀한 아들 이삭은 늙은 부모를 웃게 하고 그들의 기쁨이 되었습니다(창 21:1-7). 정말 놀랍게도 늙을 때까지 자식이 없던 아브라함이 하나님의 약속대로 아들 이삭을 낳았고, 또 그 아들 이삭은 아들 야곱을 낳습니다(마 1:2). 이렇게 계속 아브라함의 자녀들이 무수히 많은 자녀를 낳았습니다. 아브라함의 자손은 그렇게 하나님의 축복 가운데 모두 부모가 되는 은혜를 누렸습니다. 그리고 마지막, 요셉과 마리아에 이르러 메시아이신 예수가 나셨습니다(마 1:16). 정말 놀라운 일입니다. 이 땅의 모든 족속들은 아브라함의 자손으로 요셉과 마리아의 아들 예수 그리스도를 통하여 진정한 복을 누리게 됩니다. 예수 그리스도를 통하여 '천하 만민이 복을 받는' 하나님의 약속이 성취되었습니다(창 12:3, 22:17; 갈 3:1-14). 여호와 하나님께서 아브라함과 사라를 부모로 부르신 목적은 그들로 하여금 큰 민족을 이루고 복의 통로가 되게 하는 일이었습니다.

여기서 우리는 이 한 가지를 분명하게 유념해야 합니다. 우리가 만일 천하 만민의 복이 되고 싶다면, 우리 스스로 먼저 하나님께로 복을 받아야 한다는 것입니다. 그런데 하나님의 복은 하나님의 구원을 체험하는 것에서부터 시작됩니다(창 15:6). 이것은 아브라함이 본토 친척 아비 집의 이전 삶을 떠나 하나님께서 인도하시는 새 삶을 시작함으로 복받는 삶을 살게 된 것과 같은 이치입니다. 이 과정은 결국 오늘 하나님께서 우리를 부모로 부르시는 목적과 똑같습니다. 부모로서 우리는 먼저 하나님의 인도하심을 받는 구원의 복을 받고, 그렇게 해서 우리 자녀가 받을 복의 통로가 되어야 합니다. 그렇게 될 때 우리 자녀들 역시 구원 받고 복을 누리고, 또 그들의 자녀들과 많은 사람들, 땅의 모든 족속들, 나아가 천하 만민이 구원과 복을 누리는 축복의 통로가 될 수 있는 것입니다. 우리는 우리를 주님과 자녀 앞에 부모로 부르신 하나님의 귀한 목적입니다.

경건한 자손 사실 우리의 자녀는 '미완성품'입니다. 다행히도 우리에게는 그 미완성품을 잘 조립하여 완성품으로 만드는 설명서가 있습니다. 바로 성경, 곧 하나님의 말씀입니다. 하나님의 말씀은 우리가 자녀들 앞에서 바른 부모가 되는 데 필요한 원칙들을 제시하고 있습니다. 특별히 하나님께서는 말라기 선지자를 통하여 바른 부모의 목적과 비전에 대해 말씀하십니다. "그에게는 영이 충만하였으나 오직 하나를 만들지 아니하셨느냐 어찌하여 하나만 만드셨느냐 이는 경건한 자손을 얻고자 하심이라 그러므로 네 심령을 삼가 지켜 어려서 맞이한 아내에게 거짓을 행하지 말지니라(말 2:15)." 하나님께서 한 남자와 한 여자의 하나됨을 통하여 기대하시는 것은 무엇일까요? 하나님께서는 하나된 부모들이 자녀들을 통하여 이 땅에 하나님 나라의 공의를 크게 번성하게 하도록 하는 비전을 주셨습니다. 그래서 여호와 하나님께서는 부부가 이혼하는 것을 미워하십니다(말 2:16). 하나님께서 하나된 부모를 지으신 이유는 '경건한 자손'을 얻기 위해서입니다. 하나님과 세상 앞에 경건한 자손을 바르게 세우는 것, 이것이야말로 하나님께서 경건하여 하나되는 부모에게 주신 귀한 비전입니다. 하나님께서는 땅의 모든 족속이 하나님의 의로 바르게 선 하나님의 귀한 자손들을 통하여 복을 받기를 바라십니다. 이 일을 위해 하나님 앞에서 경건하여 하나 된 부모와 자녀들, 그들의 배우자들, 그리고 그들의 자손들이 함께한다면 보

다 많은 사람들이 구원받고 하나님의 복을 누릴 수 있게 될 것입니다. 이렇게 경건한 자손들이 크게 번창하는 일이야말로 그리스도인 부모를 향한 하나님의 비전입니다.


## 하나님은 그리스도인 부모의 모델입니다

하나님께서 우리 그리스도인을 부르실 때에는 우리가 무언가 하나님께서 원하시는 모습이 되고, 하나님께서 원하시는 것을 실천하도록 하기 위한 이유가 있습니다. 하나님께서 우리를 하나님의 부르심 받은 부모로 부르신 것도 마찬가지 이유가 있습니다. 부모는 과연 그 자녀에게 어떤 존재일까요? 그리고 부모는 어떻게 해야 할까요? 우리는 성경에서 부모의 모델을 찾을 수 있습니다. 우리는 하나님께서 당신이 지으시고 선택하신 백성들에게 누구셨고, 그들을 위해 무엇을 하셨는가를 통해서 우리가 해야 할 부모의 역할을 짐작할 수 있습니다.

성경은 여러 구절에서 하나님과 이스라엘 백성들의 관계뿐 아니라 하나님과 예수 그리스도를 믿음으로 구원받은 사람들의 관계를 아버지와 아들, 어머니와 딸, 즉 부모와 자녀의 관계로 설명하고 있습니다. 그리고 그 공동체를 '하나님의 가족'으로 설명하고 있습니다(엡 2:19). 재미있게도 성경은 하나님을 아버지로(신 32:6; 시 89:26; 사 63: 16, 64:8), 이스라엘을 아들로(신 1:31; 사 43:6, 49:15) 비유하고 있습니다. 또 하나님을 어머니로(시 131:2; 사 66:13), 이스라엘을 딸로(시 9:4; 사 1:8, 43:6; 겔 4:11, 6:2, 8:21) 비유하기도 합니다. 성경이 하나님을 아버지라고 말하는 것은 단지 비유가 아닙니다. 그 관계를 실제적으로 표현한 것입니다. 하나님은 실제로 이스라엘을 창조하시고 구속하신 아버지이시며, 우리를 낳으신 아버지이십니다(요 1:12-13). 하나님은 이스라엘 백성과 우리에게 아버지이십니다(마 6:9).

하나님 아버지의 사랑 우리에게 아버지되신 하나님. 그분은 무조건적으로 우리에게 은혜와 사랑을 주시고 우리와 관계하시고 우리를 돌보십니다. 차터(Myron Charter)라는 분에 의하면 하나님은 특별히 일곱 가지 방법으로 우리에게 부모와 같은 사랑의 모습을 보여 주십니다. 여기 그것을 나열해 보겠습니다.

첫째, 하나님은 우리를 돌보십니다(눅 15:11-32; 벧전 5:7).
둘째, 하나님은 우리의 요구에 반응하십니다
　　　(창 9:8-17; 신 32장; 요 3:16; 딛 3:3-7).
셋째, 하나님은 독생자와 성령을 주심으로써 사랑을 표현하십니다
　　　(요 3:16; 16:7).
넷째, 하나님은 우리를 존중하고 귀하게 여기시고 소중하게 생각하십니다
　　　(시 16:3).
다섯째, 하나님은 우리를 아십니다(요 1:14; 빌 2:5-8; 히 2:17, 18, 4:15).
여섯째, 하나님은 용서로 사랑을 표현하십니다
　　　(히 4:15; 눅 19:41, 42; 요 3:17).
일곱째, 하나님은 훈계로 사랑을 표현하십니다
　　　(잠 3:11, 12; 히 12:5-8; 계 3:19).

위에서 보는 바와 같이 아버지와 같은 하나님의 사랑, 그 무조건적인 사랑은 맹목적인 사랑과는 다른 모습입니다. 그것은 때로 훈계이기도 하고 때로는 질책이기도 하며 무조건적인 수용이기도 합니다. 이러한 하나님의 사랑은 우리가 부모로서 어떤 모습으로 자녀 앞에 서야 하고

어떤 방법으로 자녀를 대해야 하는지에 대해 귀중한 근거가 됩니다.

　이상적인 부모의 자질: 매우 수용적인 탕자의 아버지처럼 우리는 잃어버린 둘째 아들을 되찾은 아버지의 비유에서 이상적인 부모의 자질을 발견할 수 있습니다. 하나님의 무조건적인 수용적 사랑을 잘 표현하고 있는 이 아버지의 사랑은 결국 부모가 갖추어야 할 이상적인 자질 가운데 중요한 한 가지인 수용적인 태도를 우리에게 제안합니다. 탕자의 비유에서 알 수 있듯이 이 아버지는 언제나 평안하고 은혜가 넘치는 양육환경을 조성했습니다. 수용적인 양육 태도는 부모가 자녀의 삶에 기여할 수 있는 가장 중요한 요인들 중 하나입니다. 겉으로 드러나는 말과 행동도 중요하지만, 부모가 조성하는 분위기가 자녀의 안정감과 행복감에 더 지대한 영향을 미칩니다. 이 아버지는 아들들을 사랑하고, 아내를 사랑하며, 온 가족을 충실히 돌보는 평범한 가장입니다. 이 아버지는 자식들이 쉽게 다가갈 수 있는 너그러운 아버지입니다. 그 아들들은 혼나거나 거부당할지도 모른다는 두려움 없이 아버지에게 자기 속내를 자유롭게 이야기했습니다. 이 아버지는 아들을 잘 알았습니다. 아무래도 연륜과 지혜가 있다 보니 아들에게 반드시 힘든 시기가 올 것을 알았습니다. 그는 아들이 집을 떠날 정도의 나이는 되었지만, 삶의 유혹과 짐을 스스로 감당할 만큼 성숙하지는 못했다는 것을 잘 알았습니다. 조금은 힘든 결정이었지만 아버지는 지금 떠나기를 원하는 아들을 놓아주는 것이 훗날 그 아들을 다시 얻을 수 있는 길이 될 것이라는 사실을 알았습니다. 결국 아버지는 아픈 마음으로 아들을 보냈습니다. 아버지는 기다렸습니다. 그리고 아들이 초췌한 모습으로 돌아왔을 때, 한껏 그 넓은 품을 보여주었습니다.

이상적인 부모의 태도 우리는 잃은 아들을 되찾은 아버지의 비유를 일컬어 '탕자 이야기'라고 제목을 붙이지만, 사실 이 비유의 중심인물은 바로 '아버지'입니다. 예수님께서는 이 비유에서 집 나간 아들보다 아들을 기다리는 아버지의 성품을 더 자세하게 보여 주십니다. 우리는 그 아버지에게서 우리가 마땅히 본받아야 할 부모의 훌륭한 태도를 볼 수 있습니다. 이 아버지는 아들의 무리한 요구를 기꺼이 받아들이고 사랑하는 아들의 삶에 대해 모험을 시도합니다. 사실 이 아버지는 아들의 이야기를 들어줄 의무가 없었습니다. 하지만 아들을 사랑하는 마음으로 자진해서 그의 요구를 들어 주었습니다. 물론 그는 재산을 물려줄 필요도 없었습니다. 그러나 그는 아들에게 아낌없이 주었습니다. 요구를 관철한 아들이 머잖아 집을 떠났습니다. 이 아버지는 기꺼이 자녀를 놓아줍니다. 여기서 아버지는 아들을 막으려 하지 않습니다. 아버지는 논쟁하지도 않고 애원하지도 않고 울지도 않고 매달리지도 않습니다. 그는 아들을 통제하거나 조종하려 하지 않고 아들 스스로 살아가도록 놓아주었습니다. 이 이야기를 잘 보면, 아버지는 탕자인 아들이 집에 돌아오기를 간절히 원했습니다. 그러나 그는 아들의 상황을 이래저래 조종하거나 변화를 재촉하려 하지 않았습니다. 이 아버지는 아들의 상황을 기꺼이 수용합니다. 그리고 아들이 진정으로 회개하고 돌아왔을 때, 그를 기꺼이 용서하고 이전 아들의 귀한 신분으로 회복시켜 줍니다. 뿐만 아니라 아버지는 가장 좋은 것을 아들에게 주고, 아들의 귀환을 축하하는 잔치에 온 마을 사람들을 초대했습니다. 아버지는 아들을 있는 그대로 받아들이고, 아낌없이 용서하며, 완전히 회복시켜 주었습니다. 아버지는 그 자리에서 춤을 추었습니다. 탕자의 모든 죄책감과 수치심을 음악과 춤이 삼켜 버렸습니다.

이 이야기는 우리 그리스도인 부모들에게 세 가지 질문을 던지고 있습니다. 아래의 질문에 대답해 보시기 바랍니다.

- 당신은 감사드려야 할 만큼 넓은 품을 가진 부모님이 계십니까?
- 당신은 기꺼이 놓아 주어야 할 자녀가 있습니까?
- 혹, 당신에게 용서와 회복이 필요한 탕자와 같은 자녀가 있습니까?

**이상적인 부모 노릇** 아버지 되신 하나님께서는 우리에게 이상적이고 완벽하게 부모 노릇을 하셨습니다. 하나님 아버지는 무조건적인 사랑으로 우리를 돌보시되, 당신을 아낌없이 내어주시는 희생적이고 헌신적인 사랑으로 우리를 돌보셨습니다(요 3:16). 하나님 아버지는 은혜로, 조건 없이, 즉시, 그리고 완전히 우리를 용서하셨습니다. 하나님 아버지께서는 있는 모습 그대로 우리를 받아주셨습니다(롬 15:7). 하나님 아버지께서는 우리에게 친밀하게 다가오셔서 우리와 교제하시고 만나주시고 대화하시며 우리를 이해해 주셨습니다. 하나님 아버지께서는 우리 각자에게 꼭 맞는 재능과 은사를 주시고 그것을 키워주셨습니다.

그러므로 하나님 아버지의 이러한 모습이 우리 그리스도인 부모의 최종적인 목표가 됩니다. 하나님께서는 완전하신 아버지이십니다. 그래서 하나님께서는 이 땅에서 부모라는 특권을 가진 수많은 사람들의 귀중한 모델이 되십니다. 그리스도인 부모는 모델이신 하나님을 본받아 자녀의 재능과 은사를 발견하고 계발하여 그것을 최고가 되게 하고,

그 가운데 하나님과 사람을 섬기는 능력을 격려함으로써 자녀를 더 가치 있는 자로 양육해야 합니다. 물론 우리는 부모로서 완벽하지 않습니다. 우리는 때로 실수도 합니다. 우리가 한 결정들이 사랑과 희생에 의한 것이었음에도 불구하고 그 때문에 자녀에게 원망을 들을 수도 있습니다. 우리는 자녀에게 자신을 온전히 쏟아붓고, 그래서 자신은 그대로 텅 비게 되기도 합니다. 그러나 부모로서 우리가 하나님의 아버지 되심을 견실하게 본받아 갈 때, 우리의 헌신은 결코 헛되지 않습니다. 우리가 아무리 부족하게 느껴질지라도 하나님을 닮아 가려는 부모는 결국 부모로서 훌륭한 자질을 지닌 큰 용기의 사람이 될 것입니다. 아버지 되시는 하나님의 온전한 사랑을 본받으려는 부모는 결국 자녀를 건강한 성인(成人)으로 키워내는 평범하지만 지극히 위대한 일을 이루는 사람이 될 것입니다. 지독히 어려운 가운데서도 자녀를 위해 그 어려움을 감추고 자녀가 건강하게 성장할 수 있도록 마땅히 오늘의 한 끼를 희생하는 부모는 분명 가정 가운데서 하나님의 사랑을 이어가는 하나님의 부름 받은 부모입니다. 결국 이상적인 부모 노릇은 오늘의 평범함 가운데서 묵묵히 하나님의 아버지 되심, 그 본을 따르는 삶을 사는 것입니다.

## 하나님, 우리가 부모입니다

오늘날 우리 사회를 병들게 하는 현상이 있습니다. 바로 가정의 붕괴입니다. 이는 마치 우리 몸의 암처럼 우리 사회를 파괴하고 있습니다.

심지어 우리 교회들마저 멍들게 하고 아픔을 겪게 합니다. 오늘날 가정이 붕괴되는 원인은 무엇일까요? 우리 사회가 가정을 창조하신 하나님께서 주신 가정생활에 대한 여러 가지 명령을 바르게 따르지 않고 있기 때문입니다. 하나님께서는 가정이 지켜야 할 가정생활의 원리와 지혜를 따를 것을 명령하셨습니다. 사실 그것은 그저 지키고 수행해야 하는 명령 그 이상의 것입니다. 그런데 이 명령은 가정 안에서 부모의 권위가 바르고 아름답게 설 때에 온전히 실현될 수 있습니다. 현대가정의 가장 큰 문제는 부모, 특히 아버지의 권위가 상실되거나 약화된 데 그 심각성이 있습니다. 그리스도인 가정에서 무엇보다 먼저 회복되어야 할 것이 바로 부모의 권위입니다. 부모는 자녀에게 지도자, 제사장, 교사, 목회자 등 다양한 역할을 해야 하는 책임을 부여 받았습니다. 부모는 자녀와 관련하여 그리스도의 모든 역할을 수행함으로써 부모노릇을 할 수 있습니다. 부모의 온전함과 그 온전함 가운데 드러나는 부모의 권위가 건강한 가정을 일구고 지키는 중요한 디딤돌이 됩니다.

**부모는 지도하는 사람입니다** 하나님은 가정을 향해 권위와 책임에 대해 분명하게 명령하시고 계십니다. 하나님께서는 그리스도를 남자의 머리로, 남자를 여자의 머리로 세우셨습니다. 남자는 그리스도에게 순종하고, 아내는 남편에게 순종하고, 자녀는 부모에게 순종하라고 명령하셨습니다. 하나님께서는 가정에게 이 '머리됨'(headship)의 원리를 따르라고 명령하셨습니다. 이 원리에 근거하여 모든 가족은 하나님이 정해 주신 가정 안에서의 머리의 권위 아래에서 살아야 합니다. 아버지와 어머니는 하나의 특별한 팀으로, 그 내적인 머리됨의 원리를 가지고 올바른 위계 가운데 자녀를 돌볼 책임이 있습니다. 더불어 자녀는 부모의 바른 권위 아래 살면서 그 부모에게 순종할 책임이 있습니다(고전 11:3; 골 3: 18, 20).

가정의 머리됨의 원리는 지배와 복종의 관계와는 거리가 있습니다. 사실 가정의 머리됨의 원리는 무한한 책임감을 바탕으로 하여 본을 보이는 삶입니다. 남편이 아내에게 머리된다는 것은 앞서서 건강한 삶의 본을 보이는 모습을 말합니다. 동일하게 부모는 가정의 머리로서 먼저 자녀들에게 본을 보이고, 바른 방향을 가리키며, 바른 삶의 방법을 가르치고, 바른 길을 인도하는 지도자입니다. 때문에 부모는 바른 길을 인도하는 지도자로서 자녀들을 앞서가며 그들을 인도해야 합니다. 부모는 모범을 보임으로써 자녀들을 인도해야 합니다. 모범이 개념보다 낫습니다. 자녀를 인도하는 지도자로서의 부모의 권위는 하나님께로부터 온 것으로, 실제로는 그리스도와 같이 사랑과 섬김으로 얻어지는 권위입니다.

**부모는 제사를 드리는 사람입니다** 부모는 가정의 제사장입니다. 제사장은 누구보다 먼저 스스로 하나님 앞에 서서 온전한 제사를 드리는 모범된 사람입니다. 모세가 아론에게 제사의 직을 명령할 때 한 말씀을 살펴봅시다. "너는 제단에 나아가 네 속죄제와 네 번제를 드려서 너를 위하여, 백성을 위하여 속죄하고 또 백성의 예물을 드려서 그들을 위하여 속죄하되 여호와의 명령대로 하라(레 9:7)." 모세는 아론에게 제사장 스스로 먼저 제사의 본을 보이라고 명령합니다. 결국 부모는 제사장으로서, 자녀보다 먼저 자녀의 죄를 짊어지고 하나님 앞에 나아가 속죄 제사를 드려야 합니다. 왕 같은 제사장(벧전 2:9)으로서 부모는 우리의 '제단'이신 예수 그리스도를 통해 '신령한 제사'를 드려야 합니다(벧전 2:5).

이외에도 부모는 제사장으로서 언제나 자녀들의 정결함과 온전함을 위하여 제사를 지내야 합니다. 열 명 자녀의 아버지였던 욥은 제사장으로서 잔치가 끝나면 항상 자녀들을 불러다가 그들을 성결하게 하고, 그들의 명수대로 번제를 드렸습니다. 욥기서에 이런 기록이 있습니다. "그들이 차례대로 잔치를 끝내면 욥이 그들을 불러다가 성결하게 하되 아침에 일어나서 그들의 명수대로 번제를 드렸으니 이는 욥이 말하기를 혹시 내 아들들이 죄를 범하여 마음으로 하나님을 욕되게 하였을까 함이라 욥의 행위가 항상 이러하였더라(욥 1:5)." 제사를 지내는 부모는 막무가내로 제단을 쌓는 행위를 경계해야 합니다. 제사장으로서 부모는 허망하고 허탄한 제목의 제사를 드릴 수 없습니다. 제사장으로서 부모는 가정 안에서 자녀들과 함께 기도의 제사(시 141:1-3), 헌금의 제사(빌 4:14-18), 찬미의 제사(히 13:15), 선행의 제사(히 13:16), 그리고 복음의 제사(롬 15:16)를 드려야 합니다. 그리고 무엇보다 그 자신이 자신의 몸과 마음과 영혼을 하나님과 하나님의 사업을 위해 산 제물로 드려야 합니다(롬 12:1, 2).

**부모는 축복하는 사람입니다** 부모는 가정의 제사장으로서 자녀들을 축복합니다. 성경에 보면 이삭은 아버지로서 아들 야곱을 축복했습니다(창 27:26-30). 야곱은 그 아들들을 불러 모은 후, 후일에 당할 일을 각 사람의 분량대로 축복하였습니다(창 49:1-28). 성경에서 아버지가 자녀들을 축복하는 것은 자녀들을 위한 거룩한 예언이었습니다. 그리고 그 예언은 자녀들에게 그대로 이루어졌습니다. 여호와께서는 모세를 통해 아론과 그 아들들에게 이스라엘 자손을 축복하라고 명령하셨습니다. 그들이 하나님의 이름으로 이스라엘 자손을 축복하면 당신께서 그들에게 복을 주시겠다고 약속하셨습니다. 성경은 이 일을 이렇게 기록하고 있습니다. "여호와께서 모세에게 말씀하여 이르시되 아론과 그의 아들들에게 말하여 이르기를 너희는 이스라엘 자손을 위하여 이렇게 축복하여 이르되 여호와는 네게 복을 주시고 너를 지키시기를 원하며 여호와는 그의 얼굴을 네게 비추사 은혜 베푸시기를 원하며 여호와는 그 얼굴을 네게로 향하여 드사 평강 주시기를 원하노라 할지니라 하라 그들은 이같이 내 이름으로 이스라엘 자손에게 축복할지니 내가 그들에게 복을 주리라(민 6:22-27)." 사실 구약에서는 아론과 아들들, 곧 제사장들에게만 축복권이 주어졌습니다. 그러나 신약에서는 믿음으로 구원받은 모든 사람에게 왕 같은 제사장으로서의 축복권이 있습니다. 그래서 그리스도인 부모 또한 자녀를 축복할 수 있는 축복권이 있습니다. 그리스도인 부모는 장로인 요한이 사랑하는 가이오에게 축복했던 것처럼 부모로서 자녀를 축복할 수 있습니다(요 3:2).

결국 부모는 자녀가 잘되고 자녀가 덕스럽고 비전 있는 삶을 살 수 있도록 하나님 앞에서 축복하는 일에 게으를 수 없습니다. 부모는 자녀들의 삶의 중요한 순간을 놓치지 말고 자녀의 앞날을 위해 축복해 주어야 합니다. 사실, 우리가 사는 세상은 축복하는 일(blessing)이 드뭅니다. 부모와 자식의 관계에서도 서로를 위해 복을 빌어주는 일이 매우 드뭅니다. 모든 것이 풍족하기만 한 세상을 사는 탓일 것입니다. 그러나 세상의 풍족함 가운데 자녀를 세우는 일이 자녀에게 복을 주는 전부는 아닙니다. 부모는 자녀의 잘됨을 위해 그 모든 풍족함의 근원이신 하나님께 복을 구하는 축복 기도의 사람이어야 합니다.

**부모는 중보하는 사람입니다** 부모는 가정의 제사장으로서 하나님과 자녀들 가운데서 하나님을 자녀에게 소개하고, 자녀를 하나님께 인도하며, 하나님과 자녀 사이에 다리를 놓는 중보자입니다. 생각보다 많은 그리스도인 부모들이 이 일을 어떻게 감당해야 할지 모르겠다고 합니다. 그리고 어떤 특별한 기술이나 지식이 필요한 것인지 궁금해 합니다. 이럴 때 우리는 우리의 중보자이신 예수님을 바라보아야 합니다. 예수님께서는 사역하시는 가운데서도 언제나 우리를 위하여 하나님께 중보하셨습니다. 또한 예수님께서는 지금도 항상 살아계셔서 세상에 남겨두신 당신의 제자들을 위하여 하나님께 간구하십니다. 예수님께서는 늘 하나님의 보좌 옆에서 하나님과 사람 사이를 중보하고 계십니다 (딤전 2:5; 히 7:25). 결국 중보자로서 부모의 역할은 우리를 위하여 예수님께서 하고 계시는 일을 우리가 자녀를 위하여 하는 것입니다.

이러한 예수님을 따라서 그리스도인 부모는 무엇보다 먼저 말씀과 기도로 자녀를 위한 중보의 사명을 감당할 수 있습니다. 부모는 말씀을 묵상하고 말씀을 성찰하고 말씀대로 살아가면서 그 말씀이 주는 통찰을 통하여 하나님께서 어떤 분이시고 우리를 위하여 무엇을 행하시는지를 자녀들에게 가르칩니다. 또한 부모들은 스스로 먼저 새벽과 저녁, 그리고 한 주간의 중요한 시간 가운데 기도하는 삶을 살아감으로써 자녀들에게 기도하는 삶의 가치를 보여줍니다. 그 가운데 부모는 하나님 앞에서 자녀들을 위하여 기도하고 자녀들을 축복함으로써, 자녀들을 하나님 앞으로 이끌어서 하나님께서 인도하는 삶의 여정으로 나아가도록 할 수 있습니다. 사실 중보자로서 부모의 사명은 하루에 한 번 혹은 한 주일에 한 번 드리는 가정예배를 통하여 보다 의미 있게 감당할 수 있습니다. 가정 안에서 온전한 예배를 세우고 예배의 자리에서 자녀와 하나님 사이를 중보하는 부모야말로 참 그리스도인 부모의 온전한 모습입니다.

**부모는 가르치는 사람입니다** 성경의 제사장은 중보의 사역 외에도 백성들을 온전한 길로 인도하기 위해 가르치는 사명을 감당해야 했습니다. 우리 그리스도인 부모 역시 제사장으로서 자녀들을 신앙 안에서 바르고 성실하게 가르쳐야 합니다. 이스라엘 부모들은 신앙 안에서 살아가는 삶의 교훈들을 조상들에게 전수 받았습니다. 이스라엘 부모들은 '쉐마(shema)'라고 부르는 그 교훈을 귀하게 여기고 언제 어디서나 그것을 자손과 후대에 전하고 가르쳤습니다. 그들의 신앙 열조들이 출애굽하면서 겪었던 놀라운 은혜와 은총, 그리고 가나안을 향한 그들의 여정과 가나안에서 경험했던 영적 삶들을 그대로 신앙의 교훈으로 삼아 가르친 것입니다. 이렇게 이스라엘의 부모들은 하나님께서 그들의 역사 가운데 행하신 일들을 자녀와 자손들에게 설명해 줌으로써 유일신 여호와 신앙을 전승할 수 있었습니다. "이는 우리가 들어서 아는 바요 우리의 조상들이 우리에게 전한 바라 우리가 이를 그들의 자손에게 숨기지 아니하고 여호와의 영예와 그의 능력과 그가 행하신 기이한 사적을 후대에 전하리로다(시 78:3, 4)." 이스라엘의 부모들은 이 모든 일들이 오늘도 자신들의 힘들고 어려운 삶과 자녀가 겪을 역경의 삶 가운데서 고스란히 나타나고 이루어질 것이라고 믿습니다.

그리스도인 부모가 자녀들에게 말씀과 신앙을 가르쳐야 하는 중요한 이유를 우리는 하나님께서 아브라함에게 하신 말씀을 통하여 찾아볼 수 있습니다. 하나님께서는 아브라함을 부르셔서, 그를 통하여 땅의 모든 족속, 곧 천하 만민이 복을 받을 것이라고 약속하셨습니다. 이 약속은 물론 아브라함의 자손, 예수 그리스도를 통하여 성취되었습니다. 그런데 이 약속은 특별히 교육, 곧 아브라함이 그 자식과 자손들이 여호와의 도(말씀)를 지켜 의(하나님의 말씀을 순종하는 것)와 공로(하나님의 말씀을 적용하는 것)를 행하게 하는 가르침의 가정 사역을 통해 성취될 수 있습니다. 아브라함의 가족과 자손은 하나님을 의지하고 세상에 대하여 사랑과 의를 행하는 바른 가치를 전수하는 일에 최선을 다한 것입니다. 여기에 부모가 자녀들에게 하나님의 말씀을 가르쳐야 하는 가장 중요한 이유가 있습니다. 부모가 가르치는 하나님의 말씀을 통하여 자녀들이 구원과 복을 얻게 되고, 땅의 모든 족속에게 그 구원과 복을 전달하는 통로가 될 수 있습니다. "아브라함은 강대한 나라가 되고 천하 만민은 그로 말미암아 복을 받게 될 것이 아니냐 내가 그로 그 자식과 권속에게 명하여 여호와의 도를 지켜 의와 공도를 행하게 하려고 그를 택하였나니 이는 나 여호와가 아브라함에게 대하여 말한 일을 이루려 함이니라(창 18:18, 19)."

**부모는 결국 목회하는 사람입니다** 영국의 청교도들은 가정을 작은 교회로, 아버지를 가정의 목회자로 여겼습니다. 청교도인 아버지의 영적 신실함과 사회적인 근면함이 고스란히 작은 교회인 가정에서 귀중한 가치관으로 자녀들에게 전수된 것입니다. 부모의 자질 중에서 가장 중요한 것은 결국 가정 목회자의 모습입니다. 부모는 자녀에게 '가정 목회자'입니다. 부활승천하신 그리스도께서 교회에 주신 직분으로서의 은사 중에 목사와 교사가 있습니다. 이것은 작은 교회로서 가정에도 그대로 적용이 됩니다. 부모는 가정 안에서 목사와 교사로서 자녀들을 목회하고 교육해야 합니다. 목회와 교육의 목적은 자녀들을 성도, 곧 예수 그리스도를 믿음으로 구원받은 자가 되게 하는 것입니다. 부모는 자녀의 인격과 생활이 그리스도의 장성한 분량이 충만한 데까지 이르도록 온전하게 하고, 봉사의 일 곧 그들의 재능과 은사를 따라 그리스도를 위해 일하는 사역자가 되도록 훈련시킴으로써, 가정 안에 그리스도의 몸된 교회를 세우는 목회자가 되어야 합니다(엡 4:11, 12).

부모는 자녀들을 목회할 때 사도 바울이 데살로니가 교회를 목회할 때처럼 사랑하는 유모와 같이 유순한 자가 되어 자녀들을 온전히 기르기 위해 수고하고 애써야 합니다. 특별히 부모는 가정 목회자로서 늘 옳고 흠 없는 본을 보이며, 각 자녀에게 권면하고 위로하고 격려해야 합니다(데전 2:7-12). 목자를 목자 되게 하는 것은 막대기와 지팡이가 아니라 목자의 마음입니다. 목자의 마음과 부모의 마음은 같은 마음입니다. 여기에 하나님의 마음이 더해져서 우리는 우리 자녀들을 향해 삼겹줄의 온전한 가정목회의 구조를 형성하게 됩니다. 부모는 목자의 마음, 아버지의 심정, 어머니의 심정으로 목숨까지도 내줄 수 있을 만큼 사랑으로 목회해야 합니다. 부모는 자녀의 머리(권위)인 동시에 자녀의 심장(사랑)입니다.

## 하나님은 부모에게 명령하셨습니다

가정은 하나님의 작은 교실이요, 가장 기초적인 훈육 공동체입니다. 가정은 우리 신앙의 모태이자 신앙교육의 모판이며 온상입니다. 가정은 최초의 학교이고, 부모는 최선의 교사로, 자녀에 대한 교육적 사명이 있습니다. 한 사람이 기독교 신앙과 인격을 형성하는 데 있어서 가정과 부모가 미치는 영향은 예나 지금이나 지대합니다. 성경은 자녀에 대한 부모의 교육적 사명을 강조하고 있습니다. 성경에서 가장 대표적인 교육적 사명은 앞서 말한 바와 같이 여호와 하나님께서 이스라엘에게 주신 '쉐마'(shema, 들으라는 뜻)입니다. 쉐마는 신명기 6장과 민수기 15장에 나오는 성경구절로, 이스라엘의 가정이 아침과 저녁, 집에 들어오고 나갈 때 하나님의 백성으로서 늘 유념하였던 경구와 같은 것입니다. 동시에 쉐마는 이스라엘 가정의 신앙교육의 핵심이기도 했습니다.

이스라엘아 들으라 우리 하나님 여호와는 오직 유일한 여호와이시니 너는 마음을 다하고 뜻을 다하고 힘을 다하여 네 하나님 여호와를 사랑하라 오늘 내가 네게 명하는 이 말씀을 너는 마음에 새기고 네 자녀에게 부지런히 가르치며 집에 앉았을 때에든지 길을 갈 때에든지 누워 있을 때에든지 일어날 때에든지 이 말씀을 강론할 것이며 너는 또 그것을 네 손목에 매어 기호를 삼으며 네 미간에 붙여 표로 삼고 또 네 집 문설주와 바깥 문에 기록할지니라 (신명기 6장 4-9절)

쉐마는 결국 이스라엘의 가정교육목회의 핵심으로, 이스라엘의 모든 부모들이 신앙 안에서 어떤 부모들이어야 하는지를 함축하여 전하고 있습니다. 이제 우리는 이스라엘의 쉐마 교육에서 자녀교육의 귀중한 실질적 지침을 얻을 수 있습니다.

자녀교육의 목표 먼저 이스라엘 부모들은 자녀들에게 "마음을 다하고 뜻을 다하고 힘을 다하여 하나님 여호와를 사랑"하도록 가르쳤습니다. 모든 것을 다하여 하나님을 사랑하되 언제, 어디에서나 똑같이 하나님을 사랑하도록 가르쳤습니다. '하나님을 사랑하라' 는 것이 결국 이스라엘 자녀교육의 궁극의 목표였습니다. 왜냐하면 이스라엘에 있어서 하나님 여호와는 그들에게 유일한 여호와이시기 때문입니다. 그들에게 여호와 하나님의 자리는 다른 누구도 대신할 수 없는 절대적인 자리입니다. 그 자리에 앉으신 하나님이야말로 그들 이스라엘 온 민족과 이스라엘의 모든 가정이 그들의 삶에서 경험하고 체험하는 구원자, 인도자, 전능자이시며 주권자이십니다. 이 하나님을 고백하고 그 고백대로 살아가는 것이야말로 이스라엘 사람들의 삶에서 매우 중요한 문제이자 표상이었습니다. 그래서 예수님께서는 이 쉐마를 그대로 이어받아 당신의 제자들에게 '네 마음을 다하고 목숨을 다하고 뜻을 다하여 주 너의 하나님을 사랑하라' 는 크고 첫째 되는 계명을 선포하셨습니다(마 22: 37). 이 신앙교육의 궁극적 목표가 오늘 우리 그리스도인 부모에게서도 성취되어야 합니다. 우리 자녀들이 하나님을 구원자로 고백하고 그분을 전심으로 사랑하는 삶을 살아가도록 하는 것이야말로 우리 자녀 교육의 궁극적인 목표여야 합니다.

**자녀교육의 명령** 여호와 하나님께서는 이스라엘을 향하여 '하나님을 사랑하라'는 말씀을 먼저 마음, 곧 가장 깊은 곳에 있는 생각과 의지와 동기에 새긴 후에, 자녀에게 부지런히 가르치라고 명령하셨습니다. 이스라엘에 있어서 자녀를 가르치는 일은 선택이 아니라 필수였으며, 권유가 아니라 명령이었습니다. 그것은 삶의 일부이자 삶의 가장 귀중한 시간을 할애해야 하는 일이었습니다. 이스라엘은 자녀를 가르치되 열심히 가르쳐야 했습니다. 이스라엘은 집에 앉았을 때에든지, 길을 갈 때에든지, 누워있을 때에든지, 일어날 때에든지 언제, 어디에서나 자녀를 가르쳐야 했습니다. 그것도 다른 누구에게 대신하도록 하지 않고 부모가 직접 가르쳐야 했습니다.

이 명령은 오늘 우리 그리스도인 부모들에게도 유효합니다. 하나님께서 부지런히 가르치라고 명령하신 것은 매우 구체적이며 실질적인 명령입니다. 그것은 해도 되고 안 해도 되는 것이 아니며, 자투리 시간을 이용할 것도 아닙니다. 사실, 자녀들에게 말씀을 가르쳐야 하는 책임은 다른 어떤 곳보다 가정의 부모에게 최우선합니다. 우리는 부모역할을 다른 사람에게 맡길 수 없습니다. 안타깝게도 우리는 부모의 책임을 지나치게 많이 다른 사람들에게 떠넘기며 살고 있습니다. 학교나 학원의 선생님에게 수학교육을 맡기는 것과 마찬가지로, 신앙교육은 교회의 교사들이나 하는 것이라는 가벼운 생각을 갖습니다. 그런데 지혜로운 아버지 솔로몬은 '마땅히 행할 길을 아이에게 가르치라 그리하면 늙어도 그것을 떠나지 아니하리라(잠 22:6).'라고 했습니다. 우리 아이들은 하나님께로부터 사명을 받고 이 땅에 태어납니다. 사람이 거듭나서 그리스도의 몸된 교회 속으로 들어갈 때에는 더더욱 그렇습니다. 지체 한 사람 한 사람이 신앙 안에서 독특한 소명을 지니고 있습니다. 이 때 부모는 자녀들이 자신에게 부여된 독특한 소명이 무엇인지 알 수 있도록 도움을 주어야 합니다. 즉 모든 아이들이 가는 길을 막연하게 가도록 하는 것이 아니라 그 아이만의 독특한 길을 갈 수 있도록 인도하고 훈련하는 것입니다. 부모들은 성령의 인도하심을 받아 각자의 독특함에 근거하여 자녀들을 가르쳐야 합니다. 그리고 여기에는 부모의 근면함이 절대적으로 필요합니다. 선물로 주어진 자녀들의 독특함을 바르게 알고 그것을 근면하게 신앙 안에서 성숙의 지경에 이르도록 인도하는 일은 아무한테나 주어진 것이 아니라 바로 그 자녀의 부모에게만 주어진 거룩한 책임입니다.

**자녀교육의 방법** 이 부분에 대해서 간단히 살펴보면, 여호와 하나님께서는 이스라엘에게 매우 효과적인 자녀교육 방법을 가르쳐 주셨습니다. 하나님께서 가르쳐 주신 자녀교육의 가장 효과적인 방법은 오감, 곧 시각, 청각, 후각, 미각, 촉각을 통한 교육입니다. 이스라엘은 자녀들을 교육할 때 이 감각들을 통하여 감동을 주었습니다. 그들은 먼저 자녀들에게 '하나님을 사랑하라'는 말씀을 강론하고(언어적 감동), 그것을 손목에 매어 기호를 삼으며(상징적 감동), 미간에 붙여 표를 삼고(시각적 감동), 그리고 문설주와 바깥문에 기록함으로써(문자적 감동) 감동을 주었습니다. 그들은 자신이 중요하게 여기는 것, 곧 자신의 가치관에 대해 매일, 항상, 반복적으로 말하고 보여주고 기록으로 남겨야 합니다. 뿐만 아니라 그들은 하나님께서 주신 종교의식이나 절기, 할례, 안식일, 유월절, 속죄일, 초막절 등을 자녀교육의 좋은 기회로 삼았습니다. 온가족이 함께 일정한 종교 예식을 거행하는 가운데 하나님에 대한 공통의 신앙을 전수하고, 그 신앙 가운데서 독특한 삶의 소명을 발견하도록 격려하고 돕는 것입니다. 사실, 요즘 같이 분방함이 당연한 세대에서 이런 식의 고전적인 신앙교육의 방법이 구태의연하게 보일 수도 있습니다. 그러나 위에서 제시한 매우 감각적인 방법들에 관한 통찰과 더불어 이런 식의 고전적인 방법을 병행하는 것이야말로 자녀들의 신앙이 개별적인 것을 넘어서 공동체적인 것이 될 수 있도록 하는 주요한 첩경이 되는 것입니다.

결국 이스라엘 자녀교육의 대원칙은 자녀들의 흥미와 호기심을 자극하면서 그 뜻을 설명해 주고, 더불어 그 책임을 북돋아주는 것이었습니다. 그리고 그것들이 공동체의 경건한 예식과 거룩한 행위들 가운데서 더욱 훈련되도록 하는 것이었습니다.

이 후에 너희의 자녀가 묻기를 이 예식이 무슨 뜻이냐 하거든 너희는 이르기를 이는 여호와의 유월절 제사라 여호와께서 애굽 사람에게 재앙을 내리실 때에 애굽에 있는 이스라엘 자손의 집을 넘으사 우리의 집을 구원하셨느니라 하라 하매 백성이 머리 숙여 경배하니라 (출애굽기 12장 26-27절)

**자녀교육의 이유** 마지막으로 우리가 중요하게 생각해야 할 것이 있습니다. 왜 이스라엘은 가르치는 사명을 다해야 합니까? 조금 더 나아가 왜 우리 그리스도인 부모는 가르치는 사명을 다해야 합니까? 바로 하나님 여호와께서 가르치라고 명령하신 말씀을 가르쳐야만 하나님께서 약속하신 축복의 땅에서 복을 받고 번성할 수 있기 때문입니다. "곧 너와 네 아들과 네 손자들이 평생에 네 하나님 여호와를 경외하며 내가 너희에게 명한 그 모든 규례와 명령을 지키게 하기 위한 것이며 또 네 날을 장구하게 하기 위한 것이라 이스라엘아 듣고 삼가 그것을 행하라 그리하면 네가 복을 받고 네 조상들의 하나님 여호와께서 네게 허락하심 같이 젖과 꿀이 흐르는 땅에서 네가 크게 번성하리라(신 6:2, 3)." 하나님께서 허락하신 땅에서의 삶은 오직 하나님을 의지하는 것을 통해서만 복을 누릴 수 있는 삶입니다. 그들이 허락 받은 땅에서 누릴 복은 이방 족속이나 다른 어떤 근원에서 주어지는 것이 아닙니다. 이스라엘은 이 점을 잘 이해하고 말씀을 그들의 가정의 중심에 세웠습니다. 오늘 우리 그리스도인 부모 역시 마찬가지입니다. 우리는 우리에게 주어진 이 땅에서의 기업과 우리 가정이 터전을 이룬 이 땅에서의 삶이 하나님께서 인도하신 결과이며 하나님의 섭리에 의한 결실이라는 사실을 고백해야 합니다. 그리고 하나님께서 주신 삶의 축복은 오직 하나님만 주실 수 있다는 사실을 고백해야 합니다. 결국 우리 가정의 축복 받은 가나안에서의 삶은 우리의 헌신적이고 신실한 가정교육목회를 통하여 더욱 온전히 성취되고 확장될 수 있습니다.

사랑하는 그리스도인 부모 여러분, 하나님께서는 우리를 부모로 부르셨습니다. 하나님의 부르심에는 특별한 목적이 있습니다. 그것은 우리 가정, 즉 부모와 자녀들로 하여금 땅의 모든 족속이 복을 얻게 하기 위함입니다. 하나님께서는 이 목적을 이루기 위해 부모에게 경건한 후손을 얻는 비전을 주셨습니다. 하나님께서 우리 그리스도인 부모의 모델이 되십니다. 그리고 먼저 우리에게 온전한 아버지가 되셨습니다. 물론 우리는 하나님에 비할 때 부모로서 완벽하지 못합니다. 그러나 우리는 하나님의 부모노릇을 본받아 부모로서 자녀들에게 최선을 다해야 합니다. 하나님께서 선물로 주신 귀한 자녀를 부지런히, 그리고 분명한 목적과 방향을 가지고 가르치라고 부모에게 명령하셨기 때문입니다.

　한 여인이 전 세계를 두루 다니던 전도자, 집시 스미스(Gipsy Smith)에게 다음과 같은 편지를 써 보냈습니다. '저는 당신의 사역으로 커다란 축복을 받았습니다. 저는 하나님께서 저를 선교사로 부르셨다고 믿습니다. 그런데 저에게는 한 가지 문제가 있습니다. 저에게는 20명의 자녀들이 있습니다. 저는 어떻게 해야 할까요?' 집시 스미스는 더할 나위 없는 지혜로 그녀에게 다음과 같은 편지를 써 보냈습니다. '부인, 하나님께서 이미 당신을 설교자로 부르셔서 이미 회중까지 주셨으니 이 얼마나 감사한 일입니까?' 하나님은 우리를 부모로 부르셨습니다. 부모는 거룩한 소명이요 사역입니다. 우리는 부모입니다. 좋은 부모가 되는 첫걸음은 자녀를 위해 기도하는 것입니다. 맥아더 장군은 아버지로서 자녀를 위해 이렇게 기도했습니다.

## 아버지의 기도

내게 이런 자녀를 주옵소서
약할 때에 자기를 돌아볼 줄 아는 여유와
두려울 때에 자신을 잃지 않는 대담성을 가지고
정직한 패배에 부끄러워하지 않고 태연하며
승리에 겸손하고 온유한 자녀를 내게 주옵소서

생각할 때에 고집하지 않게 하시고
주를 알고
자신을 아는 것이 지식의 기초임을
아는 자녀를 내게 허락하옵소서

원하옵나니 그를
평탄하고 안이한 길로 인도하지 마옵시고
고난과 도전에 직면하여 분투 항거할 줄 알도록
인도하여 주옵소서
그리하여 폭풍우 속에선 용감히 싸울 줄 알고
패자를 관용할 줄 알도록 가르쳐 주옵소서.

그 마음이 깨끗하고 그 목표가 높은 자녀를
남을 정복하려고 하기 전에
먼저 자신을 다스릴 줄 아는 자녀를
장래를 바라봄과 동시에 지난 날을 잊지 않는
자녀를 내게 주옵소서

이런 것들을 허락하신 다음
이에 대하여 내 아들에게 유머를 알게 하시고
생을 엄숙하게 살아감과 동시에
생을 즐길 줄 알게 하옵소서

자기 자신에 지나치게 집착하지 말게 하시고
겸허한 마음을 갖게 하시사
참된 위대성은 소박함에 있음을 알게 하시고
참된 지혜는 열린 마음에 있으며
참된 힘은 온유함에 있음을 명심하게 하옵소서

그리하여
나 아버지는 어느 날 내 인생을 헛되이 살지 않았노라고
고백할 수 있도록 도와주옵소서

# Lesson2
## 자녀로 부르심을 받았습니다
----------------------------------------------

### 좋은 유산과 나쁜 유산

우리가 잘 알고 있는 이야기 중에 미국의 상반된 두 가문에 대한 이야기가 있습니다. 한 가문은 많은 사회 문제아들을 배출한 가문으로 유명합니다. 그리고 다른 한 가문은 많은 사회적 명성가와 사회적 기여도가 높은 사람들을 배출한 가문으로 유명합니다. 먼저 사회적으로 많은 문제를 일으킨 사람들을 배출한 주크 가(家)의 이야기입니다. 연구에 의하면 뉴욕 주 정부가 이 가문 때문에 현재까지 입고 있는 재정 손실이 수백만 달러에 달한다고 합니다. 주크 가는 18세기 이래 300명의 극빈자, 60명의 도둑, 130명의 유죄판결을 받은 범법자를 배출하였습니다. 그리고 55명이 성적 강박관념의 희생물이 되었고, 고작 20명만 직업 교육을 받았는데 그 중 10명은 교도소에서 받았습니다. 게다가 7명의 살인범을 배출하였습니다. 이 가문이 양산한 사회적 문제들을 해결하기 위해 뉴욕 주정부는 많은 비용을 지출했습니다. 이런 주크 가와 너무나 대조적인 가문으로, 18세기의 유명한 설교가 조나단 에드워드를 배출한 에드워드 가(家)가 있습니다. 조나단의 아버지는 목사였고, 그의 어머니 사라는 성직자의 딸이었습니다. 에드워드 가는 20세기 후

반까지 14명의 학장, 100여 명의 대학교수, 100명이 넘는 변호사, 30명의 판사, 60명의 의사를 배출하였습니다. 그리고 100명이 넘는 성직자, 선교사, 신학자와 60여 명의 저술가를 배출하였습니다. 이상의 사실만 보더라도 에드워드 가가 미국 사회에 끼친 기여도가 얼마나 큰 지잘 알 수 있습니다. 아마도 이 가문은 지금까지도 사회적 비용이 활발하게 활성화되도록 돕는 쪽에 서 있을 것입니다.

물론 결과적으로 무엇이 됐다는 것만으로 교육의 성패를 판단할 수는 없습니다. 하지만 분명한 것은 에드워드 가문의 후손들이 모두 덕망이 높고 가정적으로 행복하며 인류를 위해 헌신하는 사람들이라는 점이 우리로 하여금 그 가문의 면면에 이어져 오는 교육적 집중력에 대해 많은 교훈을 얻게한다는 사실입니다. 도대체 이 가문의 비결은 무엇일까요? 이에 대한 연구로 박사학위를 받은 6명의 일치된 연구결과는 '조나단과 사라 부부가 서로 깊이 사랑했다'는 것입니다. 신앙심이 깊었던 그들 부부는 영과 혼과 육이 하나가 되어 서로 사랑하였고 그것이 훌륭한 후손들을 길러내는 동력이 되었다는 것입니다. 좋은 자녀를 길러내는 가장 좋은 방법은 먼저 좋은 부모가 되는 것입니다. 여기서 한 가지 중요한 고리는 좋은 부모가 되려면 좋은 신자가 되어야 한다는 것입니다. 그리고 좋은 신자가 되려면 당연히 부모가 먼저 거듭나서 하나님의 자녀가 되고, 하나님의 자녀로 경건하게 살아야 합니다.

## 하나님은 우리를 자녀로 부르셨습니다

우리는 부모인 동시에 자녀입니다. 우리는 자녀에게는 부모이지만, 우리의 하나님께는 자녀입니다. 하나님께서는 먼저 우리를 하나님의 자녀로 부르셨습니다. 부모인 우리는 먼저 "지금 내가 하나님의 자녀인가? 나는 그리스도인인가? 나는 온전한 그리스도인 부모인가? 나는 성결한 부모인가? 정말 나는 하나님의 자녀로 부르심을 받았는가?"라는 질문들을 살펴야 합니다. 말하자면 부모가 먼저 하나님의 자녀가 되어야 하는 것입니다.

그렇다면 어떻게 해야 우리 부모가 먼저 하나님의 자녀가 될 수 있을까요? 이 질문에 관해서 너무나 많은 혼란이 있기 때문에 다시 한번 정리하지 않을 수 없습니다. 어떤 사람은 기독교 가정에서 태어나면 자연스레 하나님의 자녀가 된다고 생각합니다. 또 어떤 사람들은 규칙적으로 교회에 출석하거나 착한 일을 많이 하면 하나님의 자녀가 된다고 생각합니다. 이런 것들도 모두 나름대로 중요합니다. 그러나 한마디로 말해서 하나님의 자녀가 된다는 것은 거듭나지 않으면 될 수 없는 것입니다. 거듭나지 않고는 궁극의 구원을 위해 하나님께서 마련하신 하나님의 나라를 볼 수도 없고 하나님의 나라에 들어갈 수도 없습니다(요 3:1-8). 그렇다면 우리는 구원받는 일, 즉 거듭나서 하나님의 자녀가 되는 과정에서 무엇을 알아야 하고 또 무엇을 해야 할까요? 그리스도인 부모로서 우리는 구원의 과정에서 그리스도와 하나님께서 하신 일을 바르게 알고, 내가 해야 할 일이 있다는 사실을 알아야 합니다.

그리스도께서 하신 일 우리는 우리를 죄에서 구원하시려고 그리스도께서 이 세상에 오셨고(마 1:21) 우리 죄를 위하여 십자가에서 죽으셨다는 사실을 분명하게 인식해야 합니다. 기독교 신앙은 십자가에 못 박히신 예수 그리스도에 대한 신앙입니다. 이 십자가 은혜와 그 은혜에 대한 신앙이 없다면 기독교도 없습니다. 성경은 결국 하나님의 아들이신 예수 그리스도께서 인간으로 이 땅에 오셔서 종이 되어 죽기까지 우리를 사랑하신 일에 대해 이야기합니다. 그리고 그 모든 은혜는 하나님을 멀리하고 죄 가운데 빠져든 타락한 인간상과 연결됩니다. 하나님께서는 타락하여 죄 가운데 있는 우리 인간을 위해 아들 예수님을 보내셨고, 예수 그리스도께서는 우리에게 구원의 은혜를 주시려고 우리 죄를 위하여, 즉 우리를 대신하고, 우리를 대표하여 십자가에서 죽으셨습니다. 결국 예수 그리스도께서는 세상 죄를 지고 십자가로 나아가신 하나님의 어린양이셨습니다(요 1: 29, 36). 예수님께서는 세상 사람들의 죄를 사하셔서 그들을 새로운 생명의 자리, 은혜의 자리로 인도하시려고 스스로를 제물로 단번에 드리신 바 되셨습니다(히 9:28). 예수 그리스도께서 우리를 위하여 이루신 이 일은 반복되거나 보완될 필요가 없습니다. 그리스도께서는 단번에, 영원히, 완전히 우리 죄를 담당하셨고 구원의 길을 여셨습니다.

하나님께서 하신 일 하나님께서는 당신을 떠나 죄악의 길로 나아간 인간을 향하여 지극한 사랑의 은혜를 허락하셨습니다. 바로 아들이신 예수 그리스도를 세상에 보내신 것입니다. 하나님께서는 당신의 피조물인 인간에게 그 죄를 담당시키지 않으셨습니다. 하나님께서는 오히려 아들이신 예수 그리스도에게 그 죄의 대가를 담당시키셨습니다. 하나님은 아들 예수님으로 하여금 우리를 대신하여 죄를 감당하도록 하시고, 우리에게는 하나님의 자녀로서 은혜 안에서의 삶을 살도록 하셨습니다. 죄인된 우리로 하여금 그리스도 안에서 하나님의 의가 되게 하셨습니다. 한 가지 특별한 사실이 여기 비밀처럼 숨겨져 있습니다. 하나님께서는 우리 죄를 담당하시고 십자가에 죽으신 예수님을 살리셨습니다. 하나님께서는 아들 예수를 살리셔서 예수님을 당신의 오른손으로 세상 가운데 높이셨습니다. 그렇게 해서 모든 죄와 악을 이기신 예수님을 주(주인)와 그리스도(구주)가 되게 하셨습니다(행 2:38). 예수님의 구원 사역은 결국 하나님께서 당신의 아들을 부활시키심으로 온전히 성취된 것입니다. 당신의 아들을 보내시고 아들을 부활시키심으로 죄악에 대하여 승리하게 하신 이 은혜는 우리로 하여금 그리스도 외에 다른 주를 고백할 수 없게 합니다. 다른 이로써는 이렇게 온전한 구원을 이룰 수 없습니다. 하나님께서는 천하사람 중에 구원을 받을 만한 다른 이름을 우리에게 주신 일이 없습니다. 그리고 예수님 스스로 아버지께 이르는 유일한 길은 당신뿐이라고 선언하셨습니다(요 14:6; 행 4:12). 우리는 이렇게 크고 놀라우신 하나님의 사랑과 은혜를 분명하게 인식해야 합니다.

**내가 해야 할 일** 그렇다면 하나님과 예수님의 구원 사역 앞에서 우리가 해야 할 일은 무엇일까요? '우리가 어떻게 해야 구원을 받을 수 있을까요?'(행 16:30) 지금은 이 질문을 우리 스스로 직접 해야 할 때입니다. 그리스도인 부모로 바르게 서기 위해 우리는 다른 무엇보다 먼저

이 질문 앞에 서야 합니다. 그리고 이 질문이 그 누구도 아닌 바로 '나'로 하여금 어떤 일을 하도록 한다는 사실을 알아야 합니다.

**나는 먼저 죄를 회개해야 합니다** 인간의 죄와 악에서 구원을 받으려면, 먼저 죄를 버리는 결단, 즉 회개를 해야 합니다. 회개는 구원을 받는 첫째 단계입니다. 죄를 회개하려면 내가 '죄인'으로서 죄 가운데 빠져 있다는 것과 이 모든 악한 사슬로부터 구원되기 위해서는 '구원자'가 필요하다는 사실을 인정해야 합니다. 하나님을 인정해야 하는 것입니다. 그리고 구원자이신 하나님 앞에서 겸손해져야 합니다. 스스로의 힘으로는 구원받을 수 없다는 사실을 인정해야만 합니다. 병든 사람이 자신의 병을 인정하지 않으면 의사를 찾아가지 않는 것처럼, 죄인인 자신을 인정하지 않으면 예수 그리스도께 나아가지 않을 것입니다.

**나는 예수 그리스도를 믿어야 합니다** 이제 회개하는 가운데 죄에서 구원을 받으려면, 예수님을 그리스도(구주)로 믿어야 합니다. 죄인에게 필요하다고 인정했던 구원자가 바로 나를 위해 필요하신 분, 예수 그리스도이심을 믿어야 합니다. 구원받는 믿음은 죄에서 구원을 받기 위해 그리스도를 신뢰하는 것 그 이상도 그 이하도 아닌, 바로 그 자체입니다. 진정 예수 그리스도는 죄인을 구원할 자격을 갖추신 유일한 분이십니다. 하나님의 아들은 나사렛 예수로 오셔서, 우리 죄를 위해 십자가에 죽으시고, 그 모든 죄악의 권세를 이기시고자 죽은 자 가운데 부활하셨습니다. 이런 사실들을 믿고 그 은혜를 믿는 믿음이 나를 영원한 생명의 자리로 인도할 수 있다는 사실을 확신해야 합니다.

**나는 예수를 주로 시인해야 합니다** 죄에서 구원을 받으려면 예수님을 주(the Lord, 주님)로 고백하고 시인해야 합니다(마 16:16). 예수님께서는 우리의 구주(구원자)가 되기를 원하실 뿐만 아니라 우리 삶의 주인이 되기를 원하십니다. 그분은 '우리 주 곧 구주 예수 그리스도'이십니다(벧후 3:18). 우리에게는 이 두 가지 역할 중 어느 한 쪽은 받아들이고 다른 한 쪽은 거부할 자유가 없습니다. 왜냐하면 예수님께서는 우리에게 구원을 주시는 동시에 충성을 요구하시기 때문입니다. 이제 우리는 그분을 주로 고백하고 그분으로 하여금 나의 주(하나님)가 되어 달라고 요청해야 합니다(계 3:20). 나는 이제로부터 나 자신의 삶을 그리스도께 완전히 의탁해야 합니다. 특별히 그리스도인 부모로서 나는 나의 삶을 온전히 하나님과 그분의 아들 예수 그리스도, 그리고 성령께 위탁해야 합니다.

우리 주님께서는 우리 삶의 모든 영역에서 우리의 주가 되기를 요구하십니다. 그리스도를 주로 삼는다는 것은 공적이고 사적인 삶의 모든 영역을 그리스도의 다스림 아래에 두는 것입니다. 그렇게 하면 우리의 삶이라는 짐이 그리스도의 주권적인 통치 아래에 들어가게 될 것입니다. 그리스도께서 우리 삶의 문지방을 넘어오시면, 우리는 반드시 우리 삶의 모든 방을 열 수 있는 마스터키를 그리스도께 넘겨드려서 그분이 자유롭게 우리 삶의 이곳저곳에 좌정하시고 주장하실 수 있도록 해드려야 합니다. 예수님은 내 삶의 주인이 되시고 하나님은 내 아버지가 되십니다. 그렇게 할 때 우리는 세상이 주는 걱정 근심의 무게를 잊고 참된 평안을 누리며 살 수 있게 될 것입니다. 우리 주님께서는 삶의 모든 염려를 당신께 다 맡기라고 요구하십니다. 오늘의 의식주 생활에 필요한 모든 것, 그리고 내일의 모든 염려를 다 맡겨버리라고 말씀하십니다. 아무것도 염려하지 않는 길은 모든 것을 주님께 아뢰고 기도하는 것입니다.

## 부모가 먼저 '하나님의 자녀'로 살아야 합니다

사실 하나님의 자녀가 되는 것과 하나님의 자녀로 사는 것은 별개의 문제입니다. 자녀에 앞서서 부모인 우리가 먼저 하나님의 자녀가 되고, 하나님의 자녀로 살아야 합니다. 부모는 '본보기'를 통하여 자녀들을 하나님께로 이끌 수 있습니다. 부모의 하나님 자녀다운 삶은 자녀들에게 강력한 영향력을 발휘하기 때문입니다. 본보기를 통해 자녀들을 하나님께 이끌려면 우선 부모 자신이 성숙한 하나님의 사람이 되어야 합니다. 하나님의 자녀에게는 큰 특권과 큰 책임과 큰 의무가 있습니다.

큰 특권 하나님의 자녀가 될 때, 거기에는 큰 특권이 따릅니다. 예수 그리스도를 통하여 하나님과 관계를 맺게 된다는 것입니다. '아버지'와 '아들'은 하나님과 예수님의 관계를 규정 짓는 독특한 호칭입니다. 그런데 예수님께서는 당신이 일구신 구원의 반열에 들어온 우리로 하여금 하나님과 우리 사이에서 그 호칭을 부여받을 수 있도록 하셨습니다. 우리는 예수님을 믿음으로써 예수님과 하나님 사이의 친밀한 관계를 함께 누릴 수 있게 되었습니다. 이제 하나님께서는 진정으로 하늘에 계신 우리 아버지이십니다. 그런데 이 특권은 하나님의 영이신 성령을 통하여 확고하게 됩니다. 하나님은 성령을 통하여 우리가 하나님의 자녀라는 사실을 증거하십니다(롬 8:15-16). 놀라운 것은 이 하나님과의 부모자식관계가 영원하고 안전한 관계라는 것입니다. 여기서 누군가는 '그런데 우리가 죄를 지으면 어떻게 되는가?'라고 물을 것입니다. 한 번 형성된 부자관계가 우리가 짓는 죄로 인해 단절될 수 있는지에 대한 질문입니다. 결코 그렇지 않습니다. 우리가 죄를 지어도 이 단단한 결속의 부자관계는 변하지 않습니다. 단지 부자간의 대화나 교제가 단절될 뿐입니다. 하나님과 우리 사이의 부자관계는 거듭남이라는 새로운 영적 출생에 의해 결정되고, 하나님과의 교제는 행동에 의해 결정됩니다. 아들이 부모님께 잘못했다고 빌면 그 즉시 용서를 받고 교제가 회복되는 것처럼, 하나님과의 관계도 마찬가지입니다.

**큰 책임** 하나님의 자녀가 된다는 것은 놀라운 특권입니다. 하나님의 자녀가 갖는 큰 특권은 하나님과의 지속적이고 안정적인 부모자녀관계입니다. 그런데 하나님의 자녀에게는 큰 책임이 따릅니다. 바로 성장입니다. 하나님과의 관계는 유지되고 발전하며 성장해야 합니다. 하나님과의 관계를 성장시킬 수 있는 가장 좋은 방법은 매일 성경을 읽고 기도를 통해 하나님과 교제하고 대화하는 것입니다. 하나님은 성경을 통해 우리에게 말씀하시고 우리는 기도를 통해 하나님께 말씀드립니다. 이것은 성장을 원하는 하나님의 자녀가 반드시 해야 할 일입니다. 말씀과 기도를 통하여 하나님 아버지와 대화하고 교제할 때, 하나님과 우리의 관계가 발전하고 성장하게 됩니다.

주지하다시피 성경은 우리 영혼의 양식입니다. 몸을 위해 날마다 떡을 먹어야 하는 것처럼, 우리는 우리의 영혼을 위해 날마다 하나님의 말씀을 먹어야 합니다. 예수님께서는 "사람이 떡으로만 살 것이 아니요 하나님의 입으로부터 나오는 모든 말씀으로 살 것이라 하였느니라(마 4:4)"라고 하셨습니다. 성경은 순전하고 신령한 젖입니다. 갓난아이가 어머니의 젖을 사모하듯이 하나님의 자녀들이 하나님의 말씀의 젖을 사모할 때 그 구원이 더욱 완성되고 온전한 성장을 이루게 됩니다. 그래서 성경은 "갓난 아기들 같이 순전하고 신령한 젖을 사모하라 이는 그로 말미암아 너희로 구원에 이르도록 자라게 하려 함이라(벧전 2:2)"라고 말하고 있습니다. 사실 하나님의 말씀을 먹는 가장 기본적인 방법은 말씀을 읽고, 읽는 가운데 하나님의 음성을 듣고, 그 말씀대로 사는 것입니다. 그래서 사도 요한은 "이 예언의 말씀을 읽는 자와 듣는 자와 그 가운데에 기록한 것을 지키는 자는 복이 있나니 때가 가까움이라(계 1:3)"라고 했습니다.

　말씀을 먹는 것 못지않게 중요한 것이 있습니다. 바로 기도입니다. 기도는 하나님과의 대화입니다. 기도는 일방통행식의 독백이 아니라 쌍방통행식의 대화입니다. 그러므로 말씀과 기도는 따로 떼어놓을 수 없습니다. 하나님이 먼저 말씀하시고 우리는 기도로 응답합니다. 말씀이 영혼의 양식이라면 기도는 영혼의 호흡입니다. 양식을 먹지 않으면 죽는 것처럼, 호흡을 하지 않으면 영혼이 죽습니다. 하나님의 자녀들은 하나님의 말씀을 들음으로써 하나님의 뜻과 계획을 알게 되고, 다음으로 하나님께 기도함으로써 그 뜻과 계획을 이루게 됩니다. 우리의 모든 기도는 가능한 한 자연스러워야 합니다. 하나님은 우리의 아버지이시고, 우리는 그의 사랑받는 자녀이기 때문입니다. 우리는 자녀의 신분으로 아버지 하나님께 기도하는 것입니다.

**큰 의무** 하나님의 자녀가 될 때 거기에는 큰 의무가 따릅니다. 우리가 부모로서 우리 자녀에게 성장에 필요한 의무를 부여하듯이 하나님께서도 성장하는 자녀에게 그 성장에 걸맞는 의무를 부여하십니다. 우리는 그 의무를 잘 감당할 때 자녀로서 더 큰 특권을 누리게 되고, 더 큰 성장을 경험하게 됩니다.

**하나님에 대한 의무** 먼저 하나님의 자녀에게는 하나님에 대한 의무가 있습니다. 바로 우리를 당신의 자녀로 삼아주신 은혜에 감사하여 하나님을 예배하는 일입니다. 하나님은 우리를 창조하시고 복을 주셨습니다. 그런데 우리는 불순종함으로 하나님께 죄를 지었고 그 결과 죽을 수밖에 없게 되었습니다. 그럼에도 불구하고 하나님께서는 우리를 사랑하셔서 그 외아들 예수 그리스도를 통하여 우리의 구원을 이루셨으며, 그의 영이신 성령을 통하여 우리로 하여금 회개하고 믿음으로 구원을 받게 하셨습니다. 하나님의 그 크신 사랑에 감사하여 마음을 다하고 목숨을 다하고 뜻을 다하고 힘을 다하여 하나님을 사랑하는 가장 구체적인 방법이 바로 하나님을 예배하는 일입니다. 우리의 예배를 받으시기에 합당하신 분은 오직 창조와 구원의 하나님 한 분뿐이십니다.

**교회를 향한 의무** 하나님의 자녀에게는 교회에 대한 의무가 있습니다. 우리는 하나님의 자녀로서 하나님의 집이요 하나님의 가족인 교회를 섬겨야 합니다. 우리는 교회의 모임에 적극적으로 참여하고, 교회를 위해 기도하며, 재정적으로 교회를 지원하고, 교회의 일에 봉사하며, 구역과 기관에 동참함으로 교회를 섬길 수 있습니다.

**세상에 대한 의무** 하나님의 자녀에게는 세상에 대한 의무가 있습니다. 우리는 하나님의 자녀로서 먼저 하나님 아버지를 사랑으로 섬기고 예배해야 합니다. 또한 우리는 하나님을 아버지라 부르는 형제자매들이 모인 교회를 눈물과 기도로 섬겨야 합니다. 그런데 이것으로 우리의 의무가 모두 끝났다고 생각해서는 안 됩니다. 우리는 세상에 있는 이웃 사람들에게 깊은 관심을 가져야 합니다. 우리는 이웃을 자신같이 사랑해야 합니다. 이웃 중에 아직도 예수 그리스도를 모르는 사람이 있다면 그에게 구원의 복음을 증거해야 하고, 가난하고 병들고 스스로의 힘으로 살아갈 수 없는 사람들을 사랑으로 섬겨야 합니다. 우리의 섬김은 가정에서부터 직장, 지역사회, 나라와 민족, 그리고 아시아와 온 세계로 확장되어야 합니다.

**보다 큰 영성** 하나님의 자녀로서 우리 부모들은 자녀보다 먼저 더 높고, 더 깊고, 더 넓은 영성, 곧 보다 큰 영성으로 나아가야 합니다. 우리는 수직적으로 하나님과의 관계, 수평적으로 다른 사람과의 관계에서 계속 성장하고 발전해야 합니다. 그러기 위해 정기적으로 자신의 영성을 점검해보고, 보다 큰 영성으로 성장해야 합니다. 자녀보다 앞서지 못하면 자녀들을 보다 더 큰 영성으로 이끌 수 없습니다. 월트 래리모어(Walt Larimore)와 트레이시 멀린스(Tracy Mullins)는 그들의 책, 「하나님의 창조하신 건강한 사람」에서 영성의 중심은 하나님을 아는 것이고, 영성은 수직적으로 기도와 묵상, 수평적으로 신앙공동체 안에서 나누는 교제와 신앙 나누기를 통하여 증진된다고 했습니다. 이분들이 제시한 영적으로 건강한 사람의 모습에 비추어 자신의 영성을 점검해 봅시다.

영성의 척도

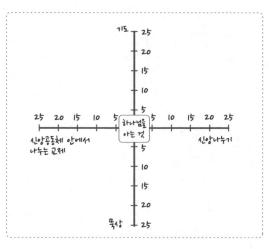

• 아래 '기도생활'을 점검해 보고 점수를 확인한 뒤 위 영성의 척도 해 당란에 표시하십시오.

① 하루에 한 번 이상 기도한다 (25점)
② 일주일에 3~4일 정도 기도한다 (20점)
③ 한 달에 몇 번 정도 기도한다 (15점)
④ 일 년에 한두 번 기도한다 (10점)
⑤ 위기가 닥칠 때만 기도한다 (5점)
⑥ 거의 기도하지 않는다 (0점)

• 아래 '묵상'을 점검해 보고 점수를 확인한 뒤 위 영성의 척도 해당란에 표시하십시오.

가. 날마다 성경을 읽고 묵상한다.
나. 정기적으로 묵상하는 시간을 갖는다.
다. 내 생각과 묵상을 기록하기 위해 일지를 작성한다.
라. 말씀을 마음속에 새겨두기 위해 계속해서 암송한다.
마. 비교적 자주 성경을 공부하거나 1년에 한두 번 정도 성경공부에 참여한다.

① 위의 사항을 모두 한다 (25점)
② 위의 사항 중 4가지를 한다 (20점)
③ 위의 사항 중 3가지를 한다 (15점)
④ 위의 사항 중 2가지를 한다 (10점)
⑤ 위의 사항 중 1가지만 한다 (5점)
⑥ 위의 사항을 하나도 하지 않는다 (0점)

• 아래 '신앙공동체 안에서 나누는 교제'를 점검해 보고 점수를 확인한 뒤 위 영성의 척도 해당란에 표시하십시오.

가. 내가 속한 영적 공동체는 사랑과 격려가 넘친다.
나. 나는 교회와 조직화된 신앙공동체에서 활동적으로 움직인다.
다. 서로 긍정적이고 의미 있는 가르침과 반응, 교제를 나눌 수 있는 동료 그리스도인으로 구성된 소그룹에 참여하고 있다.
라. 개인적인 조언을 받을 수 있는 영적 멘토가 적어도 한 사람은 있다.
마. 나는 등록교인으로, 열심히 예배를 드린다.

① 위의 사항 모두 해당된다 (25점)

② 위의 사항 중 4가지가 해당된다 (20점)

③ 위의 사항 중 3가지가 해당된다 (15점)

④ 위의 사항 중 2가지가 해당된다 (10점)

⑤ 위의 사항 중 1가지만 해당된다 (5점)

⑥ 위의 사항 중 어떤 것도 해당되지 않는다 (0점)

• 아래 '신앙 나누기'를 점검해 보고 점수를 확인한 뒤 위 영성의 척도 해당란에 표시하십시오.

가. 신앙공동체에 있지 않은 사람과 적극적으로 관계를 맺는다.

나. 내가 생활하고 일하는 공동체에 시간과 돈, 재능을 기꺼이 나눈다.

다. 내 신앙은 작업능률에서 흘러나온다. 나는 하나님께 영광 돌리기 위해 늘 훌륭하게 일을 해내려고 노력한다.

라. 내 신앙은 내 인격과 자비에서 흘러나온다. 평소 삶에서 사랑과 희락, 화평, 오래참음, 자비, 양선, 충성, 온유, 절제가 나타난다.

마. 다른 사람과 대화할 때 내 신앙이 흘러나오며, 내게 도움을 구하거나 나의 도움이 필요한 사람과 편하게 신앙의 원리를 나눈다.

바. 신앙의 기본적인 교리를 묻거나 알고 싶어 하는 사람과 편하게 나눈다.

① 위의 사항 모두 해당된다 (25점)

② 위의 사항 중 5가지가 해당된다 (20점)

③ 위의 사항 중 4가지가 해당된다 (15점)

④ 위의 사항 중 2~3가지가 해당된다 (10점)

⑤ 위의 사항 중 1가지만 해당된다 (5점)

⑥ 위의 사항 중 어떤 것도 해당되지 않는다 (0점)

이제 위 영성의 척도에 표시한 네 가지 질문 영역의 점수를 서로 이어 보면, 현재 당신의 영성의 크기와 규모를 알 수 있습니다. 결과를 반성 적으로 바라보면서 하나님을 더 깊이 아는 일과 계속해서 영성을 키우 기 위해 해야할 과제들을 계획하고 실천하십시오. 마지막으로 아래의 빈칸을 작성하여 총점을 합산해 보고, 이후 한 번 더 이 척도 검사를 실 시한 다음 이번 검사 결과와 비교해 보시기 바랍니다.

기도_____점, 묵상_____점,
신앙공동체 안에서 나누는 교제_____점, 신앙나누기_____점
합 계_____점

## 부모는 자녀와 함께 거룩한 습관을 형성해야 합니다

지혜로운 부모는 자녀들에게 재물이 아닌 습관을 물려주고, 물고기 가 아닌 물고기 잡는 법을 가르쳐 줍니다. 하나님의 자녀다운 삶은 좋

은 습관을 형성하기 위한 훈련을 통해 이루어집니다. 가르침이 자녀들에게 지식과 정보를 제공하는 것이라면, 훈련은 그 주어진 지식과 정보에 따라 실질적인 삶을 살도록 만드는 것입니다. 물론 신앙생활에 있어서 이 훈련의 영향력이 크다고 볼 수 있습니다. 어렸을 때부터 깊이 있고 체계적인 신앙 훈련을 통해 좋은 습관이 형성되면 그 결과는 평생토록 지속될 것입니다.

중요한 것은 부모 역시 자녀와 함께 스스로를 훈련하여 거룩한 습관을 형성해야 한다는 것입니다. 우리 신앙의 모범이신 예수님께서도 '습관을 따라' 기도하셨습니다(눅 22:39). 우리 그리스도인 부모 역시 예수님을 따라 바른 신앙의 습관을 세우기 위해 영적 훈련을 게을리 하지 말아야 합니다. 이를 위해 '승리하는 신앙생활의 8가지 습관'을 간략하게 제시합니다.

**평생 주일성수** 하나님의 자녀로서 부모와 자녀는 평생에 걸쳐 주일성수하는 습관을 따라 찬양과 경배로, 그리고 영과 진리로 하나님을 예배해야 합니다. 예배는 하나님께서 우리를 창조하셨고 구원하셨다는 사실에서 출발합니다. 하나님께서 말씀을 통하여 우리 앞에 당신이 하신 일을 나타내실 때, 우리는 그 은혜에 감사를 드리며 하나님을 찬양합니다. 이것이 바로 예배입니다. 예배에서 가장 중요한 일은 먼저 그분의 임재를 경험하고 그 임재 가운데 베푸시는 말씀을 받는 것입니다. 우리는 예배시간에 성경봉독과 설교를 통하여 하나님의 말씀을 받습니다. 그리고 그 말씀을 통하여 우리 삶의 중요한 가치를 새롭게 세우고 회복시키며 부흥시킵니다.

이외에도 우리가 예배에서 고려해야 하는 것은 감사를 드리는 일과 공동으로 드리는 예배의 중요성을 인식하는 일, 그리고 예배를 생활과 연계하는 일입니다. 우리는 예배 중에, 혹은 우리의 일상에서 이미 받은 구원과 복에 감사하여 하나님께 찬양과 기도와 헌금을 드리고 궁극적으로 자신을 드리게 됩니다. 중요한 것은 이 예배가 공동체적이라는 것입니다. 예배는 원래 구원받은 하나님의 자녀들이 하나님 아버지를 향해서 나아가는 공동체적 행위이기 때문에 개인예배는 공동예배에 그 근거를 두어야 합니다. 그리고 가장 중요한 것은 예배가 생활로 연장되어야 한다는 사실입니다. 경건한 예배는 구체적으로 경건한 생활로 이어져야만 합니다. 삶 속에서 선을 행하고 나누는 것, 이것이 하나님이 기뻐하시는 예배입니다(히 13:16).

결국 그리스도인 부모는 주일이 예배하는 날임을 늘 잊지 말아야 합니다. 옛날 하나님의 백성들은 창조의 은혜에 감사하여 안식일에 모든 일을 그치고 쉬면서 하나님께 예배하고 복을 받았습니다(사 58:13, 14). 오늘날 하나님의 자녀들은 주간의 첫날, 곧 '주의 날'(주일)에 구원의 은혜에 감사하여 함께 모여 주의 말씀을 듣고 하나님께 예배하고 주의 위로와 복을 받습니다(행 20:7-12). 우리가 주일을 거룩하게 구별하여 지키면, 결국에는 주일이 우리의 믿음과 영혼과 건강을 지켜줍니다. 부모는 자녀와 함께 평생 주일성수함으로 하나님을 예배해야 합니다.

**평생 가정예배** 하나님의 자녀로서 부모와 자녀는 평생 함께 가정예배를 드리는 습관을 따라 교회에서 뿐만 아니라 가정에서도 하나님을 예배해야 합니다. 우리는 가족이라는 공동체로 하나님을 예배해야 합니다. 온 가족 또는 믿는 가족들이 먼저 하나님 앞에 함께 모여 하나님의 말씀을 받고, 찬양과 경배를 드리고, 하나님의 도우심과 복을 구하며 기도해야 합니다. 가정 안에 자녀들의 눈높이에 맞춘 말씀이 있고 찬양이 있고 기도가 있으면 그것이 바로 가정예배입니다. 가정예배가 우리 생활의 최우선 순위가 되어야 합니다.

에블린 블리칭톤(Evelyn Blitchington)은 '왜 가정예배를 드려야 하는가?'라는 질문을 던지고 가정예배의 이유와 유익에 대해 다음과 같이 제시했습니다. 첫째, 가정예배는 각 가족이 주님을 좀더 배우는 데 도움을 줍니다. 어떤 이들에게는 이것이 주님을 받아들이는 준비가 되기도 합니다. 둘째, 가정예배는 가족들에게 영적 양식을 공급하고 성경적인 가치관과 원리를 가르쳐줍니다(딛 2:12). 셋째, 가정예배는 자녀들에게 내적인 가치관을 가르쳐 줍니다(딤후 2:15). 자녀들에게 진리를 적용시키는 원리를 가르칩니다. 자녀들은 가정의 문제를 놓고 기도하는 법과 하나님의 음성에 귀를 기울이는 것을 배웁니다. 넷째, 가정예배는 가족들에게 성경을 배우는 기회를 줍니다. 자녀들이 성경에 나오는 영웅적인 인물에 관심을 갖게 합니다. 다섯째, 가정예배는 개인적인 필요를 채워줍니다. 여섯째, 가정예배는 가족들 간에 대화를 촉진합니다. 일곱째, 가정예배는 다른 사람들에게 주님을 향한 사랑을 증명합니다. 여덟째, 가정예배는 정신적인 안정과 평온함을 갖게 해줍니다. 노아는 가정예배를 통하여 놀라운 축복을 약속받았습니다. 이렇듯 가정예배는 가족 구성원들이 건강하게 살 수 있도록 기회를 제공할 뿐 아니라 가정 안에 평안과 기쁨, 안정을 가져다 줍니다.

**평생 경건의 시간** 하나님의 자녀로서 부모와 자녀는 평생 말씀과 기도로 '경건의 시간'(Quiet Time, QT)으로 가짐으로써 하나님과 교제하고 대화해야 합니다. 우리는 이 시간을 통하여 하나님을 더 잘 알게 되고, 매일 내려야 할 결단을 위한 지시와 안내를 받게 되며, 그날 그날의 필요를 하나님께 구하고, 영적으로 열매를 맺게 됩니다. 경건의 시간을 갖기 위해서는 고요한 시간에 고요한 장소에서 고요한 마음을 가지고 기도하고(막 1:38), 말씀을 읽고 이해하며 그 말씀을 삶에 적용해야 합니다. 또 귀를 기울여 하나님의 음성을 듣고 기도로 응답해야 합니다. 우리는 경건의 시간을 통하여 경건에 이르는 연습을 하게 되고, 말과 행실과 믿음과 사랑과 정절에 있어서 모든 믿는 자의 본이 될 수 있으며(딤전 4:6-16), 날마다 하나님과 함께 하루를 시작하고 보내며 마치는 법을 배워 하루하루 하나님과 동행하는 삶을 살 수 있습니다.

**평생 우정** 하나님의 자녀로서 부모와 자녀는 평생 우정을 쌓는 법을 훈련해야 합니다. 하나님께서는 '사람이 혼자 사는 것이 좋지 않다(창 2:18)'고 말씀하셨습니다. 우리가 속해 있는 오늘날의 사회는 개인주의, 고립화, 사생활 중심주의를 반영합니다. 그럼에도 불구하고 하나님의 자녀들은 교회 안과 밖에서 우정을 쌓아가야 합니다. 하나님의 자녀가 된다는 것은 그리스도를 통하여 삼위일체 하나님과 관계를 맺고, 또 그리스도의 몸 된 교회와 관계를 맺는 것을 의미합니다. 하나님께서는 우리의 아버지가 되시고, 우리는 영원한 형제와 자매가 됩니다. 놀라운 유대관계입니다! 우정은 선택사항이 아닙니다. 요나단과 다윗의 우정은 지금도 계속해서 빛을 발하고 있습니다(삼상 18:1-5). 그들의 깊은 우정 속에는 마음과 마음의 하나 됨, 생명 같은 사랑, 언약, 충성, 신뢰, 격려 등의 아름다운 요소들이 들어있습니다. 그들의 우정은 서로에게 무슨 일이 있을 경우 친구의 가족을 보호하겠다는 약속을 하는 데서 그 절정에 달했습니다(삼상 20:15-17). 그들은 자신들의 삶과 자녀들의 삶을 서로 책임졌습니다. 평생 우정을 쌓는 대원칙은 예수님의 황금률에 가장 잘 나타나 있습니다. "그러므로 무엇이든지 남에게 대접을 받고자 하는 대로 너희도 남을 대접하라 이것이 율법이요 선지자니라(마 7:12)." 먼저 친구가 되어 주면 좋은 친구를 많이 얻을 수 있습니다.

**평생 전도** 하나님의 자녀로서 부모와 자녀는 평생 전도하여 영혼을 구원해야 합니다. 하나님께서는 모든 사람이 구원을 받아 진리를 아는 데에 이르기를 원하십니다(딤전 2:4). 주 예수 그리스도께서는 친히 우리에게 전도하라고 명령하셨습니다(마 28:19-20; 막 16:15; 눅 24:47; 요 20:21). 또한 성령께서는 우리로 하여금 예수 그리스도의 증인이 될 수 있도록 권능을 주십니다(행 1:8). 우리는 이미 복음을 듣고 예수 그리스도를 믿음으로 구원받았습니다. 전도는 우리가 들은 복음, 우리가 믿는 예수 그리스도를 소개하는 것입니다. 복음은 모든 믿는 자에게 구원을 주시는 하나님의 능력이 됩니다(롬 1:16, 17).

**평생 선행** 하나님의 자녀로서 부모와 자녀는 평생 선행을 실천하며 살도록 훈련되어야 합니다. 예수님께서는 사람 앞에 빛을 비치게 하여 '착한 행실'을 보고 하늘에 계신 아버지께 영광을 돌리게 하라고 가르치셨습니다(마 5:16). 사도 바울은 우리는 그리스도 예수 안에서 '선한 일'을 위하여 지으심을 받은 자라고 했습니다(엡 2:16). 구원받기 위하여 선한 일을 하는 것이 아닙니다. 구원은 선물입니다(엡 2:8, 9). 선행은 구원의 조건이 아니라 구원의 결과입니다. 구원받았기 때문에 신한 일을 해야 하는 것입니다. 히브리서 기자는 "오직 선을 행함과 서로 나누어 주기를 잊지 말라 하나님은 이같은 제사를 기뻐하시느니라(히 13:16)."라고 했습니다. 가까운 데부터 먼 데에 이르기까지 우리가 사랑으로 섬겨야 할 이웃들은 얼마든지 있습니다.

**평생 청지기** 하나님의 자녀로서 부모와 자녀는 평생 몸과 시간, 돈, 그리고 은사와 재물의 청지기로 살아가는 훈련을 해야 합니다. 이 모든 것들은 우리의 것이 아닙니다. 주인은 하나님이십니다. 우리는 단지 청지기, 곧 관리인에 불과합니다. 청지기는 주인의 것을 주인의 뜻에 따라 관리하는 사람입니다. 특히 이 부분에 관련하여 그리스도인 부모는 다음의 몇 가지를 유념해야 합니다.

**우리는 몸의 청지기입니다** 하나님께서는 우리의 몸을 창조하셨습니다. 또 당신의 아들의 피 값을 주고 우리를 구속하셨습니다. 때문에 우리의 몸은 우리의 것이 아니라 하나님의 성령이 거하시는 성전입니다(고전 3:16, 17, 6:19, 20). 그러므로 우리는 하나님의 성전된 몸을 더럽히지 말고 우리 몸을 하나님이 기뻐하시는 거룩한 산 제물로 드려야 합니다(롬 12:1, 6:13, 19). 여기에서 부모는 자녀들이 꼭 알아야 할 것으로서, 성(性)에 대한 바른 지식을 자녀에게 몸소 가르쳐야 합니다. 자녀는 태어나면서부터 부모에게서 따뜻한, 그러나 질식할 것 같지는 않은 애정을 경험해야 합니다. 자녀는 부모가 서로 깊이 사랑한다는 것을 알아야 합니다. 그러니 자녀들 앞에서 그러한 사랑을 보여주는 것을 부끄럽게 여기지 말아야 합니다. 이를 통해 자녀는 자신의 성별을 바르게 인식하는 한편, 이성을 존중하는 법을 배워야 합니다. 부모는 이를 위해 몸과 성에 대해서 정확한 용어를 사용해야 합니다. 그리고 성 지식에 관련하여 기독교적인 이해와 설명을 해 주어야 한다는 사실을 반드시 인식해야 합니다. 또한 사회 풍조 가운데 하나로서 좋지 않은 성 범죄에 관한 사실들을 알려주고 가르쳐야 합니다. 한 가지 분명하게 알아야 하는 것은 성에 관해 설명을 가장 잘해줘야 할 사람인 부모가 의외로 너무나 종종 침묵을 지킨다는 사실입니다. 자녀들이 몸의 청지기로서 바르게 인식하고 실천할 수 있도록 부모가 가르침을 수반해야 하겠습니다.

우리는 시간의 청지기입니다 우리는 시간의 청지기로서 시간을 지혜롭게 사용해야 합니다(엡 5:16). 시간을 지혜롭게 사용하는 것은 영원한 삶을 준비하는 것입니다. 시간은 짧습니다. 시간은 흘러갑니다. 우리 주님께서 다시 오실 종말에 비출 때, 남아 있는 시간은 너무도 불확실합니다. 이미 지나간 잃어버린 시간은 다시 찾을 수가 없습니다. 우리는 하나님 앞에서 우리에게 주어진 시간을 책임지는 자세를 가져야 합니다.

우리는 돈의 청지기입니다 우리가 소유하고 있는 모든 것은 하나님의 것입니다(시 24:1; 고전 10:26). 그래서 우리는 헌금을 할 때 자신이 가지고 있는 모든 것이 하나님께 속해 있다는 믿음과, 그 모든 것을 하나님이 원하시는 대로 사용하겠다는 헌신의 마음을 가져야 합니다. 여기에서 하나님께 드리는 예물에 대해 생각해 봅시다. 우리는 반드시 하나님께 드려야 할 최소한의 하나님의 것인 십일조를 드려야 합니다. 우리는 평생 십일조를 드려야 합니다. 하나님께 후하게 드리는 삶은 돌이켜 풍성한 축복을 가져옵니다(말 3:7-12; 고후 9:6-8). 십일조 외에도 우리의 것이 아니라는 고백 속에서 우리의 것이 하나님의 나라와 의를 위해 바르게 사용되도록 하는 다양한 물질 드림은 돈에 대한 우리의 생각을 더욱 건강하게 합니다. 결국 부모는 스스로 돈에 관한 모범을 보이는 가운데 자녀가 어렸을 때부터 돈을 잘 다룰 수 있도록 훈련시키고 교육해야 합니다. 자녀들은 돈에 대한 부모의 태도를 쉽게 흡수합니다. 자녀들이 돈을 규모 있고 계획성 있게 지출하도록 해야 합니다. 특히 충동구매를 하지 않도록 가르쳐야 합니다. 또 자녀가 일을 하도록 격려하고, 저축 계획을 세우도록 독려해 주어야 합니다. 돈을 잘 다룰 줄 아는 자녀가 시간도 다룰 줄 알게 되고, 다른 가치 있는 것들도 다룰 줄 알게 됩니다.

우리는 재능과 은사의 청지기입니다 우리는 모두 태어날 때 받은 재능(talent)과 거듭날 때 받은 은사(gift)가 있습니다. 우리는 그리스도의 몸 된 교회의 지체들입니다. 지체들은 각각의 위치에서 각각의 재능과 은사를 가지고 서로를 섬기고 몸을 섬겨야 합니다. 그럴 때 하나님께 영광 돌리게 됩니다(벧전 4:10, 11). 부모는 자녀가 받은 재능과 은사를 발견하고 키워서 자녀가 은사를 받은 대로 선한 청지기 같이 봉사하도록 해야 합니다.

**평생 감사** 하나님의 자녀로서 부모와 자녀는 평생 감사하는 태도로 신앙생활을 해야 합니다. 하나님의 자녀에게 있어서 중요한 것은 무엇을, 얼마나 많이 하느냐가 아닙니다. 오히려 그것을 어떻게, 어떤 태도와 자세로 하느냐가 더 중요합니다. 우리를 향하신 하나님의 뜻은 항상 기뻐하고, 쉬지 말고 기도하며, 범사에 감사하는 것입니다(살전 5:16-18). 주어진 현실과 상황 가운데서 늘 기뻐하고, 그 일에 대하여 하나님께 기도로 아뢰고, 나아가 그 모든 상황에서 감사의 조건을 먼저 떠올리는 태도를 견지하는 것은 자녀의 평생에 중요한 영적 유산이 될 것입니다.

결국 자녀가 승리하는 신앙생활을 하게 하기 위해서는 부모가 자녀와 함께 위의 여덟 가지 거룩한 습관을 형성하는 훈련을 해야 합니다. 솔로몬은 "마땅히 행할 길을 아이에게 가르치라 그리하면 늙어도 그것을 떠나지 아니하리라(잠 22:6)"라고 했습니다. 부모는 자녀가 거룩한 습관을 형성할 수 있도록 자녀의 눈높이에 맞추어 돌보고 코치하며 상담하면서 자녀의 멘토(mentor)가 되어주어야 합니다. 그래야만 부모가 이 세상을 떠나 하늘나라에 간 뒤에도 자녀들이 하나님을 아버지로 모시고 하나님의 자녀로서 풍성한 삶을 누릴 수 있을 것입니다.

이렇게 부모로서 하나님 앞에 스스로를 바르게 세우는 일에는 한 가지 바르게 인식해야할 것이 있습니다. 바로 자녀를 떠나보낼 준비를 해야 한다는 것입니다. 이해를 돕기 위해 샌디 워너(Sandy Werner)의 독수리 이야기를 소개합니다. 그는 부모 독수리가 아기 독수리와 작별하는 순간을 이렇게 묘사하고 있습니다.

부모 독수리는 자녀 독수리가 부모의 품을 떠날 때가 가까웠다고 느끼면 더 높은 곳으로 올라가 자녀 독수리를 비상시키는 훈련을 한다. 그리고 아기 독수리 곁을 날며 이렇게 말한다. "넌 이제 혼자 날 수 있어. 다음에 우리는 네가 나는 그 멋진 모습을 저 높은 곳에서 지켜 볼 거야. 아빠 엄마의 도움이 필요하면 우리에게 보내는 특별한 소리와 함께 네 비상 도움을 요청하는 날갯짓을 하면 되는 거야. 아빠 엄마는 언제라도 너를 도울 준비가 되어 있어. 하지만 너는 곧 너의 아기 독수리를 키우기 위해 우리는 당분간 잊어버려도 될 거야. 그래도 괜찮아. 그것이 자연의 순리이기 때문이지. 다만 먼 훗날 언젠가 우리가 보고 싶으면 넌 저 광야의 골짜기로 내려오면 돼. 거기서 넌 너의 늙은 아빠 엄마 독수리를 다시 볼 수 있을 거야. 아빠 엄마는 늙으면 더 이상 이 높은 곳에서 살 수 없거든. 하지만 그때에도 아빠 엄마 독수리는 너를 알아보고 저 골짜기에서도 너의 멋진 비상을 응원하며 박수를 보내고 있을 거야."

이 말과 함께 부모 독수리는 그동안 익숙했던 자신들의 둥우리를 해체하는 작업을 시작합니다. 그리고 아기 독수리를 사정없이 밖으로 밀쳐냅니다. 더 먼 곳으로, 더 멀리 비상하도록 말입니다. 그리고는 허공을 가르는 아기 독수리에게 다시 큰 소리로 외칩니다. "그것 봐! 넌 할 수 있어! 넌 할 수 있어! 우리보다 더 멋지게 나는 거야!"

## 우리는 하늘 유산을 남겨야 합니다

우리는 모두 부모로부터 유산을 물려받습니다. 우리는 확신합니다. 우리 그리스도인 부모가 남겨 주는 하늘유산이 우리 자녀의 미래를 결정합니다. 자녀의 외모와 성격, 유전적 특성은 부모를 닮기 마련입니다. 자녀는 부모의 장점은 물론이고 단점도 닮을 수 있습니다. 자녀들은 부모와 조상들의 영향력에서 결코 자유롭지 못합니다. 우리는 조상들에게 생물학적 특성뿐 아니라 영적 특성도 물려받았습니다. 조상이 범한 죄의 영향력이 삼사 대 후손에까지 미칠 수 있습니다. 반대로 하나님을 사랑하고 그 계명을 지키면 천대까지 은혜를 받습니다(신 5:9-10). 이렇게 부모는 자녀에게 좋은 영향을 미칠 수도 있고 반대로 나쁜 영향을 끼칠 수도 있습니다.

부모는 하나님과 자녀 사이에서 첫째, 하나님의 대리자로서 하나님 아버지가 어떤 분인가를 자녀에게 보여주고, 둘째, 하나님의 자녀로서 자신의 자녀에게 신앙생활의 본보기가 되어야 하며, 셋째, 이제 조용히 물러나 자녀들이 하나님과 직접 '아버지와 자녀'라는 관계 속에서 살 수 있도록 도와주어야 할 책임이 있습니다. 부모의 책임을 다하려면 이제 하늘 유산을 준비해야 합니다. 하늘 유산은 부모가 하늘나라로 이사갈 때 물려줄 수 있는 것이 아니라, 자녀를 낳아 양육하는 모든 과정에서 남길 수 있는 것입니다.

**하늘 유산** 모든 가정은 세대를 이어 내려온 유산을 가지고 있습니다. 유산은 좋은 것이든 나쁜 것이든 부모에게 물려받은 상속물입니다. 오티스 레드버터(J. Autis Redbutter)와 커트 브루너(Kurt Brunner)는 그들의 책「하늘 유산」에서 '모든 유산은 삼겹줄처럼 밀접한 연관을 지닌 세 요소로 이루어졌다. 그것은 영적, 감성적, 사회적인 요소이다.' 라고 말했습니다. 이에 대해 함께 생각해 보겠습니다.

**하늘 유산은 영적 유산입니다** 영적 유산은 부모가 자녀들에게 신앙적인 모범을 보임으로써, 자녀들이 하나님이 계신다는 사실을 확신하고 거룩한 삶을 살 수 있도록 하는 것입니다. 부모는 자녀들이 하나님과 교제할 수 있도록 도와주어야 합니다. 부모는 자녀들이 기도하고 하나님의 말씀을 듣도록 늘 격려해야 합니다.

여호와 하나님께서 아브라함을 부르셔서 그에게 구원과 복을 약속하셨습니다(창 12:1-3). 아브라함은 믿음으로 구원을 받았고(창 15:6),

믿음으로 복을 받았습니다(갈 3:9). 아브라함은 자신의 아들 이삭에게 영적 유산을 남겨주었고, 이삭 또한 자신의 아들 야곱에게 영적 유산을 물려주었습니다. 아브라함은 제단을 통하여 자녀와 자손들에게 영적 유산을 물려주었습니다. 아브라함은 가는 곳마다 거기에서 자신에게 나타나신 여호와를 위하여 말씀의 제단, 기도의 제단, 회개의 제단, 그리고 감사의 제단을 쌓았습니다(창 12:7, 8, 13:3-4, 18). 이삭도 아버지 아브라함처럼 제단을 쌓았고(창 26:25), 야곱 역시 자신의 아버지와 할아버지처럼 제단을 쌓았습니다(창 28:18, 19). 오늘날에도 가정 제단, 곧 가정예배는 영적 유산을 남기기 위한 가장 좋은 방법입니다.

사도 바울은 그리스도 예수 안에서 복음으로써 디모데를 낳았습니다. 디모데는 바울이 증거하는 복음을 듣고 예수 그리스도를 믿음으로 말미암아 구원을 받았습니다. 그래서 바울은 디모데를 '사랑하는 아들'이라고 불렀습니다(딤전 1:2). 바울은 밤낮 간구하는 가운데 디모데를 생각하며 조상 때부터 섬겨온 하나님께 감사했습니다. 그 이유는 그가 대를 이어 청결한 양심과 거짓이 없는 믿음으로 하나님을 섬겼기 때문입니다. 외조모 로이스와 어머니 유니게도 디모데에게 좋은 영적 유산을 남겼습니다(딤후 1:3-5).

**하늘 유산은 감성적 유산입니다** 감성적 유산은 안전과 사랑의 환경 속에서 만들어지는 정서적인 안정감을 일컫습니다. 가정에서 감성적 유산을 형성하는 사람은 부모로, 이 유산은 어른이 되어서도 그 영향력이 지속됩니다. 가정의 사랑의 분위기는 정서적 안정감을 주고, 실패와 고통을 극복할 수 있는 능력을 키워주며, 거칠고 험한 세상에서도 자신의 정체성을 잃지 않고 지속적으로 성장할 수 있는 자양분을 제공해 줍니다.

사녀들은 성장하면서 가정에서의 신체적·언어적 폭력과 무시, 학교에서의 부당한 대우, 친구들의 배신이나 따돌림 등으로 인해 마음에 상처를 입습니다. 그로 인해 더 이상 사람들을 신뢰하지 않거나 두려워하는 반응을 보입니다. 상한 감정과 상처를 치유하기 위해서는 가족들이 자신을 사랑하고 이해하며 용서하고 있다는 확신을 주어야 합니다. 또한 자녀가 상한 감정을 완전히 치유해 주시는 오직 한분, 하나님을 만날 수 있도록 도와야 합니다.

**하늘 유산은 사회적 유산입니다** 자녀들은 가정에서 처음으로 인간관계를 배웁니다. 자녀에게 건강한 사회적 유산을 물려주면, 자녀가 바람직하고 지속적인 인간관계를 맺을 수 있는 안목과 기술을 갖게 됩니다. 자녀들은 성장과정에서 가족, 친구, 또래, 선생님, 더 나아가 동료, 상사, 손님 등 많은 사람들을 대하면서 관계를 맺는 법을 배우게 됩니다. 다른 사람들과 원만한 관계를 유지하는 것이야말로 성공적인 삶을 사는 비결입니다.

견고한 사회적 유산을 형성하는 기본 요소는 존중, 책임, 사랑과 용납, 그리고 한계를 설정하는 것입니다. 존중은 자기 자신에게서 비롯되어 다른 사람들에게까지 미칩니다. 자기 자신을 존중하는 사람은 자신의 가치를 인정하며 자신의 재능을 적극적으로 개발합니다. 자기 물건은 물론 남의 물건도 소중하게 여기고, 자신의 몸은 물론 다른 사람의 몸도 소중하게 여깁니다. 한편 존중은 책임감을 갖게 합니다. 자신과 자신의 것을 귀하게 여기는 사람은 그것들을 잘 관리해야 한다는 책임감을 느낍니다. 또 좋은 관계를 유지하려면, 사람은 무조건으로 사랑하고 행동은 조건적으로 용납해야 합니다(롬 5:8, 히 12:6). 그리고 명확한 관계를 설정하는 것은 바람직한 인간관계를 형성하고 자녀들의 사회적 안녕을 위해 필수적입니다.

예수님께서는 산상수훈에서 인간관계의 대원칙을 주셨습니다. 그것은 남에게 대접을 받고자 하는 대로 남을 대접하라는 것입니다. 남에게 받고자 하는 그것, 사랑, 용서, 존경, 이해, 관심, 칭찬, 격려, 친절, 축복 등 그것이 무엇이든 먼저 그것을 남에게 주면 그것이 메아리가 되어 나에게 돌아온다는 것입니다. 이것은 모든 인간관계에 적용되는 메아리의 법칙입니다.


**하늘 유산을 남겨주는 방법** 유산의 가치는 잘 보관하는 것이 아니라 잘 물려주는 데 있습니다. 어떻게 하면 이 좋은 하늘 유산을 형성해서 그것을 자녀에게 잘 물려줄 수 있을까요?


**가정의 향기** 가정의 향기는 영적, 감성적, 사회적 유산을 형성하는 데 결정적인 역할을 합니다. 가정의 향기(aroma)는 다섯 가지 주요 성분으로 구성되어 있습니다. 첫째, 애정(affection): 말로만이 아닌 행동으로 표현하는 사랑입니다. 둘째, 존경(respect): 가족 구성원 모두를 서로 존경하는 것입니다. 셋째, 질서(order): 집안을 깨끗이 정돈하고 모든 것을 체계적으로 관리하는 것입니다. 넷째, 즐거움(merriment): 가족 모두가 웃으면서 지낼 수 있는 것입니다. 다섯째, 인정(affirmation):

서로 칭찬하고 격려하는 긍정적인 자세입니다.

**전통이라는 베어링** 전통은 정체성을 확립하고 강화하기 위해 한 세대에서 다음 세대로 이야기, 신앙체계, 풍습을 전해주는 실천행위입니다. 전통의 유산은 한 세대에서 다음 세대로 부드럽게 미끄러지도록 하는 베어링입니다. 이스라엘 백성들은 역사상 중요한 사건을 잊어버리지 않으려고 그 사건을 기록하고, 사건이 일어난 그날을 기념하였습니다. 온 가족이 함께 모여 지난날에 대해 자주 이야기했습니다. 이렇게 해서 자손 대대로 그들의 신앙이 잘 전수 될 수 있도록 하였습니다.

**가족 나침반** 좋은 유산을 물려주는 가족 나침반은 자녀들이 자신의 태도, 행동, 신앙을 측정하는 데 필요한 정상적이고 건강한 삶의 표준입니다. 우리는 평생 동안 삶의 표준에 입각해 살아야 합니다. 여호와 하나님께서 우리의 정확한 다림줄이 되십니다. 또 성경이 하나님에 대해 증거하고 진리를 측정하는 나침반이 되어줍니다. 좋은 유산이 되는 가족 나침반, 곧 우리 삶의 원리와 원칙은 성경, 곧 하나님의 말씀입니다.

그리스도인 부모가 그들 스스로 분투하며 일평생에 걸쳐 형성하여 물려주는 하늘 유산이 결국 자녀의 미래를 결정합니다. 참 부모는 자신이 부모로부터 물려 받지 못했더라도 가치 있다고 여기는 것이 있으면, 그것을 잘 가꾸어 자손에게 물려주기 위해 노력해야 합니다. 좋은 유산을 물려주기 위해 가장 중요한 것은 그래서 기도입니다. 기도를 통해서

우리는 좋은 유산에 관한 지혜를 얻을 수 있기 때문입니다. 지혜가 필요한 순간, 우리는 하나님께 간구함으로 그 지혜를 얻을 수 있습니다. 그리고 한 가지 더 필요한 것은 적절하게 계획을 세우는 것입니다. 좋은 유산을 물려주려면 어떻게 행동해야 할 지 의도적으로 계획을 세워야 합니다. 계획을 세우지 않는 사람은 아무것도 하지 않으려는 사람입니다. 기도하고 계획을 세우십시오. 그리고 인내하십시오. 인내는 믿음의 경주를 하는 사람과 좋은 유산을 물려주기 위해 노력하는 사람에게 꼭 필요한 조건입니다. 더 늦기 전에 유산을 물려주기 위한 계획을 세우고 실천하십시오. 자녀들에게 좋은 유산을 물려줄 수 있게 될 것입니다.

미국의 유명한 조각가 달린(Cyrus Dalin)의 작품 중에 '개척자의 어머니'라는 작품이 있습니다. 그 조각은 한 손에 성경을 들고, 다른 한

손은 어린 아들의 손을 잡고 앞으로 개척해 나갈 새 땅의 하늘을 희망의 눈동자로 바라보며 걷는 어머니의 모습을 묘사하고 있습니다. 달린은 그 작품의 제막식에 어머니를 초대했습니다. 그리고 그 사리에서 이렇게 말했습니다. "이 작품은 제가 어렸을 때 저를 품었던 어머니의 모습입니다." 아들의 이야기를 듣고 어머니는 이렇게 화답했습니다. "그래요. 참 잘 만들었습니다. 놀라운 것은 내가 평생 동안 살아온 정신과 아들에 대한 나의 기도가 이 조각에 충분히 드러나 있다는 것입니다. 그것이 나를 기쁘게 합니다." 우리의 자녀들이 나이 들어 어느 순간, 우리 그리스도인 부모들이 남긴 하늘 유산이야말로 진정한 삶의 터전이었음을 고백하는 것을 들을 수 있다면 얼마나 기쁠까요? 그 순간, 우리 하늘 아버지께서도 우리와 함께 기뻐하실 것입니다.

## 자녀들은 부모를 보고 배운다

만일 자녀들이 부정적인 비판에 익숙한 사람들과 함께 살아간다면
남을 정죄하는 법을 배우게 될 것입니다.
만일 자녀들이 적대감을 가진 사람과 함께 살아간다면
남을 미워하는 법을 배우게 될 것입니다.
만일 자녀들이 조롱하는 사람과 함께 살아간다면
이웃을 천대하는 법을 배우게 될 것입니다.
만일 자녀들이 너그러운 사람과 함께 살아간다면
인내하는 법을 배우게 될 것입니다.
만일 자녀들이 공의를 행하는 사람과 함께 살아간다면
정직하게 사는 법을 배우게 될 것입니다.
만일 자녀들이 인자한 사람과 함께 살아간다면
사랑하는 법을 배우게 될 것입니다.
만일 자녀들이 청빈한 사람과 함께 살아간다면
절제하는 법을 배우게 될 것입니다.
만일 자녀들이 인정해 주는 사람과 함께 살아간다면
자신을 사랑하는 법을 배우게 될 것입니다.
만일 자녀들이 격려해주는 사람과 함께 살아간다면
칭찬하는 법을 배우게 될 것입니다.
만일 자녀들이 감사하는 사람과 함께 살아간다면
보답하는 법을 배우게 될 것입니다.
만일 자녀들이 예절 바른 사람과 함께 살아간다면
질서를 지키는 법을 배우게 될 것입니다.

"단원"을 마치며"

1. 단원 교육을 마친 부모들은 지침을 따라 만나모임을 진행합니다.
2. 만나모임은 교육에 참여한 부모들이 매 단원을 마친 주간에 모여서 배운 내용을 나누고 교육내용에 따른 삶의 변화에 대해 나누는 시간입니다.
3. 만나모임을 위해서 그리고 보다 친밀한 교제를 위해서 부모들 중 한 명을 리더로 세워 모임이 원활하게 이루어지도록 합시다.

아래는 1단원의 내용을 심도 있게 정리하거나
여러분의 "부모되기"를 위해 유용한 책들입니다.

이형로, 「가정목회클래스」 도서출판 섬기미, 2010.
안드류 머레이, 「크리스챤의 자녀교육」 보이스사, 1978.
하워드 헨드릭스, 「우리집은 천국」 생명의 말씀사, 1982.
죤 F. 맥아더, 「아름다운 그리스도인의 가정」 나침반사, 1981.
래리 크리스텐슨, 「그리스도인 가정의 신비」 미션월드, 2008.
제임스 W. 알렉산더, 「가정예배는 복의 근원입니다」 미션월드, 2009.
찰스 스윈돌, 「성공하는 자녀양육의 비밀」 디모데, 2009.

# 1단원 '만나모임' 길라잡이

이번 단원에서 우리는 부모의 소명에 대해 배웠습니다. 이제 1단원 만나모임을 통해서 이번 단원에서 배운 부모로서의 부르심에 보다 바르게 응답하고, 하나님의 자녀로서 영적 자세를 세우는 시간을 갖고자 합니다. 만나모임은 10명 미만(부부로 말하면 5쌍)으로 운영하는 것이 바람직합니다.

## 1단계: 모임열기

1. 서로를 반갑게 맞이하며 인사를 나눕니다.
2. 찬양을 드리며 마음 문을 엽니다. 특별히 이번 모임에서는 하나님의 자녀됨을 기뻐하고 하나님의 소명에 순종하여 응답하는 찬양을 드립니다.
3. 인도자의 기도로 시작합니다.

## 2단계: 소식나누기

1. 약 5분 동안 묵상함으로 한 주간 동안 있었던 개인과 가정의 가장 큰 사건을 기억합니다(이사, 자녀의 입학과 졸업, 독서, 영화관람, 가족 갈등 등).
2. 한 사람 당 1분씩 돌아가면서 기억나는 지난 한 주간의 이야기를 나눕니다.
3. 인도자는 소식들 중에서 기도드려야 할 내용을 메모해 두었다가 기도시간에 나누도록 합니다.

## 3단계: 기억하기

1. 약 3~5분 정도, 지난 강의에서 배운 내용을 새겨보는 시간을 갖습니다.
2. 지난 주간에 나누었던 강의 중에서 중요하다고 여기는 주요 단어를 중심으로 자유롭게 내용을 복습하는 시간을 갖습니다.
3. 지난 한 주간 동안 가정생활에서 어떻게 적용하며 살았는지 묵상합니다.
4. 3~4명 정도로 제한하여 지난 강의에서 느낀 점과 좋았던 점에 대해 나눕니다.

## 4단계: 토닥이고 기도드리기

1. 소식나누기에서 나눈 내용을 중심으로 함께 위로, 격려, 축하의 시간을 갖습니다. 구성원의 기념일이 있을 경우 (필요하다면) 일괄적으로 구입한 선물을 주는 시간을 갖습니다.
2. 소식나누기에서 다루었던 내용 가운데 함께 기도해야할 제목이 있으면 간절한 마음으로 마음을 합해 기도드립니다. 혹시 다른 기도제목이 있을 경우 이 시간에 나누도록 합니다. 기도 시간은 20분 이상을 유지하도록 하고 소리내어 기도하는 것을 원칙으로 합니다.
3. 구성원 가운데 한 명이 대표로 마무리 기도를 하도록 합니다.

## 5단계: BCM 시간

1. 인도자는 교회의 교역자를 초청하거나 자녀들이 출석하고 있는 부서의 최근 교회교육의 진행 상황에 대해 나누도록 합니다.
2. 부모들이 가정예배, 가정목회지침 활용 등의 가정사역을 이해하고 실천할 수 있도록 격려합니다.
3. 간단한 다과와 함께 자녀교육이나 양육에서 필요한 다양한 것들을 서로 나누는 시간을 갖습니다(물품들을 준비했을 경우, 모임장소 뒤편에 별도의 전시 공간을 마련하도록 합니다).
4. 다음 2단원에 대해 간단하게 소개하고 강의 일정을 안내합니다.

구경선 교수
서울신학대학교 보육학과

# 2단원  하나님의 안목으로 바라봅니다

하나님의 안목으로
바라봅니다

우리는 가정에 대해 일종의 환상을 갖고 있습니다. 가정은 언제나 포근하고 언제나 따뜻하며 언제나 편안한 곳이라는 환상입니다. 그러나 우리가 살아가는 세상에 존재하는 가정은 우리가 생각하는 이상과 현실 사이에서 늘 갈등하며 공존하고 있습니다. 가정이 그 생각하는 바대로의 이상을 실현할 수 있는 길은 오직 한 가지입니다. 바로 하나님의 안목으로 가정을 바라보고 하나님의 안목으로 가정 내의 구성원들을 바라보는 것입니다. 그렇게 해서 근본적으로 가정이라는 것이 하나님의 사랑과 하나님의 은혜로부터 시작되고, 하나님의 사랑과 섭리 가운데서 지켜지며, 하나님의 비전 가운데서 그 미래가 열린다는 것을 아는 것은 가정을 바르게 세우고자 하는 사람들에게 매우 중요한 것이 됩니다.

우리는 가정을 바르게 세우되, 세속의 안목이 아닌 하나님의 안목으로 바르게 세우는 일에 깊은 관심을 가져야 합니다. 세속의 정신에 물들어서 세속의 가치에 빠져든 가정은 겉보기에는 안전하고 건강해 보일지 몰라도 속으로는 점차 무너져 가고 있습니다. 가정이 안정적인 기반을 갖는다는 것은 하나님과 하나님에 대한 신앙을 그 가정의 주인으로서, 그리고 그 가정의 진정한 기초로 받아들여서 바르게 세운다는 것을 의미합니다. 이는 오늘날 가정회복의 기치를 내어든 모든 그리스도인들에게 가장 중요한 기반이자 출발지가 됩니다. 그리스도인의 가정 회복은 새로운 프로젝트가 아닌 고전 회복 프로젝트입니다. 그리스도인의 가정 회복은 하나님을 인정하고 하나님을 아는 근본으로 회귀하는 것입니다.

**이 단원은 크게 세 과로 나뉩니다.**

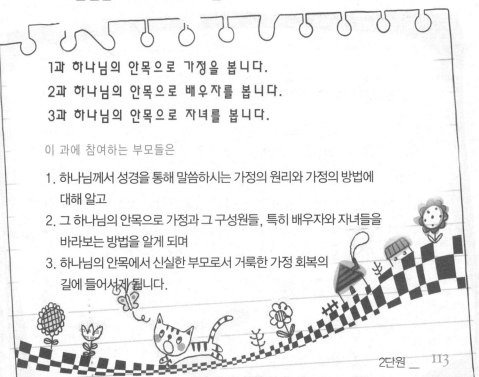

**1과 하나님의 안목으로 가정을 봅니다.**
**2과 하나님의 안목으로 배우자를 봅니다.**
**3과 하나님의 안목으로 자녀를 봅니다.**

이 과에 참여하는 부모들은

1. 하나님께서 성경을 통해 말씀하시는 가정의 원리와 가정의 방법에 대해 알고
2. 그 하나님의 안목으로 가정과 그 구성원들, 특히 배우자와 자녀들을 바라보는 방법을 알게 되며
3. 하나님의 안목에서 신실한 부모로서 거룩한 가정 회복의 길에 들어서게 됩니다.

# 하나님의 안목으로 가정을 봅니다

--------------------------------------------------------------

　지금부터 우리는 하나님의 눈으로 우리 가정을 보려고 합니다. 이 단원에서는 특별히 성경을 통해 가정과 가정생활의 원리를 찾고자 합니다. 성경은 우리에게 구원에 이르는 지혜뿐 아니라, 이 세상에서 가정생활을 어떻게 하는 것이 지혜로운 것인지를 구체적으로 제시하고 있습니다. 오늘 우리는 성경이 말하는 가정생활의 원리 가운데서 우리 그리스도인 부모들이 자녀들과 더불어 세워가야 할 온전한 우리 가정의 모습을 진지하게 생각해 볼 수 있을 것입니다.


## 가정에 대한 일반적 오해와 진실


### 부부와 자녀 혈족으로 구성된 가정만 건강한 가정?
　현대사회에는 다양한 형태의 가정이 있습니다. 전통사회에서는 일정한 연령에 도달하면 결혼을 해야 한다는 결혼규범이 자식으로서의 의무이면서 인간으로서 반드시 거쳐야 하는 통과의례로 자연스럽게 받아들여져 왔습니다. 때문에 결혼을 해서 아이를 낳고 키우는 활동을 통해 종족을 보존하고 인간의 성욕을 지속적이고 합법적으로 충족시킬 수 있었습니다. 그런데 최근에는 결혼관의 변화로 독신 인구가 늘어나고 있고 결혼을 '누구나 하는 것'에서 '선택적인 것'으로 보는 경향이 증가하는 경향이 있습니다. 특히 여성들 중에 자아실현을 위해 결혼을 미룸으로써 독신으로 지내는 사람이 늘어나고 있습니다. 그리고 결혼을 한 사람들 중 많은 사람들이 이혼을 선택하기도 합니다. 실제로 현재 한국 사회의 이혼율은 거의 50%에 육박합니다. 우리나라가 경제협력개발기구(O.E.C.D) 회원국 중 미국에 이어 이혼율 2위라는 불명예는 더 이상 우리나라가 예전의 전통적인 가족제도에 머물러 있지 않다는 사실을 말해줍니다. 현재 한국 사회는 사회의 변화에 따라 가족의 형태와 의미도 변하고 있습니다. 하지만 우리 사회와 교회는 그 변화에 대해 아무런 준비 없이 그냥 현실을 겪어내고 있는 상황입니다.

우리는 흔히 결혼을 통해 자녀를 낳고 부부와 자녀라는 가족 구성원으로 이루어진 가정을 건강한 가정이라고 생각합니다. 그런데 결혼은 했지만 자녀가 없는(의도했든 원하지만 자녀가 생기기 않든) 가정도 있습니다. 또 혈연관계로 구성된 가정은 아니지만 입양이나 위탁, 부양 등으로 만들어진 관계, 즉 선택에 의해 구성된 가정도 있습니다. 우리나라는 빠른 경제성장을 이룬 나라임에도 불구하고 아동을 가장 많이 수출하는 나라 중 하나입니다. 최근 들어 뜻있는 연예인들이 아이를 입양하여 잘 양육하고 있는 모습들을 보여줌으로써 입양에 대한 일반인들의 인식을 바꿔 놓고 있습니다. 좋은 현상이라고 생각합니다. 이렇게 혈연 관계 없이도 가정이 구성될 수 있습니다.

더불어 현대사회의 변화에 따른 가족 해체현상으로 인해 연약해진 가정도 있습니다. 가정의 불화나 부부 사이의 원만하지 못한 관계 등 개인적인 문제에서 그 원인을 찾을 수도 있지만, 사회 전체적 분위기도 이런 문제에 기여했다고 볼 수 있습니다. 즉 가정의 경제적 문제, 사회적 양성평등 문제, 가정생활 관리문제, 심지어는 종교적인 문제 등으로 해체된 한부모 가정, 조손가정 등이 늘어나고 있는 것입니다.

신기하게도 한 핏줄, 한 민족을 강조하는 우리나라에 다문화 가정이 늘어나고 있습니다. 2009년 3월 기준으로 우리나라의 혼인건수 327,715건 중 다문화 가정이 36,204건으로, 전체 혼인건수의 11%를 차지하고 있습니다. 이에 따라 다문화 가정의 자녀도 점점 증가합니다. 지방 어느 지역의 어린이집에서는 3개 국어의 가정 통신문을 발송하고 있을 정도로 지금은 다양한 민족이 공존하며 사는 시대입니다.

그렇다면 결혼을 통해 자녀를 낳아 부부와 자녀로 구성된 가정만이 건강한 가정일까요? 이제는 자녀가 있든 없든, 자녀를 낳았든 입양했든, 한부모 가정이든 다문화 가정이든, 서로 다양한 가정의 형태를 인정하고 모두가 건강한 가정이 될 수 있도록 노력하고 도움을 주는 것이 중요하다고 봅니다. 가족이 어떻게 구성되었든 그들의 삶을 긴밀하게 나눌 때 가족의 의미를 살릴 수 있습니다. 더욱이 기독교인은 편견을 버리고 모두가 그리스도 안에서 한 형제요 자매인 것을 명심하고, 모든 형태의 가정이 믿음을 가진 가족으로 살아갈 수 있도록 도와주어야 합니다.

## 가족에게는 아무렇게나 해도 된다?

김 회장은 자수성가한 사람입니다. 시골에서 자라 혼자 힘으로 지금의 부를 이루었습니다. 그런데 그는 자신이 그렇게 치열하게 살아왔기 때문에 부인과 자녀들의 행동이 늘 못마땅했습니다. 그의 눈에 웬만한 사람들의 행동은 다 흐리멍텅하고 빠릿빠릿하지 못하고 게으르게만 보였습니다. 그러니 부인과 자녀에게 다정다감한 말은커녕 항상 지시하고 확인하고 야단치기만 했습니다. 그가 가족에게 가장 많이 듣는 말은 "왜 집에서 회사에서처럼 행동하세요? 우리가 당신 가족이에요, 아니면 부하 직원이에요?"라는 비난이었습니다.

젊었을 때는 그의 말이 가정에서 먹히는 것 같았습니다. 그런데 세월이 지나면서 아내의 목소리가 점점 커지고 자녀들은 슬슬 자신을 피하고 있다는 느낌을 받았습니다. 그럼에도 불구하고 그는 심각하게 생각하지 않았습니다. 더욱이 문제가 있다고는 전혀 짐작하지 못했습니다. 그러던 중 막내딸의 결혼식 다음날, 그는 아내로부터 충격적인 얘기를 들었습니다. 그는 가장으로서의 모든 숙제를 다 끝냈으니 이제 부부끼리 재미있게 살면 되겠다고 생각하고 있었는데 부인이 뜬금없이 이혼을 하자는 것입니다. 전혀 예상치 못한 아내의 말을 듣고 그는 이유를 물었습니다. 그러자 아내가 말했습니다. "당신에 대해 나는 아무런 기대를 하지 않아요. 이미 오래 전에 포기했기 때문이에요. 나는 한 번도 내가 존중받고 있다는 느낌을 받은 적이 없어요. 당신은 나를 항상 하녀처럼 대하잖아요. 하지만 아이들 결혼 때문에 지금까지 참았어요. 아이들이 모두 결혼했으니 이제 당신과 더 이상 살 의미가 없어요. 재산의 반을 나에게 줘요. 나도 지금부터 내 인생을 찾고 싶어요. 당신도 당신 마음에 드는 사람을 찾아 새출발 하세요." 그는 뭔가 더 얘기를 하고 싶었지만 아내의 태도가 너무 완강했습니다.

　가족에게 아무렇게나 대해서는 안 됩니다. 가장 가까운 사람에게서 가장 많이 상처를 받기 때문입니다. 위의 사례는 모든 면에서 자신의 기준으로 자기 마음대로 가족들을 대하며 살아 온 김 회장을 가족들이 일정 기간 동안 참고 지냈지만, 결국 대화가 단절된 상태를 보여주고 있습니다. 문제는 김 회장이 자신에게 어떤 문제가 있는지 모른다는 사실입니다. 밖에서는 친절하고 다정다감한데 집안에서는 무뚝뚝하고 자기 하고 싶은 대로 하는 사람들이 있습니다. 이들은 부인이나 남편, 그리고 자녀를 제외한 사람들에게는 매우 친절하고 예의 바르게 행동합니다. 이런 사람들은 부인이나 자녀에게 친절한 사람을 팔불출이라고 생각합니다. 이들은 가족은 자신과 가까운 사람이기 때문에 아무렇게나 대해도 다 이해할 것이라고 생각합니다. 그러나 이것은 매우 위험한 착각입니다.

　사실 우리에게 가장 큰 상처를 주는 사람은 바로 우리와 가장 가까운 사람들입니다. 가깝기 때문에 더 많은 상처를 받게 됩니다. 부인이나 남편 또는 자녀에게 가장 큰 상처를 주는 사람은 남편 또는 아내 그리고 부모입니다. 큰 상처를 많이 당하게 되면 무슨 생각을 하겠습니까? 일반적으로는 참고 지냅니다. 그러나 마지막 수단으로 이혼을 생각합니다. 그래서 그런지 요즘 황혼이혼이 늘고 있습니다.

　그런데 부부는 이혼이라도 할 수 있다고 하지만 자녀는 어떻겠습니까? 우리는 가족이 가장 큰 사랑과 위로를 주는 존재인 동시에 가장 큰 상처를 줄 수 있는 어려운 관계라는 사실을 잊어서는 안 됩니다. 가족을 함부로 대해서는 안 됩니다. 특히 자녀는 깨지기 쉬운 질그릇과 같기 때문에 더 조심스럽게 대해야 합니다.

### 나중에 해주면 되겠지?

가족이 필요로 할 때 지금 여기서 해주세요. 모든 것에는 다 때가 있는 법입니다. 자녀에게 있어 부모가 가장 필요할 때는 영유아기입니다. 그런데 이 시기에 대부분의 아버지가 가장 바쁘게 일하는 시기이기 때문에 함께 놀아줄 시간이 부족합니다. 시간이 난다 하더라도 피곤하다는 핑계로 잠을 자거나 자신만의 여가를 즐기고 싶어 합니다. 아이들이 놀아달라고 나면 나중에 놀아준다고 시간을 미룹니다. 아이들은 그 시기에 아버지와의 상호작용이 필요하기 때문에 놀아달라고 하는 것입니다. 그때 상호작용이 이루어지지 않고 미뤄지게 되면 그때 필요한 신체적·정신적인 자양분을 저장하지 못하게 됩니다. 뭔가 비어 있게 되는 것이죠.

그런데 일정한 시간이 지나면 아이들은 자기들만의 생활에 적응하기 시작합니다. 그래서 시간이 더 지나면 이제는 아버지가 같이 놀자고 해도 아이들이 놀아주지 않습니다. 그러면서 자연스럽게 의사소통의 채널이 끊어집니다. 한 번 끊어진 채널을 복구하려면 시간과 노력이 많이 필요합니다. 부모가 어릴 때 의사소통을 제대로 하지 못한 상태에서 성장한 자녀와 의사소통을 시도한다는 것은 매우 어색한 일일 뿐 아니라 잘못된 의사소통을 할 가능성이 매우 높습니다. 특히 사춘기에 있는 자녀와의 의사소통은 보통 수준을 뛰어넘습니다. 이 시기에 잘못된 의사소통을 하게 되면 관계를 복구하는 일이 거의 불가능하게 됩니다. 아이들은 겉으로 잘 드러내지 않지만 속으로는 이렇게 생각합니다. '아빠(엄마)는 나하고 말이 안 통하는 사람이야. 지금은 내가 힘이 없어 얹혀 살지만 힘이 생기면 독립할 거야. 그럼 아빠하고는 끝이야……' 아내도 마찬가지입니다. 빨리 들어오라고 잔소리하던 아내가 어느 순간 일찍 오건 늦게 오건 상관하지 않게 됩니다. "가족과 함께하는 시간을 갖자."라고 하던 아내가 "집에만 있지 말고 제발 어디든지 나갔다 오세요."라고 합니다. 남편이 집에 있어 봐야 밥이나 해줘야 하고 심부름이나 해줘야 하는 귀찮은 존재이기 때문입니다. 가정생활에도 주기가 있습니다. 생활 주기의 제 때에 제 역할을 하지 못하면 가족이 더 이상 가족이 아니게 될 가능성이 높아집니다.

### 가정이 경제적으로 안정되면 행복하다?

얼마 전, 대기업에 다니다 그만둔 한 임원을 만났는데 재취업이 안 돼 고민하고 있었습니다. 그는 "이것저것 해보았는데 생각처럼 쉽지 않네요. 저는 완전히 회사 인간이었습니다. 회사 외에는 관심도 없었고 회사에 올인해서 살았습니다. 그래야 되는 줄 알았습니다. 초년에는 해외 근무가 많아 몇 년에 한 번 귀국을 했는데, 그때마다 아이들이 달라져 있었어요. 초등학생이었던 아들은 어느새 중학생으로, 중학생이었던 딸은 고등학생으로…. 그렇게 지내다 보니 아이들과 별로 정이 안 들었어요. 국내에서 근무할 때도 거의 회사에서 살다시피 했지요. 그렇게 회사의 임원까지 되었습니다. 회사에 다닐 때는 돈을 버니까 존재의 의미가 있어서 별 문제가 없었습니다. 그런데 은퇴 후 집에서 놀게 되니까 저라는 존재가 아무런 소용이 없었습니다. 회사 다닐 때는 그렇게 갈 데가 많고 바쁘다고 생각했는데 막상 회사를 나오고 보니 아는 사람도 전부 회사와 관련된 사람들뿐이에요. 한 때 잘 나갔다고 생각했던 내 인생이 어떻게 이렇게 되었나 하는 자괴감에 견디기가 힘듭니다."

경제생활이 가정생활의 전부가 될 수는 없습니다. 남편은 가정의 경제적 필요와 함께 가족들의 영적 필요를 채우는 것에도 민감해야 하고 가족 구성원이 믿음과 사랑의 분위기 속에서 살 수 있도록 노력해야 합니다. 대부분 남편들의 가장 큰 역할은 가정의 경제를 책임지는 일입니다. 경제 활동이 시시하면 가족에게 인정받기 힘든 것이 사실입니다. 그래서 이 부분에 많은 노력을 기울여야 합니다. 그러나 이것은 행복한 가정을 이루는 필요조건이지 충분조건은 아닙니다.

요즘 기러기 가족, 펭귄 가족, 독수리 가족이라는 용어가 생겼습니다. 각각은 경제적 수준 차이로 나온 말이지만, 결과적으로는 모두 자녀의 학업을 위해 가족의 일부가 해외로 나가 가족이 헤어져 사는 것을 풍자한 말입니다. 최근 이런 가족들이 늘어나고 있습니다. 보통 아내와 자녀들이 외국에 나가 생활하고 남편(아버지)은 한국에서 직장생활하며 힘들고 외롭게 경제적 지원을 합니다. 경제적으로 넉넉한 몇몇 가정을 제외한 대부분의 기러기 아빠들은 최소한의 생활비만 남기고 모두 송금한다고 합니다. 그런데 안타까운 것은 가족들이 이런 아빠(남편)를 부담스럽게 생각한다는 것입니다. 자녀들과의 대화는 이미 단절된 상태이고 부부간의 관계까지 서먹해집니다. 충분히 자신을 희생하고 자녀를 위해 모든 것을 다했기 때문에 자녀가 아버지를 이해할 것이라는 생각은 오산입니다. 어쩌면 더 편안하게, 더 여유롭게 살 수 있도록 경제적 지원을 해주지 못한다고 오히려 아버지를 원망할지도 모릅니다.

아버지가 가정의 경제적 안정을 위해 최선을 다한다 하더라도 경제적 안정은 행복한 가정을 만들어 주는 하나의 요인일 뿐입니다. 따라서 경제적 필요와 함께 가정을 지켜줄 정서적 유대 관계와 하나님을 믿는 신앙으로 하나가 되어 하나의 목표를 향해 가는 것이 가장 중요합니다.

## 가정에 대한 성경의 가르침

### 창조질서로서의 가정

가정은 하나님이 직접 세우신 최초의 공동체이자 질서입니다. 가정은 창조주 하나님께서 창조하셨고 또 끊임없이 그분의 창조 활동을 진행해 가는 질서의 영역입니다. "하나님이 자기 형상 곧 하나님의 형상대로 사람을 창조하시되 남자와 여자를 창조하시고(창 1:27) 하나님이 그들에게 이르시되 생육하고 번성하여 땅에 충만하라, 땅을 정복하라, 바다의 물고기와 하늘의 새와 땅에 움직이는 모든 생물을 다스리라 하시니라(창 1:28)."라고 하셨습니다. 이렇게 인간은 하나님에 의해 창조되었고 그와 더불어 가정이 창조되었습니다. 가정은 하나님 창조의 구체적인 한 영역이자 법칙입니다.

하나님이 창조하신 가정에는 가정에서의 인간의 기본적 기능인 결합, 생산 그리고 사회화의 기능보다 우선하여 하나님의 의지가 그 속에 깔려 있습니다. 가정은 인간이 만든 것이 아니라 하나님에 의해 주어진 신성한 질서입니다. 가정은 생겨나거나 만드는 것이 아니라, 하나님에 의해 '주어진 것(givenness)'입니다. '사람을 지으신 이가 본래 그들을 남자와 여자로 지으시고'라는 예수의 말씀에서도 하나님의 창조를 강조하고 있습니다(마 19:4). 이런 의미에서 가정을 향한 하나님의 기본 법칙과 목적은 동일하다고 볼 수 있습니다. 하나님은 가정 안에서 인간을 창조하셨기에 인간이 존재하는 한 가정은 인류에게 주어진 보편적인 제도로 존재합니다. 한 남자와 한 여자는 창조된 가정에서 하나가 됩니다. 인간이 타락하기 이전에 가정이 창조되었고, 하나님께 그 근원을 두고 있기 때문에 가정은 선합니다. 선한 가정에서의 한 남자와 한 여자의 결합은 그들 사이의 사랑도 생산의 목적이 아니라, 가정을 통하여 두 사람을 하나로 묶어 주시는 하나님의 사역에 동참하는 데서 그 의미를 찾을 수 있습니다. 가정을 창조하신 분께서 가정의 중요 요소인

인간의 사랑(eros)도 창조하셨습니다. 인간의 사랑은 하나님이 이스라엘 백성들을 사랑하신 것 같이, 이스라엘 백성이 어떠한 상황에 있든지 끊임없이 사랑하고 인내할 수 없습니다. 인간은 자연적인 사랑을 떠나면 서로를 책임지고 온전히 결합할 수 없기 때문입니다.

가정이 창조의 질서라고 한다면, 가정에서 하나님의 사랑을 경험하고 배울 수 있어야 합니다. 즉 가정은 하나님께서 당신의 사람들을 가르치시는(divine pedagogy) 공동체 학교(school of community)가 될 수 있습니다. 가정은 창조된 그대로의 상태로 머무르는 것이 아니라 창조주 하나님에 의해 끊임없이 창조되는 과정에 있으며, 이 과정에 가족 구성원이 참여함으로써 타락으로 인해 일그러진 하나님의 형상을 회복하는 곳이 되어야 합니다.

가정이나 사회가 위기에 처하거나 병에 걸리고 난 후에 치료하기보다 그 전에 예방하는 것이 더 중요합니다. 문제가 노출되고 가정이 파괴되기 이전에 구성원들 간에 삶의 관심들을 솔직히 나누고 대화하고 배움으로써 창조적으로 극복하는 능력과 분위기를 조성하는 것이 중요합니다. 이를 위해 가정은 자연적, 심리적, 사회적 의미를 넘어 하나님을 가정의 중심에 모셔야 합니다. 기독교 가정은 하나님의 사랑을 체험한 사람들이 한 가족을 이루고 살면서 그 사랑을 실천하는 곳입니다. 즉 기독교 가정은 가정을 창조하시고 사랑의 원천이 되신 하나님께 의지하여 그 사랑을 공급받으며 하나님의 사랑을 나타내는 곳으로 거듭나야 합니다.

## 작은 교회로서의 가정

신약시대에는 가정이 교회와 거의 동일한 기관이었습니다. 교회가 발생하기 시작한 초대 교회 때는 한 개인의 가정이 곧 하나의 지역 교회였습니다. "형제들아 스데바나의 집은 곧 아가야의 첫 열매요 또 성도 섬기기로 작정한 줄을 너희가 아는지라 내가 너희를 권하노니(고전 16:15)." 당시 그리스도인들이 회당에서 예배드리는 것이 금지된 이후로 가정은 그들이 함께 모여서 예배를 드릴 수 있는 중요한 장소가 되었습니다. 나중에는 자신들의 힘으로 교회당을 지을 수 있었으나 처음에는 그 일도 법으로 금지되어 있었기 때문입니다. 이런 의미에서 신약에 나타난 교회는 대부분이 '가정 교회'를 의미하는 것이었습니다.

위의 내용을 통해서 보면, 교회는 가정을 포함하는 좀더 포괄적인 개념이라 할 수 있습니다. 가정은 하나님의 '작은 교회(a mini church)'이고 교회는 '큰 가정(a large family)'이라고 할 수 있습니다. 특히 신약성서 후기 시대부터 성도들의 가정이 교육의 공동체로 자리매김을 하게 되었습니다. 그리스도를 주로 영접할 때도 온 가족 전체가 관련되었고 개인의 가정에서 예배를 드렸습니다. 전통적으로 유대인들은 가정교육을 중요하게 생각했습니다. 가정에서 부모가 율법을 가르치고 그에 따른 의식을 전해주었습니다. 이는 신약시대에도 마찬가지였습니다. 작은 교회인 가정의 성숙도는 부모나 형제자매 등 그 가족 전체가 몸소 보여주는 신앙의 정도에 따라 결정될 수 있습니다. 어린 자녀들은 어른들의 모범이 되는 생활 모습을 따라 성장하고 자연스럽게 올바른 삶을 배우게 되었습니다. "믿지 아니하는 남편이 아내로 말미암아 거룩하게 되고 믿지 아니하는 아내가 남편으로 말미암아 거룩하게 되나니 그렇지 아니하면 너희 자녀도 깨끗하지 못하니라 그러나 이제 거룩하니라(고전 7:14)." 이는 가정교육은 어른들의 신앙의 모범을 통해서 먼저 시작되는 것이라는 사실을 보여주고 있습니다.

초기 기독교인들의 모임은 가족이나 일가와 같은 한 혈통을 지닌 공동체였습니다. 기독교 공동체는 하나님의 사랑 안에 뿌리 내린 한 가족이며 인격적인 공동체였습니다. 초대 교회 교인들은 건물에서 모인 것이 아니라 가정에서 모였으며, 조직을 만든 것이 아니라 신앙공동체를 형성하였습니다. 그들은 사람을 교회로 불러 모은 것이 아니라 교회를 사람들이 있는 가정으로 가져갔습니다. 그들은 가정을 중심으로 모인 공동체 안에서 진정한 기독교인의 신앙 공동체를 형성하고 그 속에서 각자 자신의 일을 감당했습니다. 가정을 중심으로 모인 교회에서는 모든 구성원이 사역자였습니다. 가정을 중심으로 생활하는 교회는 물질적이고 영적인 필요가 있으면 서로 소유를 나눔으로 서로의 약함을 돌보았습니다. 초대 교회의 삶의 중심은 성전이나 회당이 아니라 바로 가정이었던 것입니다.

오늘날 우리는 교회 안에서 참되고 진실한 기독교인을 구별하기가 어렵습니다. 적어도 교회 안에서는 모두가 기독교인이기 때문입니다. 따라서 참된 기독교인은 교회 밖에서 제대로 구별할 수 있습니다. 교회 밖에서도 기독교인으로서 살아가는 사람이 진정한 기독교인입니다. 우리의 가정생활을 바르게 가꾸어 나가야 할 이유가 여기에 있습니다. 우리의 기독교인 됨을 우리 자신에게 확인시켜 주는 장소가 바로 가정이기 때문입니다.

교회는 큰 가정이요, 가정은 작은 교회입니다. 기독교인은 모두 그리스도 안에서 한 형제와 자매가 되었기 때문에 교회는 큰 가정입니다. 교회 안의 성도들은 모두 믿음의 아버지요 어머니이고 또한 믿음의 자녀입니다. 그래서 우리는 교회 안에서 세상 사람들이 생각조차 하지 못하는 사랑을 서로 나누며 삽니다. 뿐만 아니라 교회는 구원받은 성도들의 모임을 뜻하는 것이기 때문에 기독교인의 가정은 모두 작은 교회입니다. 아버지와 어머니는 교역자이고 자녀들은 교인입니다. 그 속에서 일어나는 삶이 곧 예배이고 주고받는 대화가 찬양이며 기도입니다. 교회에서는 어느 누구도 함부로 행동해서는 안 됩니다. 가정도 작은 교회이기 때문에 그 어떤 가족 구성원도 가정 안에서 자기 감정대로 함부로 행동해서는 안 됩니다. 항상 하나님의 통치 속에서 가정생활을 영위해야 합니다. 그래서 작은 교회로 세워진 가정에 사랑과 평화가 넘쳐날 수 있는 것입니다.

## House가 아닌 Home으로서의 가정

어떤 아버지가 아들에게 가정에 대해 알려주려고 그에게 들려준 이야기가 있습니다.

어느 화가가 한 폭의 아름다운 그림을 그리고 싶어서 그 마을에서 가장 존경받는 목사님을 찾아가 물었어.
"이 세상에서 가장 아름다운 것은 무엇입니까?"
그러자 목사님이 이렇게 대답했지.
"믿음이지요. 슬픔은 뒤를 돌아보고 걱정은 주위를 둘러보게 하지만 믿음은 위를 바라보게 하지요. 믿음이야말로 모든 절망을 이기게 하는 힘이며 죽음까지도 정복할 수 있는 생명입니다."

그 화가는 고개를 끄덕이며 또 한 사람을 찾아보았어. 누구였을까? 뜻밖에도 막 결혼식을 치른 신부였대. 신부는 화가에게 이렇게 말해 주었어.

"사랑이지요. 사랑은 가난도 부요하게 하고 눈물도 달콤하게 만들고 적은 것도 많게 만들지요. 사랑 없이는 아름다움이 있을 수 없지요."

그 말을 듣고 화가는 또 한 사람을 찾아보기 위해 길을 걷다가 지쳐있는 병사 한 사람을 만났지. 병사는 화가에게 이렇게 말해 주었어.

"평화가 최고지요. 평화는 전쟁을 멈추게 하고 참된 안식과 기쁨을 가져다 주니까요. 평화야말로 우리 모두의 참 소망이지요."

화가는 갑자기 고민이 되었어. 답이 다 다르니 말이야. 과연 믿음, 사랑, 평화를 어떻게 표현해 낸담. 그렇게 고민하며 집으로 들어서던 화가는 자신의 고민과는 아랑곳없이 아빠를 보는 순간,

"아빠!"

그러면서 가슴에 안기는 자녀들에게서 '믿음'을 보았어. 그리고 아이들과 자신을 쳐다보며 말없이 웃고 있는 아내의 눈 속에서 '사랑'을 읽었지. 바로 그 순간 화가의 마음속에 밀려드는 평화. 화가는 지체하지 않고 붓을 들어 자신이 그리려고 했던 그 아름다운 그림을 그렸대. 그것은 다름 아닌 '가정'이었어.

위와 같이 하나님께서 원래 가정을 창조하실 때 품으셨던 아름다운 모습을 간직하고 있는 가정이 과연 얼마나 될까요? 오늘날 가족은 부모와 자녀라는 구성원으로 이루어져 있지만, 단지 같은 집(house)에 함께 살고 있을 뿐, 서로 간의 사랑과 나눔과 교제가 이루어지는 가정(home)은 그리 많지 않은 것 같습니다.

현실적으로 우리의 가정을 들여다 봅시다. 아이가 태어나면 그 아이가 걸음마를 시작하기도 전부터 자녀교육에 대한 정보를 교환하고 한국말도 제대로 못하는 아이에게 영어를 가르치는 부모들이 증가하고

있습니다. 영유아기부터 영어 몰입교육을 시키는 부모부터 초등학교 저학년 때부터 특목고 입시준비를 시키는 부모에 이르기까지 오늘날 우리 가정은 자녀교육에 완전히 몰입하고 있습니다. 또 중고등학생이 되면 학원을 다니느라 부모가 자식 얼굴을 보기가 어렵습니다. 이런 현실 속에서 기독교인마저도 부모와 자녀가 함께 모여 신앙적 대화를 나눌 여유가 없습니다. 고작 "밥 먹었니?", "돈 필요해?", "왜 학원 안 가니?" 정도의 말만 주고받을 뿐입니다. 여기서의 가정은 그저 하우스(house)로서의 집일 뿐입니다. 집이 하숙집과 같이 편리한 대로 자고 나가는 곳 이상이 되지 못하는 것이죠. 가정 예배가, 부모와 자녀와의 진지한 대화가, 삶의 나눔과 사랑의 격려가 사라져버린 가정은 마치 말라버린 강바닥처럼 갈라지게 됩니다. 가정에 평화와 믿음과 사랑이 없을 때 자녀들은 심리적으로 집을 떠나고, 가정이 메마른 강바닥처럼 갈라져 버렸을 때 가출을 하게 됩니다.

우리는 홈(home)으로서의 가정을 회복해야 합니다. 메마른 가정에서 다시금 생수가 솟아나야 합니다. 가정에는 양보와 인내, 긍휼과 자비, 그리고 은혜와 사랑이 있어야 합니다. 홈(home)으로서의 가정만이 언제나 오래 참음이 있고 끝없는 용서와 인내의 기다림이 있습니다. 홈(home)으로서의 가정이 되살아나야 자녀가 훌륭해지고, 부부가 원만한 관계를 맺게 되고 그래서 사회의 모든 분야가 유지되고 발전하게 되는 것입니다. 이 모든 것이 하나하나의 가정 때문에 가능한 것입니다. 그렇기 때문에 우리는 하나님께서 창조하신 원래의 가정의 모습을 되찾아야 합니다.

가정을 이루는 것은
의자와 책상과 소파가 아니라
그 소파에 앉은 어머니의 미소입니다.

가정을 이룬다는 것은
푸른 잔디와 화초가 아니라
그 잔디에서 터지는 아이들의 웃음소리입니다.

가정을 이루는 것은
자동차나 식구가 드나드는 장소가 아니라
사랑을 주려고 그 문턱으로 들어오는
아빠의 설레는 모습입니다.

가정을 이루는 것은
부엌과 꽃이 있는 식탁이 아니라
정성과 사랑으로 터질 듯한 엄마의 모습입니다.

가정을 이루는 것은
자고 깨고 나가고 들어오는 것이 아니라

애정의 속삭임과 이해의 만남입니다.

행복한 가정은 사랑이 충만한 곳입니다.
바다와 같이 넓은 아빠의 사랑과
땅처럼 다 품어내는 엄마의 사랑이 있는 곳

거기는 비난보다는 용서가
주장보다는 이해와 관용이 우선되며
항상 웃음이 있는 동산입니다.

가정이란
아기의 울음소리와 어머니의 노래가 들리는 곳


## 성결한 가정의 영적인 모습 배우기

### 신앙의 명문 가정

한 가정이 교회와 국가와 사회에 미치는 영향이 어느 정도인지 알아
보기 위해 뉴욕 교육위원회가 두 사람을 선정하여 그들의 후손 5대까지
의 현황을 조사해 보았습니다. 한 사람은 미국의 명문 프린스턴 대학교
의 제1대 총장이며 경건한 신학자요 부흥목사였던 조나단 에드워즈였
고, 또 한 사람은 뉴욕에서 유흥업소를 경영하여 거부가 된 마커스 슐
츠라는 불신자였습니다.

에드워즈 목사의 후손은 896명인데 그 중 성직자가 116명, 대학 총
장 3명과 학장 66명을 포함한 교육자가 86명, 문학가가 75명, 국회의

원이 4명, 부통령이 1명, 실업가가 73명, 과학자가 21명, 장로와 집사 등 모범적인 신앙인들이 286명이나 되었습니다. 반면 슐츠의 후손은 1,062명이었는데 그 가운데 평균 5년간의 교도소 생활을 한 사람이 96명, 알콜중독자와 정신질환자가 58명, 윤락 여성이 65명, 극빈자가 286명이었습니다. 그리고 이들 때문에 지출된 국고금이 무려 1억 5천만 달러나 되었습니다.

조금 극단적인 예 같지만 이 두 가문을 비교해 볼 때 선조들의 삶이 어떠한가에 따라 그 가문은 물론이고 교회와 사회와 국가에 미치는 영향이 크게 달라진다는 것을 구체적으로 알 수 있습니다. 우리가 어떻게 사느냐가 우리 후대의 인생을 결정합니다.

사람도 명인이 있고, 물건도 명품이 있고, 일꾼도 명장이 있습니다. 물론 가정도 명문 가정이 있습니다. 명인이나 명품이나 명장이나 명문이라는 말은 그 대상이 인정을 받을 만한 가치가 있고 지속적일 때 붙여 주는 말입니다. 우리는 모두 명문 가문을 이루기를 원하며 그러기 위해 많은 수고와 노력을 아끼지 않습니다. 그렇다면 과연 무엇이 명문이어야 명문 가문이라고 할 수 있는 것일까요? 많은 부를 가진 재벌 가정이, 또는 권력이 도도한 가문이나 아니면 명예를 가진 가문이 명문 가문일까요? 만약 그 부를 잃고 권력과 명예가 사라져도 계속 그 가문을 명문 가문이라고 부를 수 있을까요? 적어도 명문 가문이라는 칭호를 받으려면 자자손손 대대로 내려와 복을 누리며 존경과 신뢰가 있어야만 할 것입니다. 끊임없이 변하고 바뀌는 세상의 가치관을 따라 사는 가문은 언젠가는 허물어지고 마는 헛된 결과를 낳게 될 것입니다. 물질보다는 믿음의 유산을 남겨주고 하나님을 경외하고 사람을 사랑할 줄 알며 믿음의 선한 본을 보이고 자녀를 말씀으로 훈계하고 가르쳐서 삶 가운데 하나님의 형상이 나타나는 가정이 하나님이 세우시고 축복해 주시는 진정한 명문 가정일 것입니다.

## 믿음에 성숙한 가정

신약성경의 빌레몬서는 바울이 빌레몬에게 보낸 서신서입니다. 바울은 로마의 옥중에서 골로새라는 도시에 살고 있는 빌레몬에게 편지를 썼습니다. 바울의 감사와 기도의 내용을 살펴볼 필요가 있습니다. "내가 항상 내 하나님께 감사하고 기도할 때에 너를 말함은 주 예수와 및 모든 성도에 대한 네 사랑과 믿음이 있음을 들음이니 이로써 네 믿음의 교제가 우리 가운데 있는 선을 알게 하고 그리스도께 이르도록 역사하느니라 형제여 성도들의 마음이 너로 말미암아 평안함을 얻었으니 내가 너의 사랑으로 많은 기쁨과 위로를 받았노라(빌 1:4-7)." 빌레몬의 가정은 성숙한 가정이었던 것 같습니다. 빌레몬은 한 가정의 가장으로 또 다정한 아버지로 예수님을 닮으려고 노력했습니다. 그의 본보기는 그의 온 가족들에게 영향을 미쳤습니다. 초대교회 시대에 한 가정의 가장 앞으로 쓴 편지는 그 가정 전체에 쓴 편지나 마찬가지입니다. 빌레몬의 성숙한 모습에 대해 바울이 하나님께 감사드린 것으로 보아 그의 가족 전체가 성숙한 신앙인으로 살고 있었음을 알 수 있습니다.

빌레몬은 자기 노예들을 학대하지 않고 그들을 자신과 동등한 인격을 가진 인간으로, 그리스도 예수 안에 있는 믿음의 형제와 자매로 대해 주었습니다(엡 6:5-9; 골 4:1). 빌레몬의 노예 중 오네시모라는 사람이 있었습니다. 그런데 오네시모가 주인이 베푼 새로운 관계를 이용하여 도망쳤습니다. 그는 로마에서 붙잡혔고 하나님의 인도하심으로 옥중에서 바울을 알게 되어 예수를 영접하게 되었습니다. 오네시모는 바울을 도왔고 그에게 큰 위로가 되었습니다. 그래서 바울이 오네시모의 주인인 빌레몬에게 간곡하게 부탁합니다. "갇힌 중에서 낳은 아들 오네시모를 위하여 네게 간구하노라 그가 전에는 네게 무익하였으나 이제는 나와 네게 유익하므로 네게 그를 돌려보내노니 그는 내 심복이라(빌 1:10-12)." 당시 로마법에 의하면 도망친 노예는 사형에 처해야 했습니다. 그럼에도 불구하고 바울은 빌레몬에게 오네시모를 용서하고 자신과 동등한 인격으로 인정해 달라고 부탁합니다. 그리고 빌레몬이 분명히 응해 줄 것이라고 믿는다는 확신으로 끝을 맺습니다. "나는 네가 순종할 것을 확신하므로 네게 썼노니 네가 내가 말한 것보다 더 행할 줄을 아노라(빌 1:21)."

여기서 우리는 빌레몬의 가정생활을 살펴볼 수가 있습니다. 빌레몬은 그리스도를 닮아가려고 노력하는 사람으로, 자신의 가족을 잘 섬겼습니다. 그는 부요한 사람이었지만 교만하지 않고 겸손했습니다. 노예를 포함하여 자기의 가족을 그리스도께로 인도했을 것입니다. 그는 모든 사람들에게 사랑과 관심을 가지고 대했으며 노예들까지도 그리스도 안에서 형제와 자매로 대했습니다. 빌레몬은 손님 대접하기에 정성을 다했으며 복음 전하는 사람들을 위해 기꺼이 자기 집을 내어 놓았습니다. 그래서 바울이 "오직 너는 나를 위하여 숙소를 마련하라 너희 기도로 내가 너희에게 나아갈 수 있기를 바라노라(빌 1:22)"라고 편지를 맺고 있습니다.

초대 교회 당시의 가정처럼, 그리고 빌레몬의 가정처럼 성숙하고 성결한 가정이 되기를 원한다면 부모된 우리가 먼저 본을 보여야 합니다. 부모가 온 가족으로 하여금 믿음으로 성장할 수 있는 분위기를 만드는 것이 하나님의 뜻입니다. 빌레몬의 경우처럼, 대화로 모든 일을 해결해 나가는 것이 바로 하나님이 원하시는 부모의 모본입니다. 또한 온 가정이 사랑으로 하나 되게 만드는 것도 부모의 중요한 임무 중 하나입니다.

가정이 은총이 감도는 곳으로 만들기 위해 해야 하는 몇 가지 방안을 제안하겠습니다. 가정은 서로 받아주고 용서하는 곳이어야 합니다. 가정은 서로의 허물과 실수를 덮어주고 용서하며 무조건적 사랑을 줄 수 있는 곳이어야 합니다. 하나님께서는 아들을 이 땅에 보내셔서(성육신) 우리의 죄를 대신하여 죽으시고 부활하심으로 무조건적인 사랑을 보여 주셨습니다. 우리가 사랑받을 만한 자격이 있어서 또는 사랑스러워서 하나님께서 우리를 사랑하신 것이 아니라 무조건 사랑하신 것처럼, 우리도 자녀를 어떤 조건 때문에 사랑해서는 안 됩니다. 또한 잘못한 일이 있어도 정죄하거나 체벌을 하기보다는 먼저 용서하고 사랑을 표현하는 것이 중요합니다. 그런 다음 무엇이 왜 잘못되었고 어떻게 하는 것이 바람직한 것인지 깨달아 알게 해야 합니다. 심리학에서도 조건 없는 사랑을 경험한 사람들이 더 잘 회복하고 성장한다는 연구결과를 보여주고 있습니다. 자녀에게 조건 없는 사랑을 경험시키는 것이 매우 중요합니다.

## 교육 공동체로서의 가정

자녀가 태어나서 가장 먼저 만나는 학교는 유치원이나 초등학교가 아닙니다. 어떤 사람이든 가정이라는 학교를 가장 먼저 접합니다. 따라서 가정에서 일어나는 모든 일들이 이 세상에서 처음으로 대하는 비형식적인 교육이 되고, 이러한 것들은 아이들의 머릿속에 사진처럼 강한 인상을 남기게 됩니다.

가정교육이 제대로 서지 않으면 아이들은 무방비 상태로 세상에 나갈 수밖에 없습니다. 따라서 부모가 먼저 가정을 교육 공동체로 세우고 자녀를 올바른 방향으로 교육해야 합니다.

가정에서 가장 중요하게 생각해야 하는 교육은 바로 신앙교육입니다. 예수를 영접하는 시기에 대한 어느 연구 결과를 살펴보았더니, 9세 이전이 5.4%, 10~14세가 12%, 15~19세 사이가 26%, 20~24세가 13%, 25~29세가 10.7%, 30~39세 사이가 18.3%, 40세 이상이 14.6%로 조사되었습니다. 이는 어릴 때의 마음 상태가 나이 들어서의 마음 상태보다 열려 있다는 것을 보여주고 있습니다. 특히 이를 통해 20세 이전에 가정에서 받는 신앙교육이 얼마나 중요한지 알 수 있습니다.

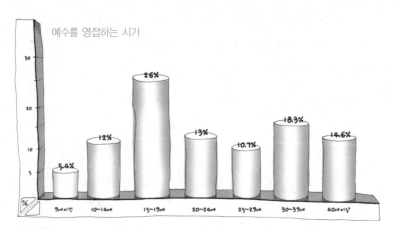

예수를 영접하는 시기

그렇다면 신앙교육이란 무엇일까요? 신앙교육이란 한마디로 우리가 어느 곳에 있든지 하나님을 찾고 그분을 따르며 기뻐하는 것입니다. 모라비아 형제단(the Moravian Brethren)의 마지막 감독이었던 코메니우스(J.A. Comenius)는 자녀를 교육할 때 체벌을 해서는 안 된다고 하였습니다. 그러나 도덕적이거나 신앙적인 문제가 있을 때에는 체벌을 해서라도 반드시 고쳐야 한다고 했습니다. 그만큼 그는 신앙교육과 도덕교육을 중시했습니다. 특히 그는 신앙교육은 어려서부터 심어주어야 하는데 가장 기본적으로 주변 세계에서 보고 듣고 만지고 행동하는 것과 고통 받는 것에 대해 하나님의 뜻을 묻는 습관을 들여야 한다고 했습니다. 즉 신앙생활의 거룩한 습관을 형성시켜야 개인의 이익을 추구하거나 잘못된 신앙습관을 형성하는 등의 잘못을 범하지 않을 수 있습니다. 아무리 부모가 신앙적인 모범이 되는 사람이라 하더라도 자녀에게 올바른 신앙교육을 하지 못했을 때는 하나님의 심판을 받게 됩니다. 엘리 제사장이나 사무엘의 경우를 보더라도 자신들은 하나님께 크게 쓰임 받는 제사장이었으나 자녀들의 잘못이나 허물을 보고도 제대로 가르치지 않아 결국 하나님께로부터 버림을 받게 된 것을 볼 수 있습니다.

이와 같이 가정에서 가장 중요하게 생각해야 하는 교육은 신앙교육입니다. 그리고 그것을 바탕으로 지적인 교육과 정서교육이 함께 연결되어야 합니다. 가정에서는 보통 인지교육을 가장 중요하게 생각합니다. 우리 아이가 다른 아이보다 좀더 공부를 잘하고 좀더 뛰어나기를 바라지요. 이런 부모의 욕심 때문에 아이들은 오로지 공부만 잘하면 무엇이든지 다 되는 것으로 착각합니다. 우리 사회에 이런 아이들만 존재한다고 생각해 보십시오. 자기만 알고 다른 사람의 고통이나 아픔에는 무감각하고 자기의 주인이신 하나님도 알아보지 못하는 사람들만 존재하는 삭막한 사회가 될 것입니다. 올바른 신앙교육을 받은 아이들이 정서적으로 안정되고 좋은 교육을 받게 되면, 인생의 목직을 잘 이루어 나가게 될 것입니다. 그들은 하나님이 이 세상에 자신을 보내신 목적대로 하나님의 영광을 위하여 성실하게 살아갈 것입니다. 다른 사람을 배려하고 서로 도우며 하나님 나라의 건설을 위해 노력하는 사람들이 될 것입니다.

## 성결한 가정을 세우기 위한 방법과 단계

기독교 가정은 종족보존과 이해와 사랑과 교제를 나누는 장소이면서, 동시에 하나님 나라를 세우고 세계를 변화시키는 역할까지 담당해야 합니다. 기독교 가정은 하나님께서 우리에게 명령하신, 제자를 삼아 가르쳐 지키게 하는 증인 공동체를 세워가야 합니다. 성결한 가정은 초대 교회에서 수행했던 사랑의 교제, 전도, 교육 그리고 봉사의 사역을 하는 그리스도의 몸 된 작은 교회로서의 역할을 담당해야 합니다. 그렇다면 성결한 가정을 세우기 위해서 어떤 목적을 향해 가야 할까요?

**하나님과 의미 있는 경험** 우리는 가정에서 여러 방식으로 하나님의 임재를 경험할 수 있습니다. 그 중 하나님의 임재를 경험할 가능성이 가장 높은 방법은 부모와 자녀가 함께 가정 예배를 드리는 것입니다. 그 시간이 습관적으로 드리는 것이거나 지루한 시간이 되어서는 안 됩니다. 그 시간을 통하여 가족 모두가 하나님의 음성을 듣고 하나님의 임재하심을 느낄 수 있어야 합니다.

 **창조적이고 목적 있게 살 수 있는 근거를 마련** 가정은 관계를 맺어가는 첫 번째 학교입니다. 부모와 자녀는 서로 보완적인 관계를 유지해야 하는데 이를 위해서는 우선 서로의 차이점을 이해하고 유사점을 북돋아 주는 관계가 되어야 합니다. 이렇게 좋은 관계를 형성할 때 부모와 자녀가 같은 목적을 향해 나아갈 수 있습니다.

 **하나님의 사랑을 널리 증거** 가정은 작은 교회라고 했습니다. 교회가 다양한 방법으로 전도하는 것처럼, 가정도 같은 목적을 추구해야 합니다. 각 가정들은 이웃들과 함께 신앙을 나누면서 하나님의 나라를 확장해야 합니다.

 **물질적 필요에 대해 나눔을 실천** 가정도 도움을 필요로 하는 사람들을 위해 가정의 것을 나누고 그들을 보살펴야 합니다. 이러한 봉사를

통해 가정과 교회가 진정한 선교의 동역자가 될 수 있습니다. 가정생활
은 모든 가족 구성원에게 자기희생과 봉사를 요구한다는 사실을 잊지
맙시다.


## 가정을 위한 기도

가정을 세우시고 우리의 아버지가 되시는 하나님,
우리네 가정에 꿈이 있게 해주소서.
미래를 내다보며 소망 속에 사는 가정
용서와 사랑으로 치유가 있는 가정
기쁨과 웃음이 가득한 행복한 가정
진정 그런 가정이고 싶습니다.

우리네 가정에 쉼을 주소서.
늘 쫓기는 삶으로부터 한가로움과 여유가 있게 하시고
집안에 들어설 때마다 편안함이 있어
안식을 취할 수 있는 곳
마음의 피곤이 씻기고
새로운 탄생으로 이어지는 새 출발의 자리가 되게 해주소서.

우리네 가정에 대화가 있게 하소서.
서로의 이야기에 귀 기울이며
가슴의 이야기를 나눌 수 있는
슬픔과 고통과 좌절까지도 털어낼 수 있는
그리고 위로와 격려의 보금자리가 되게 해주소서.

이 세 가지와 더불어
가정의 소중함을 늘 잊지 않고 살 수 있는
적절한 훈계와 교훈으로 우리를 이끄는
주의 말씀을 주옵소서.

마지막으로 구하옵나니
부부와 가족 간에 손을 마주잡고
기도하며 잠들게 하시고
기도로 새 아침을 열게 해주소서.
또한 이런 일들이 전혀 쑥스러운 일이 아니되게 해주소서.
그리하여 기쁨과 행복이 넘쳐나는 가정으로
이 사회와 세상에 밝은 빛이 되게 해주소서.


## 기독교 가정헌장


　1990년 3월, 한국 기독교가정생활위원회를 기초로 교계의 자문을 얻은 뒤 기독교 가정헌장을 공포했습니다.

1. 가족은 하나님이 맺어 주신 특수한 사랑의 관계로서 남자와 여자, 노인과 젊은이 구별 없이 동등하게 행복을 추구하고 자기를 실현할 수 있다. 이를 위해 쾌적한 의식주의 환경을 유지해야 하며, 가정의 행복을 방해하는 어떤 것으로부터도 보호되어야 한다.

2. 부부는 평등한 동반자로서 서로 사랑하고 존중하며 순결을 지키고 서로의 성숙과 발전을 위해 격려하고 도와야 한다.

3. 부모는 자녀가 하나님의 선물임을 믿고 그리스도 사랑을 바탕으로 자녀와 인

격적으로 대화하고 이해하며, 정직하고 근면한 삶의 본이 되어야 한다. 자녀의 몸과 마음이 건강하게 성장하도록 이끌며 하나님의 사랑과 이웃사랑을 가르쳐야 한다.

4. 자녀는 진실하고 선한 인격을 닦아 부모를 진정으로 공경하며 부모의 참뜻을 이해하고 따라야 한다.

5. 형제 자매는 한 피 받은 사이임을 감사하며 서로를 인정하고 북돋우며 기쁨과 슬픔을 함께 나누며 모든 일에 협력해야 한다.

6. 부모가 한쪽 또는 모두 없는 가정이 소외되거나 불평등한 대우를 받아서는 안 되며 인간적 긍지를 가지고 살아가도록 경제적 · 문화적으로 특별한 관심의 대상이 되고 보호받아야 한다.

7. 장애인 가족이 있는 가정은 장애인도 존귀한 하나님의 자녀임을 인식하고, 장애인에게도 일반인과 똑같이 교육받고 사회생활을 할 수 있도록 기회를 주어야 한다.

8. 가정은 한 가족의 이기적인 행복만을 추구하지 않는다. 모든 이웃과 더불어 사는 데 힘써야 하며 새 역사에 대한 꿈을 가지고 밝은 사회를 만들어 가는 데 적극적으로 참여하여야 한다.

9. 가정은 파괴된 자연계와 인간 사회에서, 창조의 질서를 회복하는 일에 기여해야 한다.

10. 가정은 화목을 유지하고 참된 가치를 창조할 권리가 있으며, 가정이 어려움에 처해 있거나 파괴될 위험에 놓여 있을 때 국가로부터 최대한 보호받아야 한다.

# Lesson2
# 하나님의 안목으로 배우자를 봅니다

------------------------------------------------

## 배우자에 대한 일반적 오해와 진실

### 결혼에 대한 오해와 진실

요즘 대중매체를 보면 외모 지상주의가 뚜렷이 나타납니다. 맡겨진 일을 잘 못해도 '예쁘면 용서된다'는 말이 있을 정도이니까요. 믿음을 가진 사람들도 멋진 남자, 예쁜 여자와 결혼하면 행복할 거라고 생각하는 사람들이 많이 있습니다. 멋진 남자가, 예쁜 여자가 내 남편이거나 아내라는 것이 나쁘다는 것은 아닙니다. 그러나 용모가 결혼생활에서 가장 중요한 요소가 된다면 탤런트나 영화배우, 아니면 미스 코리아가 세상에서 가장 행복한 사람이지 않을까요? 그러나 현실이 어떤지 둘러보십시오. 결혼생활에 있어서 이보다 더 중요한 것은 내면적인 인격과 신앙입니다. 내면적인 인격과 신앙이 아름다운 사람은 시간이 지날수록 그 내면이 점점 더 아름다워지고 외적인 미 또한 더 돋보이게 됩니다. 반면 아무리 얼굴이 잘 생겼어도 내면이 아름답지 못한 사람은 곧 그 인상이 미워지게 마련입니다. 베드로 사도는 "너희 단장은 머리를 꾸미고 금을 차고 아름다운 옷을 입는 외모로 하지 말고 오직 마음에 숨은 사람을 온유하고 안정한 심령의 썩지 아니할 것으로 하라(벧전 3:3-

4).”라고 했습니다. 이렇게 외형적 매력 때문에, 경제적, 육체적, 감정적 안정을 위해, 생리적 · 성적인 필요를 충족하기 위해, 또는 부모로부터 독립하고 싶거나 불편한 가정에서 도피하기 위해, 또는 낮은 자존감을 채우기 위해, 이런 잘못된 동기를 가지고 결혼하는 것은 매우 위험합니다.

한편, 결혼을 계약으로 생각하는 사람들이 있습니다. 결혼이 얼마씩 투자하는 계약입니까? 결혼이 계약적 관계라고 생각하기 때문에 혼수로 인해 문제가 발생하는 것입니다. 어떤 사람은 내가 의사니까, 고시에 합격했으니까, 박사학위를 받았으니까 나와 결혼하려면 적어도 이정도의 혼수는 해 와야 한다고 요구합니다. 혼수에서 행복을 찾는 사람은 혼수를 많이 받으면 받을수록 더 만족스럽지 못합니다. 돈이나 물질로 결혼생활이 행복해지는 것이 아닙니다. 결혼의 가장 큰 혼수는 바로배우자입니다. 나의 남편이, 나의 아내가 가장 귀하기 때문에 혼수는그렇게 중요한 것이 아닙니다. 결혼은 계약적 관계가 아니라 서로에게 100%씩 투자하는 언약적 관계입니다. 결혼제도는 하나님의 창조의 일부로, 처음부터 매우 신성한 것입니다. 결혼은 인간들이 임시적으로 만든 단순한 관계나 제도가 아닙니다. “그러므로 하나님이 짝지어 주신것을 사람이 나누지 못할지니라 하시더라(막 10:9).” 결혼은 세상적인관계, 계약적 관계가 아닙니다. 매우 비밀스럽고 신성한 관계, 언약적관계입니다.

### 결혼한 부부는 배우자에 대해 모두 다 안다?

결혼이 상대 배우자에 대한 앎의 끝이 될 수는 없습니다. 오히려 앎의 시발점이라고 할 수 있습니다. 상대방을 다 알았기 때문에 결혼하는 것이 아니라, 결혼을 함으로써 비로소 상대 배우자의 실상을 알게 되기 시작하는 것입니다. 배우자의 적나라한 인격과 모습을 있는 그대로 보기 전까지, 지금까지 배우자에 대해 본 모든 것은 실상이 아닌 허상입니다. 그 허상은 본인의 바람이나 생각이 만들어 낸 허상일 수도 있고, 상대가 꾸며낸 허상일 수도 있습니다.

남성들은 속으로는 자신 없고 두려워도 자기가 사귀는 여성 앞에서는 자신감 있고 유능하고 매력적이며 강한 남성처럼 말하고 행동하는 경향이 있습니다. 또 본인이 생각하기에 자신감 없고 매력적이지 못하고 우유부단한 여성의 경우도 사귀고 싶은 남성 앞에서는 명랑하고 매력적이고 사랑스럽게 행동할 가능성이 높습니다. 사귀는 동안 두 사람은 의식적으로든 무의식적으로든 자기 자신과 상대방을 속이는 데 성공하는 것입니다. 따라서 결혼하여 진정으로 행복한 부부가 되기 위해서는 먼저 본인이 품고 있던 상대의 허상을 깨뜨리고 지금 눈앞에 보이는 상대의 실상을 인정하고 받아들여야 합니다.

사실 결혼 후에 갈등이 심각해지는 까닭은 비로소 상대방의 실상을 보게 되기 때문입니다. 때로 어떤 갈등들은 피할 수 없는 것일 뿐 아니라 건강한 결혼생활의 필수적 요소가 되기도 합니다. "우리는 부부싸움을 하지 않아요.", "왜 부부간에 갈등이 있죠?"라고 하는 것은 건강한 부부가 아니라는 것입니다. 갈등은 부부가 확고한 동반자가 되기 위한 중요한 요건입니다. 여기서 확고하다는 것은 각자가 가진 진정한 자아를 '완전하고 자유롭게 표현'하는 것이며 결혼하기 전까지 형성해 온 다른 생각과 태도들을 드러내는 것입니다. 갈등을 통해 서로를 이해하고, 나아가 창조적이고 생산적으로 갈등을 해결하는 방법을 습득한 부부는 보다 강하고 역동적인 결혼생활을 할 수 있게 됩니다.

### 배우자의 나쁜 습관을 고칠 수 있다?

상대 배우자의 잘못된 습관을 억지로 고치려고 하지 마십시오. 결혼 전 서로 다른 환경과 배경, 그리고 다른 기질에 의해 형성된 버릇을 고친다는 것은 매우 어렵습니다. 상대방의 약점이나 나쁜 습관을 고쳐보려고 할 때, 남편은 아내를 윽박지르게 되고 아내는 남편에게 바가지를 긁게 됩니다. 배우자의 잘못을 고치려는 시도는 부부간에 불화만 더 증폭시키게 됩니다. 서로의 성격이 대조적일 때는 더 힘이 듭니다. 예를 들어 아내는 물건을 잘 잃어버리고 꼼꼼하지 못한데 남편은 계획적이고 치밀할 경우, 서로를 이해하지 못하고 잔소리를 하게 됩니다. 상대의 좋지 못한 습관을 고치는 데 에너지를 소비하기 보다 서로를 보완하려고 생각하고 행동하는 편이 더 낫습니다. '저 사람이 건망증이 심하니까 내가 필요하지.'라고 생각하면 오히려 마음이 편해집니다. 그러면 상대방은 자신의 약점까지 끌어안아 주는 상대방에 대해 고맙게 생각하고 자신을 고치려고 노력할 것입니다.

그래서 결혼 후 상대방의 장점에 주목하는 것 또한 중요합니다. 기회가 있을 때마다 공개적으로 상대방의 장점을 인정해 주십시오. 그럴 때 가정이 더 견고하고 믿음직스러워집니다. 영국에 어느 부부가 살았습니다. 이 남편은 평생 자기 아내가 한 일에 대해 좋다고 칭찬한 적이 없었습니다. 그래서 부인은 자신이 아내로서의 역할과 그리스도인이 되는 데 있어서 실패했다고 생각하면서 걱정을 했습니다. 그녀는 이런 걱정으로 폐병을 앓게 되어 결국 죽어가게 되었습니다. 아내가 죽게 되었을 때, 그녀의 남편은 "당신이 죽으면 나는 어떻게 하란 말이오. 당신은 좋은 일을 많이 했었는데 당신이 세상을 떠나면 이 가정은 어떻게 하오."라고 말했습니다. 아내는 "왜 좀더 일찍 이런 말을 해주지 않았어요? 나는 지금까지 내 자신이 나쁜 사람이라고 느끼며 자책해 왔어요. 당신이 나를 한 번도 칭찬해 주지 않았기 때문에 염려하고 근심했고, 결국 내가 틀렸다고 생각했기 때문에 이렇게 병들어 죽게 되었어요."라고 말했답니다. 이것은 실제로 있었던 일입니다. 남편은 아내가 죽을 때에야 아내를 칭찬한 것입니다. 칭찬의 말은 큰 효력을 지닌다는 것을 항상 명심하십시오. 자녀에 대한 칭찬뿐 아니라 남편과 아내의 장점을 찾아 먼저 칭찬하십시오.

### 내 배우자가 나의 부족한 면을 온전하게 채워 줄 것이다?

우리는 흔히 나의 배우자는 나의 부족한 점을 알아서 그것을 희생적으로 채워줄 것이라고 생각합니다. 그(그녀)가 나를 사랑한다고 했으니 부족한 나를 충족시켜 줄 것이라고 생각합니다. 이것은 매우 이기적인 생각입니다. 고린도전서 7장을 보면, 결혼한 사람은 상대방의 기쁨을 구한다고 했지 나의 기쁨을 구한다고 하지 않았습니다. 가정이 겪는 문제 중 이기심이 큰 문제 중의 하나일 것입니다. 우리는 상대방의 느낌을 감지하고 상대방의 고통과 기쁨을 공유하며 상대방이 두려워하는 것과 싫어하는 것을 알고 상대방의 문제가 무엇인지 알려고 노력해야 합니다.

결혼의 기본 조건은 희생입니다. 그러므로 상대방이 기뻐하는 것이 무엇인지 알고 상대방의 뜻과 관점을 이해하려고 노력해야 합니다. 상대편의 입장에 서서 상대를 이해하고 상대편의 심정으로 상대방을 생각해야 합니다. 가능한 범위 내에서 나의 느낌을 유보하고 나의 의견과 관점을 희생하는 법을 배워야 합니다. 이렇게 되면 가정의 문제가 많이 줄어들 것입니다.

많은 남자들이 결혼한 후에 가정에서 다른 것은 생각하지 않고 온 우주가 마치 자기를 둘러싸고 있는 것처럼 자신을 우주의 중심으로 생각합니다. 결혼을 했으니 이제 가정에서는 자기 생활의 편리와 이익만 추구하며 살아도 된다고 생각합니다. 자신이 우주의 중심이기 때문에 모든 사람(가족, 특히 남편이나 아내)이 당연히 자기를 위해 살아야 하고 자기를 기쁘게 해야 한다고 생각합니다. 이것은 결혼이 아니라 한 남편과 한 아내를 노예로 만들기 위한 목적이겠지요. 이런 이기적인 결혼은 실패할 확률이 높습니다.

## 배우자에 대한 성서적 이해

### 남녀 인간의 창조: 동등한 인격체

창세기 1장 26절에 "하나님이 가라사대 우리의 형상을 따라 우리의 모양대로 우리가 사람을 만들고 그로 바다의 고기와 공중의 새와 육축과 온 땅에 기는 모든 것을 다스리게 하자 하시고"라고 되어 있습니다. 하나님은 인간을 창조하시기 전에 만물을 지으셨습니다. 만물을 창조하실 때는 '있으라'(창 1:3), '나뉘게 하리라'(창 1:6), '드러나라'(창

1:9), '나뉘게 하라'(창 1:14), '날으라'(창 1:20), '내라'(창 1:23)라고 하여 하나님의 명령에 따른 것이지만, 인간 창조는 "만들고… 다스리게 하자"라고 하여 직접적인 인격적 창조를 따르고 있습니다. 인격적인 창조의 절정은 다른 피조물과 달리 인간을 '하나님의 형상'으로 창조하셨다는 것입니다.

창세기 1장 27절에 "하나님이 자기 형상 곧 하나님의 형상대로 사람을 창조하시되 남자와 여자를 창조하시고"라고 되어 있는데, 이는 인간이 하나님으로부터 나온 존재, 즉 하나님의 피조물이라는 것을 강조하고 있는 것입니다. 1장 26절의 "그들로 다스리게 하자."는 말씀과 연결하여 보면, 하나님은 남자와 여자가 함께 만물을 다스리도록 창조하신 것입니다. 창세기 1장 28절은 "하나님이 그들에게 복을 주시며 그들에게 이르시되 생육하고 번성하여 땅에 충만하라, 땅을 정복하라, 바다의 고기와 공중의 새와 땅에 움직이는 모든 생물을 다스리라 하시니라."라고 되어 있습니다. 이는 하나님께서 남자와 여자 차별 없이 즉 '그들'에게 복을 주셨고 그들에게 생육, 번성, 충만하라는 명령을 주셨으며 만물을 다스리라는 사명을 주셨다는 것을 보여줍니다.

하나님께서 남자와 여자를 창조하셨다는 것은 하나님께서 창조 시에 이미 남자와 여자를 구별하셨다는 것을 의미합니다. 하나님의 형상을 닮았기 때문에 남녀는 서로 공통점이 있습니다. 그러나 다른 점도 있다는 것입니다. 예를 들어 남자는 딱딱하고, 여자는 부드럽습니다. 남자는 비표현적이고 차갑다면, 여자는 표현적이고 따뜻합니다. 남자는 객관적이고 현실적이며 신중한 반면, 여자는 주관적이고 정서적이며 수동적인 성향이 높습니다. 여자는 우뇌가 더 발달되고 남자는 좌뇌가 더 발달됩니다. 따라서 여자는 언어능력이, 남자는 시공간 능력과 분석적 사고가 더 발달되었습니다. 남자는 논리적 이성을 통해 지식을 얻고, 여자는 직관을 통해 지식을 얻습니다. 남자는 시각과 후각이 상대적으로 더 민감하고 여자는 청각과 촉각이 상대적으로 민감합니다.

여기서 구별이나 차이란 남자와 여자를 차별한다거나 계급을 의미하는 것이 아닙니다. 왜냐하면 남자와 여자 '그들'이 하나님이 주신 복의 공동 소유자이고, 남자와 여자 모두가 '하나님의 형상'으로 창조되었기 때문입니다. 여기에 하나님은 남자와 여자 '그들'에게 생육하고 번성하고 충만하라고 명령하셨으며 그들에게 만물을 다스릴 통치권을 주셨습니다. 여기에 남녀 동등의 원리가 있는 것입니다.

### 돕는 배필의 관계

하나님께서 만물을 창조하실 때 "하나님 보시기에 좋았더라(창 1:4, 12, 18, 21, 25)"라고 기록되어 있는 반면, 사람이 독처하는 것이 "좋지 않다(창 2:18)"라고 하였습니다. 이는 하나님의 창조 행위가 불완전하다는 것을 말하는 것이 아니라, 남자만 창조하신 상태가 인간 창조의 완성이 아니라는 것을 암시하고 있습니다. 사람이 독처하는 것이 좋지 않기 때문에 하나님은 아담을 잠들게 하셔서 그의 갈빗대 하나를 취하여 그것으로 아담을 돕는 배필인 여자를 만드신 것입니다.

가정의 기본 단위인 남자와 여자의 부부 관계는 '돕는 배필'의 관계입니다. 여기서 '돕는다'라는 말 자체는 창조주 하나님이 피조물인 인간을 돕는다는 의미와 같은 뜻으로 쓰였습니다(출 18:4, 신 33:7, 시 20:3). 이 말의 뜻은 세상이 줄 수 없는 절대적인 도움, 즉 하나님만이 줄 수 있는 도움을 의미합니다.

'배필'이라는 것은 '그에 상응하는'(corresponding to him), 또는 '그에게 부합되는'(suitable for him), '상호동등, 상호조력, 상호이해의 상대방'이라는 의미를 갖고 있습니다. 따라서 '배필'은 상하관계나 계급 관계를 암시하고 있지 않습니다. 돕는 배필의 히브리어 원문은 '에셀케 네그도'인데, 에셀이란 말은 '도움' 또는 '돕는 자'라는 뜻으로, 대개 하나님께서 그의 백성을 도와주실 때 사용하는 말이었습니다. "내가 산을 향하여 눈을 들리라 나의 도움(에셀)이 어디서 올꼬 나의 도움(에셀)이 천지를 지으신 여호와에게서로다(시 121:1-2).", "여호와를 의지하라 그는 너희 도움(에셀)이시요 너희 방패시로다(시 115:9)." 여기서 사용된 말이 바로 에셀이라는 말입니다. 하지만 에셀이 '조수'의 의미를 뜻하지는 않습니다. 오히려 에셀은 '구원자'란 의미를 담고 있습니다.

결국 성경이 말하는 바대로 한다면 남자는 여자의 도움 없이는 그 인생이 결코 완성될 수 없습니다. 남자 홀로 자기 인생을 완성할 수 있다면 하나님께서 굳이 남자에게 돕는 배필을 따로 지어주시지 않았을 것입니다.

창세기 1장 26절~28절을 보면 남자와 여자가 동일하게 하나님의 형상을 반영하고 동일하게 하나님의 복을 받았고 동일하게 하나님의 피조물을 다스리는 사명을 가지고 있습니다. 이 점에서도 여자가 남자의 돕는 배필이라는 말이 계급이나 차별을 의미하는 것이 아니라는 것을 알 수 있습니다. 여자는 결코 남자의 부속품이나 장식품이 아닙니다. 남자와 여자는 하나님에 의해 창조된 인간으로서 가치와 인권 면에서 동등한 존재입니다. 뿐만 아니라 아내의 도움은 손과 발로 줄 수 있는 도움을 초월합니다. 아내는 타고난 '본능'으로 남편만을 향한 '마음'으로, 마름이 없는 '사랑'으로, 무엇보다도 믿는 아내는 하나님이 주신 '지혜'로 남편을 돕습니다. 그래서 그 도움은 아내 외의 사람에게는 전혀 받을 수 없는 것입니다.

여기 적당한 예가 되는 이야기를 소개합니다. 클레오파트라는 아침에 일어난 카이사르에게 그날 원로원에 나가지 말라고 했답니다. 그때 카이사르는 아내의 말을 반드시 들었어야 했습니다. 그러나 카이사르는 아내인 클레오파트라의 말을 '암탉 우는 소리'쯤으로 하찮게 여기고 나갔습니다. 바로 그날, 그는 그가 그토록 믿었던 사람들에 의해서 무참하게 난도질당해 죽고 말았습니다. 카이사르는 중요한 한 가지 사실을 모르고 있었습니다. 비록 그의 아내가 로마의 정치에 관하여는 문외한이지만, 남편인 자신을 본능적으로 도울 수 있는 능력이 있다는 사실을 말입니다. 아내의 말 한 마디가 자신이 믿어 온 수많은 사람들의 백 마디보다 자신에게 더 유익하다는 것을 말입니다. 카이사르가 이 중요한 사실을 알았더라면 그처럼 비극적인 종말을 맞지는 않았을 것입니다.

중요한 것은 아내는 남편을 돕되 지혜롭게 도와야 한다는 것입니다. 성경을 보면 남편을 잘못 도와 후손의 삶까지 망친 사람도 나옵니다. 하나님의 말씀을 경홀히 여기고 자기 생각대로 도운 결과입니다.

그의 아내 이세벨이 그에게 이르되 왕이 지금 이스라엘 나라를 다스리시나이까 일어나 식사를 하시고 마음을 즐겁게 하소서 내가 이스르엘 사람 나봇의 포도원을 왕께 드리리이다 하고 아합의 이름으로 편지들을 쓰고 그 인을 치고 봉하여 그의 성읍에서 나봇과 함께 사는 장로와 귀족들에게 보내니 그 편지 사연에 이르기를 금식을 선포하고 나봇을 백성 가운데에 높이 앉힌 후에 불량자 두 사람을 그의 앞에 마주 앉히고 그에게 대하여 증거하기를 네가 하나님과 왕을 저주하였다 하게 하고 곧 그를 끌고 나가서 돌로 쳐죽이라 하였더라. (열왕기상 21장 7-10절)

이스라엘 아합 왕의 아내 이세벨은 자기의 욕망을 채우기 위해 남편을 잘못 도왔습니다. 포도원을 갖고 싶어하는 남편을 돕겠다고 포도원 주인을 살해해 버렸습니다. 이세벨의 잘못된 도움으로 인해 아합왕은 이스라엘의 가장 패역한 왕이 되었고 죽은 뒤에도 개들이 이세벨과 아합왕의 시체를 먹게 되었습니다. 진정으로 돕는 배필이 된다는 것은 먼저 하나님을 경외하는 자가 되는 것입니다. 하나님의 진리 안에 먼저 선 다음, 그분의 말씀과 그분의 지혜로 먼저 자신을 채운 다음 도와야 합니다.

### 각자의 부모로부터 독립된 새로운 한 인격체

"이러므로 남자가 부모를 떠나 그의 아내와 합하여 둘이 한 몸을 이룰지로다(창 2:24).", "이러므로 사람이 그 부모를 떠나서 그 둘이 한 몸이 될지니라. 이러한즉 이제 둘이 아니요 한 몸이니 그러므로 하나님이 짝지어 주신 것을 사람이 나누지 못할지니라(막 10:7-9)." '한 몸'이라는 것은 서로 다른 둘이 함께한다는 의미가 아니라, 자기에게서 떨어져 나간 분신이 재결합하는 하나됨을 의미합니다. 하와는 아담의 분신으로, 아담과 하와가 한 몸이 된다는 것은 아담에게서 나갔던 분신이 다시 아담과 결합하는 것입니다. 그렇기 때문에 창세기 2장 23절에도 "이는 내 뼈 중의 뼈요 살 중의 살이라."라고 한 것입니다.

그렇다면 부부가 한 몸을 이루기 위해시는 어떻게 해야 할까요? 먼저 각자의 부모로부터 떠나야 합니다. 단순히 지리적으로 떠나는 것이 아니라 부모로부터 육체적, 경제적, 정신적인 모든 면에서 독립해야 합니다. 부모를 떠난다는 것은 부모를 공경하지 않는다는 것과는 다릅니다. 부모를 떠난다는 것은 남편과 아내를 부모보다 우선에 두고 모든 일을 부부가 의논하여 결정하고 서로 사랑하고 도우며 살아가는 상태를 말합니다.

부모를 떠난 동등한 두 인격체는 한 몸이 되어야 합니다. '연합한다', '한 몸이 된다'는 것은 영적, 정신적 그리고 육체적으로 하나가 된다는 의미입니다. 사람은 누구나 불완전한 존재이기 때문에 무엇인가로부터 자신을 채우려고 합니다. 그것이 사랑이든 물질이든 명예든 계속 채우

고자 합니다. 그러나 인간은 그리스도로부터 영적이고 인격적인 필요를 공급받도록 지음 받았습니다. 그러므로 부부는 그리스도로부터 이 모든 필요들을 공급받기 위해 영적으로 헌신해야 합니다. 정신적으로 연합하기 위해 남편과 아내는 상대의 필요를 위해 기꺼이 섬기겠다는 자발적이고 상호헌신인 자세를 가져야 합니다. 빌립보서 2장 8절에서 "사람의 모양으로 나타나셨으매 자기를 낮추시고 죽기까지 복종하셨으니 곧 십자가의 죽으심이라."라고 했듯이, 남편과 아내도 서로 자기를 낮추고 상대방에게 섬김의 방향을 맞추어야 합니다.

영적이고 정신적인 연합이 이루어진 부부 사이에는 인격적 의미가 수반되는 육체적 연합이 이루어져야 합니다. "아내가 자기 몸을 주장하지 못하고 오직 그 남편이 하며 남편도 이와 같이 몸을 주장하지 못하고 오직 그 아내가 하나니(고전 7:4)." 부부의 육체적 관계는 흥미를 쫓는 육체적 쾌락과는 다른 인격적 의미가 수반되어야 하는 것으로, 상대의 기쁨과 필요를 위해 자신을 주어야 합니다.


## 배우자를 영적으로 바라보는 안목과 방법들

### 뼈 중의 뼈요 살 중의 살이라

요즘 회자되는 이야기 중 '간 큰 남자 시리즈'를 들어보셨습니까? 연령대별로 다른데요.

밥상 앞에서 반찬 투정하는 20대 남자

아침에 밥 달라고 식탁에 앉아서 소리치는 30대 남자

아내가 외출하는데 감히 어디 가냐고 묻는 40대 남자

아내가 야단칠 때 말대답을 하거나 눈을 똑바로 뜨고 아내를 쳐다보는
50대 남자

아내에게 퇴직금을 어디에 썼느냐고 물어보는 60대 남자

외출하는 아내에게 같이 가자고 하는 70대 남자

좀 씁쓸한 이야기지만 오늘날의 현실을 풍자하고 있는 이야기입니다. 왜 이런 현상이 생겼다고 보십니까? 결혼해서 남편이 아내를 사랑하며 살지 않아 결과적으로 나타난 현상이라고 보지는 않으십니까?

남편은 아내를 그리스도가 교회를 사랑함 같이 사랑해야 하고, 남편과 아내는 그리스도 안에서 피차 복종해야 합니다. 창세기에서 남편이 아내를 사랑해야 할 근거를 찾아볼 수 있습니다.

여호와 하나님이 아담을 깊이 잠들게 하시니 잠들매 그가 그 갈빗대 하나를 취하고 살로 대신 채우시고 여호와 하나님이 아담에게서 취하신 그 갈빗대로 여자를 만드시고 그를 아담에게로 이끌어 오시니
(창세기 2장 21-22절)

하나님께서는 남자에게서 취하신 갈빗대로 여자를 만드셨습니다. 갈빗대 아래에는 심장과 허파가 있습니다. 바로 생명입니다. 갈빗대가 없으면 생명을 보장할 수 없습니다. 하나님은 남자의 생명을 보호하는 중

요한 뼈로 여자를 만드신 것입니다. 남자가 여자를 반드시 사랑해야 할 이유가 여기에 있습니다. 남자가 여자를 사랑하는 것은 바로 자기의 생명을 사랑하는 것입니다. 여자는 남자의 생명이기 때문입니다. 그래서 아담은 여자를 보자마자 외쳤습니다. "여호와 하나님이 아담에게서 취하신 그 갈빗대로 여자를 만드시고 그를 아담에게로 이끌어 오시니 아담이 이르되 이는 내 뼈 중의 뼈요 살 중의 살이라(창 2: 22-23상)." '내 뼈 중의 뼈요 살 중의 살'이란, '내 생명 중의 생명'이란 말입니다. 아내는 반사경입니다. 남편이 아내에게 사랑을 주면 그 사랑을 되돌려 주고 무관심을 보내면 그 무관심으로 되갚습니다. 혹시 아내보다 자기를 더 사랑하는 것이 자신을 위하는 것이라고 생각하고 있다면 이는 매우 어리석은 착각이라는 것을 잊지 말아야 합니다.

## 남편과 아내의 관계: 사랑과 복종의 관계

성경에서는 남편과 아내의 관계를 그리스도와 교회의 관계로 그리고 있습니다. 사도 바울은 남편과 아내의 관계를 그리스도와 교회 사이의 신비한 연합의 상징으로 보았고, 남편과 아내는 서로 거룩한 책임을 져야 한다고 하였습니다.

남편들아, 아내 사랑하기를 그리스도께서 교회를 사랑하시고 그 교회를 위하여 자신을 주심 같이 하라…… 이와 같이 남편들도 자기 아내 사랑하기를 자기 자신과 같이 할지니 자기 아내를 사랑하는 자는 자기를 사랑하는 것이라. 누구든지 언제나 자기 육체를 미워하지 않고 오직 양육하여 보호하기를 그리스도께서 교회에게 함과 같이 하나니 우리는 그 몸의 지체임이라…… 그러나 너희도 각각 자기의 아내 사

랑하기를 자신 같이 하고 아내도 자기 남편을 존경하라
(에베소서 5장 25절, 28-30절, 33절).

바울은 남편에게 아내를 사랑해야 할 책임을 강조하고 있습니다. 남편은 아내를 마치 그리스도가 교회를 사랑하는 것과 같이 사랑해야 합니다. 그리스도께서 자신을 희생함으로 교회가 당신과 교제할 수 있게 하셨던 것처럼, 남편의 사랑도 아내를 위하여 헌신적이어야 합니다. 그것은 감정적인 느낌으로서의 사랑을 넘어서 실제적이고 사려 깊은 것이 되어야 합니다. 또한 자신의 생명을 돌보고 보호하는 것처럼 아내에게도 동일하게 관심을 기울여야 합니다. 그리고 이기심이나 경쟁심 등은 부부의 하나 됨을 파괴하는 요소라는 것을 잊지 말아야 합니다.

돕는 배필로 지음 받은 아내는 남편에게 복종해야 합니다. 복종한다는 것은 무엇이고 왜 복종해야 하는 걸까요? 에베소서에서 바울은 남편과 아내의 관계에 대해 이렇게 말합니다. "그리스도를 경외함으로 피차 복종하라. 아내들이여 자기 남편에게 복종하기를 주께 하듯 하라. 이는 남편이 아내의 머리됨이 그리스도께서 교회의 머리됨과 같음이니 그가 친히 몸의 구주시니라. 그러나 교회가 그리스도에게 하듯 아내들도 범사에 그 남편에게 복종할지니라(엡 5:21-24)." 바울은 그리스도가 교회의 머리됨으로써 교회가 그리스도께 복종하듯, 남편이 아내의 머리가 됨으로써 아내가 남편에게 복종해야 한다고 하였습니다. 그러나 이러한 비교에는 어느 정도 한계가 있습니다. 왜냐하면 그리스도는 교회를 구원했지만, 아내를 구원하는 이는 남편이 아니기 때문입니다. 머리가 된다는 것은 무엇을 의미할까요? 성경을 좀더 자세히 분석해 봅시다.

에베소서 5장 22절의 "아내들이여 자기 남편에게 복종하기를 주께 하듯 하라."는 말씀의 헬라어 원문에는 동사가 없습니다. 문자적으로 보면 "아내들은 주께 하듯 너희 남편에게(wives to your own husbands as to the Lord)"라고 되어 있습니다. 동사인 '복종하라'는 5장 21절의 "그리스도를 경외함으로 피차 복종하라."라는 말씀과 관련이 있습니다. 이 '복종하라'는 동사는 24절의 "교회가 그리스도에게 하듯 아내들도 범사에 그 남편에게 복종할지니라."에 다시 이어집니다. 여기서 '피차 복종하라'는 것은 다른 사람들을 자신보다 먼저 고려하라는 뜻입니다. 이 말은 그리스도 안에 있는 사람들은 자기보다 다른 사람들의 평안과 관심을 먼저 추구해야 한다는 것을 의미합니다. 그런데 이런 복종은 남편이 아내의 머리가 되기 때문이라고 했습니다. 머리가 된다는 말을 오해하는 사람들이 많습니다. 머리됨이란 우두머리나 지배자가 되거나 남편과 아내의 위계적 차등을 말하는 것이 아닙니다. 머리됨이란 자원이나 근원을 의미합니다. 창세기 2장의 창조 이야기에서 남자는 여자의 실존의 자원 또는 근원(source, origin)입니다. 결국 근원이신 하나님이 우리를 사랑하셔서 품에 안으신 것과 같이 남편이 아내를 사랑하는 것은, 그리스도께서 교회를 사랑하는 것처럼 그렇게 하는 것이 당연하다는 의미입니다. 이런 의미에서 머리됨이란 지위나 우월적 권위를 말하는 것이 아니라 본질을 의미하는 것이라고 할 수 있습니다.

교회가 그리스도의 다스림에 복종하는 것은 본질적으로 당연한 것입니다. 이것이 우리에게 모범이 되듯이 아내들도 가정의 조화를 이루기 위해 남편에게 복종하라는 것입니다. 남편의 머리됨이란 우월적 지위나 주종의 관계를 의미하는 것이 아닙니다. 부부는 동등합니다. 또한 아내는 남편에 대해 결코 열등한 존재가 아닙니다. 이는 아들 예수님이 아버지 하나님께 종속되어 있으나 하나님보다 열등하지 않다는 것과 같은 의미입니다. 성부와 성자는 동등한 하나님이십니다(요 5:18; 10:30). 성부와 성자와 성령 삼위는 신성과 능력과 영광에 있어서는 동등하지만 기능과 역할에 있어서는 구분되는 삼위의 질서가 있습니다. 이는 삼위 간의 계급과 존재론적 차등을 말하는 것이 아니라 최고의 조화를 말하는 것입니다. 이와 같이 남편이 아내의 머리라는 것은 남편과 아내가 존재론적으로 차등이 있다는 것이 아니라 하나님이 내신 동등 원리의 권위 질서를 말하는 것입니다.

그리스도는 교회의 머리로서 티나 주름 잡힌 것이나 흠이 없는 영광스러운 교회를 세우는 것을 목표로 하여 자신을 주셨습니다. 남편이 아내의 머리라는 것은 아내가 하나님의 영광스러운 사명을 수행할 수 있도록 아내를 위해 자신을 주는 것입니다. 즉, 아내의 유익을 위해서 자신의 전체를 주는 사랑과 책임의 권위를 의미합니다. 이러한 의미에서 남편은 섬김을 받으려는 생각으로 머리됨을 주장하지 말고 아내의 유익을 위해 봉사하고 희생하는 능력으로 머리됨을 표현해야 합니다. 교회를 향한 그리스도의 사랑이 아내를 향한 남편의 사랑의 모델이 되기 때문에, 남편은 이런 수준의 사랑을 베푸는 머리됨을 지향하는 것이 마땅합니다. 또한 아내는 남편에 대하여 교회가 그리스도에게 복종하듯, 가정에서 남편의 권위를 인정하고 세워주어야 합니다.

오늘날의 사회는 능력 있는 여성들에게 사회 참여를 요구하고 있습니다. 우리가 자녀를 양육할 때도 아들과 딸을 구분하여 가르치지 않습니다. 여자 아이들이 학교에서 임원 활동을 하고, 여성이 다양한 고시에 합격하는 비율이 점점 높아지고 있는 것을 볼 수 있습니다. 과거에 비해 여자이기 때문에 집안에서 자녀를 잘 키우고 남편 뒷바라지만 해야 한다는 생각은 많이 없어졌습니다. 할 수 있다면 여성도 과감하게 사회에 뛰어들어 자신이 가진 재능과 능력을 마음껏 발휘해야 합니다. 쌓을 수 있는 업적도 쌓고 능력도 인정받아야 합니다. 그러나 어떤 경우에도 아내의 자리를 넘어서면 안 됩니다. 성경은 아내의 자리를 지키면서 자신의 일을 하라고 가르치고 있습니다.

사도 바울은 남편은 아내를 사랑하고, 아내는 남편에게 복종하라고 가르치다가 마지막에는 피차 복종할 것을 가르쳤습니다. 그리고 다음에 이 도리를 남편과 아내에게 적용했습니다. 성경은 부부 중 어느 누가 배우자를 지배하거나 다스리는 것을 허락하지 않습니다. 남자와 여자는 경쟁하고 갈등, 투쟁하는 관계가 아닙니다. 오직 조화와 완전을 지향하는 관계입니다.

## 나와 배우자를 위해 기도하기

하나님! 한국 땅에 가정이
무너지는 소리가 들립니다.
어서 속히 부부 중심의 가정이 회복되게 하소서.
행복한 부부상이 가정의 구심점이 되게 하소서.

하나님의 목적은 부부가 행복한 삶을 사는 것입니다.
부부가 행복하지 못하면 아이들이 병이 듭니다.

아이들에게 하늘같은 존재인 부모가 싸우면
아이들은 하늘이 무너지는 경험을 하게 됩니다.

가정의 중심은 나이 든 어른도 아이도 아닙니다.
가정의 중심은 부부입니다.
부부가 사랑하면 아이들은 저절로 건강합니다.

건강해야 할 가정이 무너지는 까닭은 마음의 상처
때문에 서로 아픔과 고통을 주기 때문입니다.
누구나 상처는 있습니다.
하지만 상처로 인해서 부부관계가 불행해지고
자녀들에게까지 불행을 물려주어서는 안 됩니다.

마음의 상처를 서로 인정하고 감싸주며 주님 앞에
내어 놓고 토설하여 치유 받고 회복해야 합니다.

먼저 그리스도인 부부가 사랑하는 모습,

행복한 가정의 모델이 되어야 사회도 건강하게 됩니다.

주님! 한국교회가 행복한 부부 중심의 행복한 가정을 이루어
이 땅에 행복한 부부상의 영향력이 흘러가게 하소서.
아멘


## 남편을 위한 아내의 기도

주님, 제가 선한 아내가 되게 해주시옵소서.
주의 도우심이 없이는 결코 선한 아내가 될 수 없습니다.
저의 이기심과 조급함과 예민함을 자비로움과 오래 참음과
모든 것을 기꺼이 감수하는 마음으로 변화시켜 주옵소서.
저의 완악한 마음의 벽을 주의 말씀으로 무너뜨려 주옵소서.

제게 새 마음을 허락하사 제 속에서 주의 사랑과 평안과 기쁨이 역사하게 하옵
소서.
제 마음속의 죄악, 특히 남편과 관련된 죄악을 드러내어 주옵소서.
남편에게 매몰차거나, 비판적이거나, 화를 내거나, 원망하거나, 무시하거나,
혹은 용서하지 않는 마음을 가졌던 것을 고백합니다.
저에게 있는 마음의 상처와 분노, 낙심을 내어버리고,
주님처럼 철저하고 완벽하게 그를 용서할 수 있도록 도와주세요.

저를 화목과 평화와 치유의 도구로 만들어 주세요.
우리 부부가 대화를 잘 나눌 수 있게 하시고,
별거나 이혼에 이르는 죄악으로부터 구원해 주옵소서.

저를 남편의 양육자, 동반자, 옹호자, 친구, 후원자로 만들어 주옵소서.
제가 평화롭고, 안락하게, 안전한 가정을 꾸릴 수 있게 하옵소서.
저를 마음과 영혼이 풍요로운,
창조적이고 자부심 넘치는 사람으로 성장하게 해주셔서
남편에게 자랑스러운 아내가 되게 해주옵소서.

남편의 현재 모습 그대로를 받아들이게 하시고
제 힘으로 그를 변화시키려 하지 않게 하옵소서.
인간적인 방법으로는 그를 변화시킬 수 없기에 주님 손에 모든 것을 맡깁니다.
주께서 우리 부부를 온전케 하시기를 원합니다.
우리 부부를 하나되게 하사 매사에 뜻을 합하게 해 주옵소서.
인내와 안위의 하나님이 우리로 그리스도 예수를 본받아
같은 마음을 품게 하시기를 소원합니다.
주께 대한, 그리고 우리부부 서로에 대한 헌신이 날마다 더 깊어지기를 기도합
니다.

주의 뜻대로 남편이 가정의 머리가 될 수 있도록 해주시고,
머리로서 지도력을 발휘하는 그를 지원하며 존경할 수 있는 방법을
제게 가르쳐 주옵소서.
남편이 원하고 필요로 하는 것이 무엇인지 제게 알려주시며,
문제가 악화되기 전에 파악할 수 있게 해주옵소서.
우리 결혼생활에 주의 생기를 불어 넣어 주시고
남편과 더불어 새로운 관계를 엮어가는 부부가 되게 해주옵소서.

## 부부를 위한 기도

르네 바르트 코프스키

사랑하는 법을 가르쳐 주소서.
기분이 좋을 때나 애정을 느낄 때
힘이 있고 삶이 만족스러울 때
사랑하는 것은 너무나 쉽습니다. 주님

지치고 우울하고 일이 잘 풀리지 않을 때도
깊이 사랑하는 법을 가르쳐 주소서.
상대방이 귀찮게 하거나 화나게 하거나
이해하기 어려울 때도 사랑할 수 있게 하소서.

주님! 사랑하기 어려울 때도
상대방을 참되게 사랑할 수 있는 은혜를 주소서. 주님
사랑이 끝났다고 여겨질 때야말로
서로의 사랑이
그 어느 때보다 필요하다는 것을
기억하게 하소서 .

## 부부를 위한 기도

하나님,
우리 부부를 예수님의 보혈로 덮어 주시옵소서.
위로와 격려로
삶의 힘든 부분들을 함께 극복하게 하옵소서.
늘 진리에 목마르며
예수님을 닮고자 하는 겸손함으로 무릎을 꿇게 하옵소서.
매일 매일
기도의 깊이가 더해지게 하시고
말씀을 깨닫고 생활 중에 경건의 삶을 이루게 하옵소서.
자녀들을 말씀과 기도로 양육하며
축복의 언어로 말하게 하옵소서.
우리 집이 복된 장막이 되어 온전한 안식을 누리게 하시고,
깊은 영적 분별력을 주셔서
사탄에 결박되지 않게 하시고 시험에 들지 않게 하옵소서.
이웃에게 나누어주고 꾸어주고 베풀며
사랑의 마음으로 따뜻한 말을 나누는 가정이 되게 하옵소서.
주님,
우리의 지경을 넓혀 주시고
환난을 벗어나 걱정과 근심이 없게 하옵소서.
서로에게 말로 상처를 주지 않게 하시고,
상한 감정들과
상처들이 치유되어 기쁨의 감정을 회복하게 하옵소서.
주님,
우리의 미래를 주님 손 안에 의탁하오니
평생 성령님의 인도하심을 받게 하옵소서.

우리 가정이 빛의 가정이 되게 하시고
자손들에게 신앙과 축복의 유산을 물려주게 하옵소서.


## 부부를 위한 기도

주님,
저희 부부가 서로 늘 이런 사이가 될 수 있게 하옵소서.
서로에게 가장 평안함을 줄 수 있는 상담자로,
가장 친근한 벗으로 함께할 수 있는 사이가 되게 하옵소서.
서로에게
친절한 안내자로,
따뜻한 위로자로,
든든함을 줄 수 있는 협력자로,
가장 필요한 후원자로,
진실함을 줄 수 있는 내조자로,
가장 성실한 동역자로,
신실함을 줄 수 있는 지혜자로,
가장 성숙한 인격자로,
사랑의 치유자로  하나님께 영광을 돌리는
언제나 이런 부부가 되도록 도와주시옵소서.

# Lesson3
## 하나님의 안목으로 자녀를 봅니다

### 자녀에 대한 일반적 오해와 진실

#### 자녀는 부모의 소유다?

자녀는 부모의 소유가 아닙니다. 자녀는 하나님께서 잠시 세상에 있는 동안 잘 관리하라고 우리에게 맡겨주신 존재입니다. 재물에 대한 선한 청지기가 그렇듯이, 자녀들에게 선한 청지기가 되는 부모도 자녀의 주인이 되시는 주님께 착하고 충성된 종이라는 칭찬을 듣게 됩니다. 이 때 청지기로서 부모는 그 자녀들을 하나님께로 돌려드려야 합니다. 믿음의 조상 아브라함은 사랑하는 독자 이삭을 바치라는 하나님의 말씀에 순종했습니다. 실제로 아브라함이 이삭을 번제로 바치려고 했을 때 하나님께서 직접 제지하셨습니다. 하나님께서는 그 과정을 통해 아브라함이 이삭은 자신의 소유가 아닌 하나님의 소유라는 사실을 확인하기를 원하셨던 것입니다. 자기 자식이 하나님의 소유라는 사실을 깨닫는 사람만이 자기 이기심이 아닌, 하나님의 말씀과 하나님의 사랑으로 자녀를 바르게 키울 수 있습니다.

대통령이 자기 자녀를 몇 년 동안 당신에게 맡겼다고 해봅시다. 당신 마음대로 대통령의 자녀를 키우겠습니까? 그 아이가 의사가 되면 좋을 것이라는 이유 하나만으로 의사를 만들기 위해 그 아이를 힘들게 하겠습니까? 그렇지 않지요. 당신은 그 자녀와 관련해서 무엇을 결정해야 할 때마다 먼저 대통령의 뜻을 물을 것입니다. 아마도 나중에 원망을 듣지 않으려고 항상 스스로 주의할 것입니다. 우리의 자녀는 하나님이 우리에게 잠시 맡겨둔 존재입니다. 얼마 동안 맡기셨는지는 아무도 모르지만 그 기간 동안 우리는 무엇을 결정하든 하나님의 뜻을 먼저 물어야 합니다.

하나님께서는 자녀를 먼저 만들지 않으셨습니다. 하나님은 자녀보다 먼저 부모를 창조하셨습니다. 이것을 곰곰이 생각해 보면, 부모에 대한 자녀의 효도가 있기 전에, 자녀에 대한 부모의 사랑이 먼저 있었음을 알 수 있습니다. 부모는 자녀를 사랑해야 합니다. 그런데 자녀를 자신의 소유물로 생각하는 한, 부모는 결코 자녀에게 참된 사랑을 줄 수 없습니다. 자녀를 자신의 소유물로 여기는 부모의 마음속에는 오직 이기심만 가득합니다. 부모의 이기심은 언제나 자녀를 병들게 합니다. 이런 부모들은 자녀에게 집착하는 성향이 있습니다. 이들은 자녀가 스스로 선택하고 자유롭게 결정한 것들이 자녀에게 얼마나 소중한 것인지 알수도 없고 느껴지지도 않습니다. 오로지 그들은 자신이 자녀를 위해서 선택하고 기대하고 결정하는 것만 옳고 자녀에게 가장 적당한 것이며 최선이라고 확신합니다. 그런데 이들이 자녀에게 요구하는 삶은 바로 자신이 살고 싶었던 삶이고 자신이 이루지 못한 꿈입니다. 그들은 자신의 좌절된 욕망을 자녀를 통해서 이루고자 하는 아집을 사랑으로 포장해서 자신이 이루지 못한 꿈을 자녀에게 대신 이루어 달라고 매달리는 것입니다.

자녀를 소유물로 여기는 사람은 자녀를 대리만족의 도구로 삼습니다. 성경에 보면 "왕이 또 힌놈의 아들 골짜기의 도벳을 더럽게 하여 사람도 몰록에게 드리기 위하여 그 자녀를 불로 지나가게 하지 못하게(왕하 23: 10)" 하였습니다. 이스라엘이 가나안에 정착할 때, 하나님께서 철저히 금하셨던 이방종교의 관습 중 하나가 자녀를 이방신에게 제물로 바치는 것이었습니다. 이는 자녀를 부모의 신앙심을 표현하는 수단으로 전락시키는 것이었습니다. 독립적인 인격체를 물질화시킨 것입니다. 부모는 자녀를 통해 보다 풍요로운 인생에 이를 수 있고, 자녀 역시 부모를 통해 보다 풍요로운 인생에 이를 수 있습니다. 그러나 부모가 풍요로운 인생에 이르기 위해 자녀를 도구화하는 것은 자녀를 향한 하나님의 뜻을 무시하는 일이 됩니다. 그러므로 부모는 절대로 자녀를 대리만족의 도구로 삼아서는 안 됩니다.

자녀를 낳는다는 것은 자녀의 궁극적인 행복과 복지에 책임을 진다는 것입니다. 자녀를 책임 지는 방법은 자녀가 부모의 소유가 아니라 돌보도록 위임된 것이라는 것을 깨닫고, 자녀가 스스로 독립할 수 있도록 적절한 교육과 지도를 하는 것입니다. 많은 부모들이 자녀를 괴롭히는 집착을 사랑이라고 착각하고 있습니다. 그리고 이렇게 강렬하고 깊은 부모의 사랑을 알아주지 않는 자녀에게 원망과 분노를 느끼기도 합니다. 그러나 집착은 사랑이 아닙니다. 집착하는 부모는 비록 육체적으로는 자녀와 연결된 탯줄을 끊었을지언정 정신적으로는 아직 탯줄이 얽혀 있는 상태에 머물러 있습니다. 누군가 그 정신적인 탯줄을 끊어야 합니다. 더 힘이 있는 부모가 이 일을 수행해야 합니다.

## 부모는 자녀에게 무조건 사랑을 주기만 하면 된다?

자녀를 양육하는 데 있어서 가장 먼저 사랑이 전제가 되지만, 양육에 필요한 지식과 조절 역시 필요합니다. 즉 무조건적 사랑과 함께 훈계도 필요합니다. 현재 우리나라는 출생률이 1.15명으로 OECD 국가 중 가장 낮다고 합니다. 아이를 낳기 꺼려 하는 이유는 여러 가지가 있겠지만, 일단 자녀를 낳으면 잘 키워야 한다고 생각하기 때문입니다. 자녀를 잘 키우기 위해서는 자녀에게 가장 좋은 양육 환경에서 최고의 교육을 제공해야 한다고 생각합니다. 결국 양육문제와 높은 교육비용을 이유로 출산을 꺼리고 있는 것입니다. 그러다 보니 두 자녀 이상 있는 가정이 많지 않습니다. 이렇게 소중한 자녀를 잘 양육하기 위해 많은 부모들이 태아기 교육부터 관심을 갖습니다. 내 아이는 다른 아이와 다른 특별한 아이로 키우고 싶은 마음 때문이겠지요.

부모는 자녀를 무조건 사랑해야 합니다. 부모는 자녀의 실수나 잘못을 용서하고 받아줄 수 있어야 합니다. '내가 어떤 잘못을 해도 항상 용서해주고 받아주는 부모가 내 곁에 있다'고 느끼게 해주어야 합니다. 그렇다고 자녀의 잘못을 그냥 눈감아주고 모른 척하라는 말은 아닙니다. 어려서 자녀가 사소한 잘못을 저질렀을 때 눈감아주게 되면 자라나면서 나쁜 습관으로 고착됩니다. 아무리 사소한 잘못을 저질렀다 하더라도 부모는 잘못을 훈계해야 합니다. 그리고 자녀가 행동할 수 있는 범위를 정해줘야 합니다. 잘못한 것이 있으면 그것이 왜 잘못되었는지 분명히 가르쳐야 합니다. 자녀가 잘못을 깨닫지 못하고 고집을 부릴 때 회초리가 필요하면 회초리를 들어야겠지요. 그러나 이 매는 자녀를 진심으로 사랑하기 때문에 사용하는 것이라야 합니다. 결코 부모의 감정에 의해 매를 들어서는 안 됩니다. "아이의 마음에는 미련한 것이 얽혔으나 징계하는 채찍이 이를 멀리 쫓아 내리라"(잠 21: 15).

### 가정의 중심은 부모와 자녀의 관계이다?

전통사회에서는 아버지 중심의 부계의 혈연적 직계 가족이 이상형이었습니다. 이러한 사회에서는 부자관계가 가장 중요했습니다. 그런데 사회변화와 더불어 현대의 가족은 여전히 부모와 자녀관계가 그 중심에 있기는 하지만 부부관계의 중요성이 점차 증가되고 있습니다. 상담학 분야의 연구에 의하면, 가족문제의 대부분이 결혼 초기부터 시작된 해결되지 않은 부부간의 갈등으로 시작하여 결국 그 문제가 결혼생활에 파탄을 가져오게 한다고 합니다. 이혼은 부모와 자녀의 관계가 어떠했든지 간에 자녀들에게 치명적인 결과를 주는 사건이 됩니다. 그런데 아직도 많은 부모들은 결혼생활의 성패 요인이 부부관계에 있다고 생각하지 못하고, 부모가 부모 역할만 잘하면 가정이 평안하다고 착각하고 있습니다. 따라서 바람직한 부모는 바람직한 부부관계에서 나온다는 의식의 진환이 필요합니다. 주위를 살펴보면 부모로서 자녀에게 하지 말라고 하는 행동은 자녀가 거의 다 따라하는 것을 볼 수 있고, 부모의 행동 중에서 바람직하지 않다고 생각하는 것은 시키지 않아도 스펀지가 물을 빨아들이듯 자녀가 따라하고 있는 것을 발견하게 됩니다. 유아기나 아동기 때 아이들은 주로 외형적인 모습에 국한되지만 성인이 된 뒤의 자녀를 보면 외모뿐 아니라 성격, 자신의 가족에게 하는 행동, 심지어는 자신의 자식들에게 하는 행동까지 거의 부모와 흡사한 것을 볼 수 있습니다.

가족의 중심에는 부부가 있고, 아이들은 부모의 행동을 통해 인생의 여러 가지 행동을 자연스럽게 습득해 갑니다. 친구와 사이좋게 지내라고 말하면서 부부가 아이들 앞에서 싸운다면 아이들은 어떻게 느낄까요? 부모의 애정 어린 부부관계를 통해 아이들은 자연스럽게 세상을 살아가는 이치를 배웁니다. 부모-자녀관계는 좋아 보이는데 부부관계는 좋지 않은 집이 너무나 많은 것이 부부관계가 얼마나 중요한지 잘 말해 주고 있습니다. 경우에 따라서는 부모-자녀의 관계를 너무 중시해서 부부관계가 희생되는 가정도 볼 수 있습니다. 이러한 자식에 대한 무조건적인 헌신의 결과는 과연 어떠할까요? 그리고 오늘날 나타나는 노인 문제는 어떻게 이해해야 할까요?


## 자녀에 관한 성서적 이해

### 하나님의 형상을 지닌 존재

자녀의 원천은 하나님이십니다. 우리의 자녀는 하나님의 형상대로 지음 받은 존재입니다. 누가복음 3장 38절에 "그 이상은 셋이요 그 이상은 아담이요 그 이상은 하나님이시라."라고 기록되어 있습니다. 자녀는 하나님의 형상을 따라 지음 받은 생명이므로 하나님께로부터 나왔습니다. 그러므로 자녀의 주인은 하나님이십니다. 당연히 자녀의 삶은 하나님이 주관하시고 하나님께서 만들어 가십니다. 자녀가 하나님의 형상으로 창조되었다는 것은 어떤 의미일까요?

자녀는 인격적인 존재로, 인격적인 하나님과 교제하고 개인적인 관

계를 맺을 수 있는 존재로 창조되었습니다. 이는 인간에게 자유의지를 주셨기 때문에 가능한 일입니다. 하나님은 우리를 로봇이나 동물처럼 창조하시지 않으셨습니다. 그래서 우리는 하나님과 인격적인 사랑의 관계를 맺을 수 있습니다. 자유의지에는 물론 책임이 따릅니다. 물론 위험도 있습니다. 그러나 하나님은 우리를 신뢰하는 마음으로 우리에게 자유의지를 주셨습니다.

하나님께서 그러신 것처럼 부모 역시 하나님의 형상을 지닌 자녀의 인격과 자유의지를 존중해야 합니다. 일방적인 강요나 억압으로는 진정한 사랑의 관계를 맺을 수 없기 때문입니다. 하나님의 형상을 지니고 있는 자녀는 그 안에 하나님을 섬기고 예배하고자 하는 마음이 있기 때문에 그 마음이 꽃피울 수 있도록 도움을 주어야 합니다.

인간은 하나님의 형상대로 지음 받았지만 하나님께 불순종함으로 타락하게 되었습니다. 타락으로 인해 인간에게 나타난 하나님의 형상이

훼손되었고 인간에게 주어진 정신적, 육체적 능력이 크게 축소되었으며 영적으로는 죽은 상태가 되었습니다. 이런 이유로 인간은 창조주 하나님보다 높아질 수 없고 죄의 성향이 생겨나게 되었습니다. 인간은 스스로의 힘으로는 죄의 문제를 근원적으로 해결할 능력이 없기 때문에 구원자를 필요로 하는 존재가 되었고, 예수 그리스도께서 이러한 문제를 완전히 해결해 주시고 하나님의 형상을 회복시켜 주셨습니다.

**자녀는 하나님께서 주신 가장 귀한 선물**

자녀는 하나님이 주신 가장 귀한 선물입니다. 자녀의 생명은 생명의 근원이신 하나님께로부터 온 것입니다. 우리가 자녀를 갖고 싶다고 해서 가질 수 있는 것이 아닙니다. 자녀를 갖게 되는 태를 열고 닫는 일은 하나님의 주권 아래 있습니다.

> 여호와께서 이왕에 아브라함의 아내 사라의 일로 아비멜렉의 집의 모든 태를 닫으셨음이더라 (창세기 20장 18절)

> 여호와께서 레아가 사랑 받지 못함을 보시고 그의 태를 여셨으나 라헬은 자녀가 없었더라 (창세기 29장 31절)

자녀를 생산하는 일(procreation)은 하나님의 형상대로 지음 받은 인간이 실천할 수 있는 하나님의 창조 행위(creation)와 가장 흡사한 행위입니다. 성경에서 자녀는 축복과 창대함의 표시입니다. "자식은 여호와의 주신 기업이요 태의 열매는 그의 상급(시 127:3)"이라고 했습니다. 여기서 '기업'이라는 말은 재산 또는 소유물의 선물이라는 뜻인데 동사로는 일정한 사람에게 재산을 할당해 주었다는 의미가 내포되어 있습니다. 그래서 성경은 "손자는 노인의 면류관이요 아비는 자식의 영화"이며(잠 17:6), 자녀를 "하나님이 주의 종에게 은혜로 주신"인 존재라고 표현합니다(창 33:5).

### 자녀는 양육의 대상이다

부모는 자녀에게 바른 신앙의 모범과 하나님의 법을 함께 가르쳐야 합니다. 이스라엘의 부모들은 자녀들을 바르게 양육하기 위해 많은 노력을 기울입니다. 특별히 그들은 자녀를 신앙 안에서 바르게 훈육하기 위해 다각적인 노력을 기울이고 있습니다. 신명기의 쉐마는 이러한 이스라엘 부모의 각고의 노력을 가장 적절하게 표현한 구절입니다. "이스라엘아, 들으라. 우리 하나님 여호와는 오직 유일한 여호와시니 너희는 마음을 다하고 뜻을 다하고 힘을 다하여 네 하나님 여호와를 사랑하라. 오늘 내가 네게 명하는 이 말씀을 너는 마음에 새기고 네 자녀에게 부지런히 가르치며 집에 앉았을 때에든지 길에 갈 때에든지 누워 있을 때에든지 일어날 때에든지 이 말씀을 강론할 것이며, 너는 또 그것을 네 손목에 매어 기호를 삼으며 네 미간에 붙여 표를 삼고, 또 네 집 문설주와 바깥 문에 기록할지니라(신 6:4-9)." 그러나 이스라엘 사람들의 자녀교육에서 중요한 것은 다름 아닌 부모의 모범이었습니다. 신명기가 이 문제를 바르게 지적하고 있습니다. "내가 네게 명령하는 이 모든 말을 너는 듣고 지키라 네 하나님 여호와의 목전에 선과 의를 행하면 너와 네 후손에게 영구히 복이 있으리라(신 12:28)."

인간 삶의 목적은 자신을 지으신 하나님께 영광을 돌리는 데 있습니다. 인간은 자신의 근원이신 하나님 품에 안길 때 가장 행복할 수 있습니다. 인간은 자신의 삶을 향하신 하나님의 말씀과 명령에 순종하고 하나님의 구체적인 뜻을 이루어 드려야 합니다. 그런데 이렇게 하나님 앞에서 자기 자신을 바르게 세우는 데 가장 적절한 방법은 바로 신앙과 영성 안에서 자녀를 양육하는 것입니다. 자녀를 바르게 양육하기 위해 부모는 먼저 자신을 바르게 세우고 바른 영성과 신앙, 정신 아래서 자녀를 양육하기 위한 자기 세움의 노력을 다합니다.

이렇게 부모는 자녀를 양육하기 위해 자기를 먼저 돌아보고 바르게 세우는 일을 앞세워 자녀 양육의 길로 들어서게 됩니다. 중요한 것은 자녀에 대한 부모의 태도일 것입니다. 부모에게 양육은 자녀를 바른 길로 인도하는 교육(욥 4:3)이자 동시에 과오를 책망하는 훈계(왕상 12:11)입니다. 잠언 1장 8절에 "내 아들아 네 아비의 훈계를 들으며 네 어미의 법을 떠나지 말라"라고 기록되어 있습니다. 결국 부모에게 있어 자녀는 하나님의 말씀으로 양육해야 할 대상입니다. 만일 부모가 자신이 이루지 못한 꿈을 대신 성취해 줄 욕망의 대상으로 자식을 본다면, 그래서 자녀를 양육의 대상이 아닌 자기 욕구 충족의 대상으로만 본다면 그 자녀는 하나님의 말씀 가운데 성장하기가 어렵게 됩니다. 부모, 특별히 그리스도인 부모는 자녀에게 부모 자신의 가치관을 심어주기보다는 하나님의 가치관을 심어주는 사람이어야 합니다.

하나님의 말씀으로 자녀를 양육한다는 것은 자녀를 책망을 할 때도 신앙적으로 수고하여 책망해야 한다는 뜻입니다. "에브라임은 나의 사랑하는 아들 기뻐하는 자식이 아니냐? 내가 그를 책망하여 말할 때마다 깊이 생각하노라. 그러므로 그를 위하여 내 창자가 들끓으나 내가 반드시 그를 불쌍히 여기리라. 여호와의 말씀이니라(렘 31: 20)." 또한 하나님의 말씀으로 양육한다는 것은 부모의 위로가 있어야 한다는 것입니다. "어머니가 자식을 위로함 같이 내가 너희를 위로할 것인즉 너희가 예루살렘에서 위로를 받으리니(사 66:13)." 가정은 잘못과 허물을 지적하는 곳이 아니라, 잘못했을 때는 교양과 훈계로 가르친 다음 모든 것을 덮어주는 곳이어야 합니다. 가족은 어떤 경우에도 내 편이라는 확신을 갖게 해 주어야 합니다.

성경에 자녀를 양육의 대상으로 보지 않고 자녀 교육을 소홀히 하여 비참한 인생을 산 사람들이 나옵니다. 엘리와 사무엘은 하나님께 귀하게 쓰임 받는 제사장이었습니다. 그러나 그들은 자녀들을 올바로 교육하고 크게 책망하지 않아 하나님의 심판을 받게 됩니다. 엘리의 아들들은 제사를 악용하였고(삼상 2:12 이하), 사무엘의 아들은 사사의 직책을 남용하여 뇌물을 받고 제대로 판결하지 않는 죄를 짓습니다(삼상 8:1 이하). 당대에 귀히 쓰임 받던 제사장들조차도 자녀를 바른 길로 교육하지 않고 과오를 책망하지 않아 자녀교육에 실패하게 되어 하나님의 심판을 받게 된 것입니다.

### 행복하게 떠나보내야 할 존재

자녀는 부모의 몸에서 태어나지만 잉태되는 순간부터 부모와 독립된 존재입니다(시 139:16; 렘 1:5). 자녀는 그들이 부모를 필요로 할 때는 도와주어야 할 대상이지만 항상 독립된 존재라는 것을 잊어서는 안 됩니다. 때가 되면 행복하게 떠나보내십시오. 성경에 이르기를 "범사에 기한이 있고 천하 만사가 다 때가 있나니 날 때가 있고 죽을 때가 있으며 심을 때가 있고 심은 것을 뽑을 때가 있으며(전 3:1-2)"라고 했습니다. 한 남자와 한 여자가 결혼을 하고, 자녀가 생겨서 부모가 되고, 그들을 양육하고 키우면서 부모로서의 과업을 수행합니다. 그런데 이 과정 중 특히 자녀가 성장하는 과정에서 부모는 자녀를 어떻게 잘 떠나보낼 것인가를 생각해야 합니다.

자녀는 영유아기와 아동기에 부모의 도움을 절대적으로 필요로 합니다. 이 시기에 부모는 자녀들의 필요를 채워줘야 합니다. 그러나 청소년기에 접어들면서 아이들은 점점 말이 없어지고 이유 없이 짜증을 내거나 분노를 표출하기도 하고 모든 것을 혼자하게 해달라고 주장합니다. 말하자면 이 시기는 '사춘기'와 '사추기(중년기에 들어서면서 새삼스레 겪는 정체성의 위기)'가 서로 충돌하는 시기입니다. 이 시기에 모든 가족 구성원은 유연성과 변화를 받아들이는 열린 마음을 가져야 합니다. 부모는 의도적으로 자녀에게 점점 자립심과 책임감을 부여하여 자녀가 독립할 수 있도록 도와야 합니다. 이때부터 부모는 자녀가 스스로 독립하여 행복하게 떠날 수 있도록 꼭 잡고 있던 손을 놓아주어야 합니다. 특히 자녀의 결혼은 부모로부터 떠나 배우자와 하나가 되는 중요한 사건입니다. 떠난다는 것은 육체적으로나 정신적으로, 경제적으로나 감정적으로 독립하는 것을 의미합니다. 떠난다는 것은 부모의 양육을 받던 자녀의 위치에서 완전한 성인으로서 위치가 전환되는 것을 의미합니다. 자녀에 대한 진정한 사랑은 행복하게 떠날 수 있도록 돕는 것입니다.

왜 우리 부모들은 자녀를 쉽게 떠나 보내지 못하는 걸까요? 자녀를 행복하게 떠나보내지 못하고 자녀가 부모를 행복하게 떠날 수 없는 이유를 살펴봅시다. 사실 자녀의 개성을 존중하기보다 가족 간의 유대감만 강요하는 경우, 부모는 자녀를 행복하게 떠나 보낼 수 없습니다. 건강한 가정은 가족 구성원들 간의 유대감뿐 아니라 구성원 개인의 개별성도 존중하는 공간입니다. 자녀의 개인성을 존중하지 않고 가족의 유대감만 강조하는 것은 건강한 것이 아닙니다. 이런 가정에서는 부모가 자녀에게 지나치게 강요하고 간섭하고 집착하고 자녀를 조종합니다. 이런 가정은 서로에게 매우 밀착되어 보일 수 있습니다. 그러나 이러한 모습은 서로에게 지나치게 부담감을 줍니다. 그래서 이러한 가정에는 사랑과 미움이 공존하게 되어 자녀가 성장하면서 분노의 감정을 갖게 될 가능성이 매우 높습니다. 이러한 가정에서 성장하는 자녀는 성장해도 독립하기가 어렵습니다. 자기 스스로 무엇인가를 해볼 수 있는 기회가 없었기 때문입니다.

자녀가 행복하게 떠날 수 없는 또 다른 이유는 자녀가 부모역할이나 배우자 역할을 하고 있을 경우입니다. 건강한 가정은 부부가 중심인 가정입니다. 부부가 하나가 되어 자녀를 양육하고 자녀가 성장하면 잘 떠나갈 수 있게 도와주는 가정이 건강한 가정입니다. 부모의 건강상의 이유나 부모의 정서적 연약함, 그리고 부모의 경제적 능력 부족으로 가족 안에서 자녀가 부모의 역할을 떠맡아 대신하고 있는 경우, 행복하게 떠나기가 어렵습니다. 이러한 경우는 자녀가 부모를 돌보고 부모가 자녀에게 의지하게 되어 일평생 과중한 부담을 자녀가 안고 살게 됩니다.

부부 사이가 좋지 않아서 부모 중 한쪽이 배우자에게 충족하지 못한 위로나 소망을 자녀에게 찾는 경우도 있습니다. 또 부모 중에서 약해진 한쪽 편의 부모가 부부 사이에서 충족되지 못한 부분을 메우기 위해 자녀에게 몰입하는 경우도 있습니다. 또한 부부가 이혼한 후, 부모가 자녀에게 아이로서 감당할 수 없는 부분까지 자녀와 함께 모든 것을 상의하거나 자녀가 정서적으로 배우자의 역할까지 감당해야 하는 경우도 있습니다. 이 경우 자녀는 배우자가 되어버립니다. 이런 아이들은 다른 아이들보다 정신적으로 성숙하고 남을 배려하는 마음이 남다른 '착한 아이'이지만, 정신적으로나 정서적으로 부모를 떠나기가 매우 힘듭니다. 독립을 해야겠다는 생각조차 불효처럼 느껴져서 죄책감까지 떠안게 됩니다. 이런 경우에 처한 자녀들은 자신이 부모를 평생 부양하고 불행하게 살았던 부모를 행복하게 해드리는 것이 자신의 사명이라고 생각하기 쉽습니다. 이렇게 부모의 미숙함이나 불행은 자녀에게 한을 심어주고 자녀가 독립적인 삶을 살 수 없게 만듭니다. 이런 일을 방지하기 위해 부모로서 내가 먼저 회복되어야 합니다. 용서해야 할 사람이 있으면 용서하고 자신을 사랑해야 합니다. 그래야 자녀가 새로운 출발을 할 수 있도록 도울 수 있습니다.

자녀를 행복하게 떠나보내기 위해서는 부모와 자녀의 관계가 아닌 남편과 아내의 관계가 먼저 바뀌어야 합니다. 독립적인 인격체로서 부모보다 배우자에게 모든 관심을 집중시키고 부부의 관계가 최우선의 관계가 되어야 한다는 것입니다. 그리스도인의 결혼은 두 사람의 관계에 의미를 부여해주고 그들을 인도해주며 그들에게 방향을 제시해 주는 예수 그리스도 외에는 아무도 끼어들어서는 안 됩니다. 즉 부모들은 자녀들 곁에 있어야 하나(beside them), 자녀들 사이에 있어서는 안 됩니다(not between them). 부모는 자녀를 양육하여 출가시킴에 있어 자녀를 위하여 기도하되 이 둘 사이에서 조종해서는 안 됩니다.

떠나보낸다는 것은 탯줄을 끊는다는 말입니다. 우리가 태어날 때 태중으로부터 독립하면서 탯줄을 한 번 끊었을 때 독립적인 생명이 된 것처럼, 그동안 부모님의 울타리에서 여러 영향을 받고 자라왔지만 결혼을 하면서 그 영향으로부터 벗어나는 정신적인 탯줄을 끊어야 합니다. 그렇게 하여 자녀가 독립적인 인격체로서 행복하게 살아갈 수 있도록 도와주어야 합니다.


## 자녀를 영적으로 바라보기 위한 안목과 방법들

그렇다면 우리 그리스도인 부모는 과연 자녀를 어떻게 양육해야 할까요? 어떻게 하는 것이 바르게 자녀를 양육하는 길이요, 바른 부모가 되는 길일까요? 성경에 이 질문에 대답하는 두 가지 구절이 있습니다. 하나는 에베소서 6장 4절입니다. "아비들아, 너희 자녀를 노엽게 하지 말고 오직 주의 교훈과 훈계로 양육하라." 다른 하나는 골로새서 3장 21절입니다. "아비들아, 너희 자녀를 노엽게 하지 말지니 낙심할까 함이라." 이 두 구절을 중심으로 우리 그리스도인 부모가 가져야 할 자녀 양육의 영적 안목과 방법에 대해 생각해 보겠습니다.

### 자녀를 노엽게 하지 말아야 합니다

비운의 황태자비로 유명한 다이애너 비의 남편이었던 찰스 왕세자에게는 필립 공이라는 아버지가 있었습니다. 그리스의 군인 출신인 필립은 항상 아들의 일생을 자신의 무릎 위에 놓고 조정하려 했습니다. 찰스를 자신처럼 강인한 군인으로 키우려고 했던 것입니다. 실제로 필립은 학교생활에 적응하기 힘들어 하는 아들을 겁쟁이라고 놀려댔고 마흔 여덟 살로 장성한 아들의 의견에 항상 조롱과 빈정거림으로 응수했습니다. 또 아들과 직접 대화하기보다 하인을 통해 전갈을 보내는 권위적인 태도로 일관했고 아들의 생일조차 기억해 주지 않았습니다. 이런 아버지의 태도가 아들 찰스 왕세자의 마음을 황폐하게 만들었던 것입니다.

찰스의 어머니 역시 차갑긴 마찬가지였습니다. 그의 어머니인 엘리자베스 2세는 자식을 돌볼 시간이 없는 여왕이었고 아이들에게 키스를 하거나 껴안아 주는 일조차도 꺼렸습니다. 어린 시절 찰스는 하루에 30분 정도밖에 어머니를 볼 수 없었고 대부분의 시간을 유모와 함께 지내야 했습니다. 이런 성장과정 때문에 찰스는 항상 애정에 굶주려 있었고 자신의 마음속 깊은 곳에 분노를 간직하고 살아야 했습니다. 찰스는 1986년 9월 그의 일기장에 이렇게 적고 있습니다. "나는 요즘 새장에 갇혀 있다. 자유를 갈망하면서 그 곳을 천천히 오갈 뿐이다." 그런데 뜻밖에도 찰스는 항상 자신의 아버지를 영웅으로 숭배했습니다. 그리고 아버지의 높은 기대대로 살기 위해 늘 바둥거렸습니다. 한 주간지는 이런 찰스의 가정환경을 소개하면서 '어린 시절의 애정 결핍, 아버지의 과도한 기대, 신분에 대한 부담…. 그래서 마침내 비행 청소년의 가정환경을 보는 듯하다.'라고 적고 있습니다.

인류 역사가 시작된 이래 많은 심리학자와 아동학자들이 자녀 양육에 관한 글을 써왔는데 그것을 요약했더니 단 한 문장으로 정리되었습니다. "네 자녀를 노엽게 하지 말라." 결국 찰스의 비극도 어려서부터 쌓아온 마음의 분노에서 기인한 것입니다. 많은 무신론자들이 부모로부터 당했던 모욕과 수치 때문에 하나님을 거부하게 되었다는 사실을 부인할 수 없습니다.

'노엽게 하다'의 원어적 의미를 살펴보면 '마음을 꺾는다', '마음을 상실한다', '이유 없이 감정을 상하게 하거나 화나게 한다'라는 의미가 있습니다. 부모된 우리는 알게 모르게 자녀를 노엽게 할 때가 있습니다. 자녀를 노엽게 하지 않으려면 어떻게 해야 할까요? 자녀를 노엽게 하지 않으려면 부모가 먼저 자녀의 특성과 필요를 충분히 알고 있어야 합니다. '우리 아이가 달라졌어요'라는 텔레비전 프로그램을 보신 적이 있으십니까? 이 프로그램에 나오는 아이들은 대부분 부모가 더 이상 훈육을 할 수 없는 상태에 있고, 이대로 두었다가는 아이를 망칠 것 같은 생각에 전문가의 도움을 요청한 사례들입니다. 결론을 보면 대부분 부모가 아이들의 다양한 특성을 이해하지 못하고 부모의 생각과 가치관에 기초한 어른 중심의 생각과 훈육에서 문제가 발생한 것을 볼 수 있습니다. 자녀에 대한 부모의 생각이 바뀌고 아이에게 적합한 훈육을 했을 때 전혀 바뀔 것 같지 않던 아이가 변하는 모습을 볼 수 있습니다. 여기서 부모는 진지하게 고민하고 생각해야 합니다. 바로 자녀의 발달 수준에 관한 과제입니다. 자녀는 발달수준에 따라 필요로 하는 것이 다릅니다. 그러나 어느 시기에든 자녀는 자신은 소중한 사람이며 따라서 자신을 수용해주고 사랑해 줄 사람을 필요로 합니다. 이러한 자녀의 필요를 채워줄 때 노여워하지 않게 됩니다.

## 자녀는 부모로부터 충분한 사랑을 받아야 합니다

어려서부터 충분한 사랑을 받은 자녀는 자신을 사랑할 줄 알고, 그 사랑을 기반으로 다른 사람을 사랑하고, 하나님을 사랑할 줄 알게 됩니다. 이와는 반대로 부모에게 충분한 사랑을 받지 못한 자녀는 자기 자신을 사랑하는 방법을 모르고, 따라서 다른 사람을 사랑할 줄도 모릅니다. 사랑이 부족하거나 사랑 받지 못한 자녀는 하나님의 사랑에 대해서도 확신을 갖기 어렵습니다. 부모는 자녀가 사랑 받으려고 노력하게 하거나 눈치를 보게 하면 안 됩니다. 어떠한 경우에서든지 자녀는 부모가 나를 사랑하고 신뢰하고 수용한다는 느낌을 받아야 합니다.

부모들은 자녀를 많이 사랑합니다. 그러나 우리가 생각해 보아야 할 것은 사랑이라는 명목 하에 자녀에게 많은 상처를 주고 있을지도 모른다는 사실입니다. 부모의 마음속에 담겨진 사랑을 때로는 집착과 소유로, 때로는 지배와 강요와 조정으로, 또는 통제하는 것으로 나타낼 때가 있습니다. 이러한 사랑의 표현이 부모와 자녀의 관계를 파괴하거나 갈등을 초래하게 됩니다. 부모가 그 자녀를 지극히 사랑하고 있다면 자녀를 성장시키고 발전시키기 위해 배려하는 사랑을 해야 합니다. 부모가 자녀를 노엽게 하는 모습은 어떤 것이 있을까요?

첫째, 과잉보호하는 사랑입니다. 우리 사회는 너무 양극화되어 있습니다. 부모가 아이들을 방치해 죽어가는 아이, 학대로 생존의 위협을 느끼는 아이들이 있는가 하면, 스스로 할 수 있는 일을 부모가 미리 대신해 주는 과보호되는 아이들도 있습니다. 과보호된 아이들은 자신의 삶을 스스로 개척할 힘을 키우지 못했기 때문에 언제나 부모에게 도움을 요청합니다. 부모의 과잉보호는 자녀를 무기력하고 나약한 존재로 만듭니다. 과잉보호를 받은 자녀는 자신이 아무것도 할 수 없고 무능하기 때문에 부모가 자기를 믿지 않는다고 느낍니다. 아이는 시행착오를 거치고 실패하면서 능력을 키우게 됩니다. 더 많이 실패하고 크고 작은 일에서 실패해 본 사람만이 넘어졌을 때 일어나 전진하는 능력을 키울 수 있습니다. 실패를 경험해보지 못하고 다른 사람의 도움으로 성공만 했던 사람이 갑자기 실패하면, 그에 대한 대처 능력이나 위기관리능력이 떨어져 극단적인 방법을 선택할 가능성이 높습니다. 그런데 과잉보호란 이런 실수나 실패할 기회를 주지 않는 방법입니다. 어려서는 부모가 대신해줄 수 있는 것이 많이 있지만 성장하면서 그런 기회는 점점 줄어듭니다. 부모가 평생 따라다니면서 자녀에게 닥치는 어려움을 막아줄 수는 없습니다.

자녀를 진정으로 사랑한다면 자녀가 할 수 있는 일은 스스로 하도록 해야 합니다. 밥을 먹여주기 보다는 스스로 먹도록 하고, 옷을 입혀주기 보다는 스스로 갈아입도록 기다려주는 등 일상생활에서부터 자신이 할 수 있는 일은 스스로 하도록 해야 합니다. 자녀가 친구 관계를 해결하는 것 등 어려운 과제를 스스로 해결해 나갈 수 있도록 작은 일부터 의존하지 않고 스스로 해결할 수 있게 하고, 도움을 요청할 때 도와주어 힘을 보태주어야 합니다.

둘째, 무절제한 사랑입니다. 자녀가 원하는 모든 것을 다 해 주면 자녀가 잘못된 길로 갈 가능성이 높습니다. 자녀에게 아직 필요하지도 않은 물건을 미리 알아서 마련해 주는 부모들이 많습니다. 장난감이나 자전거, 핸드폰, 컴퓨터 등 아직 필요하지 않은 물건들이 집안에 넘쳐납니다. 이렇게 될 때 자녀들은 사물에 대한 소중함을 모르게 되어 물건을 함부로 사용하거나 감사할 줄 모르게 됩니다.

　사랑에는 절제가 필요합니다. 자녀가 원하는 물건을 요청하면, 우선 그 물건이 단지 갖고 싶은 것인지 필요한 것인지 생각해 보게 해야 합니다. 그리고 나서 필요한 것일 때에는 물건을 함께 사러 가고, 가지고 싶은 물건일 때에는 사줘야 하는 당위성을 설명하게 한 다음 타당하다고 생각되면 함께 구입하는 것이 좋습니다. 무엇이든지 한 번 생각해 보고 결정해도 늦지 않습니다.

　연구 사례 하나를 소개하겠습니다. 어떤 일을 성공한 유아기 아동에

게 보상으로 사탕을 지금 한 개 받을 것인지, 아니면 몇 시간 후에 세 개를 받을 것인지를 선택하게 했습니다. 이 연구는 유아가 미래의 불확실한 보상을 받기 위해 지금 받을 수 있는 욕구와 필요를 취하지 않고 만족을 지연시키는 능력을 보는 연구입니다. '만족지연능력'이란 수많은 유해한 자극과 유혹 그리고 불안하고 위험한 사회 환경 속에서 자라나는 아이들이 스스로의 충동을 조절하고 보다 미래지향적이고 성취지향적인 가치관을 내면화시킬 수 있는 발달과업을 말합니다. 실제로 만족지연에 관한 연구에서는 만족지연능력이 뛰어난 아동들이 10년 후에 보다 경쟁력 있는 아이들이 되었다고 합니다. 또한 네 살 경에 만족조절을 성공적으로 하는 유아들은 그렇지 않은 유아들에 비해 보다 학업적인 성취를 이루고 사회적인 유능성을 보이고 언어적으로 유창하고 합리적이고 주의력이 있고, 좌절과 스트레스에 잘 대처하는 것으로 나타났습니다. 유아기의 만족지연능력에 관한 일련의 실험결과들은 즉각적인 만족을 이겨내고 보다 선호하는 미래의 보상을 위해 기다릴 수 있는 유아기의 만족지연능력이 이후 학동기 및 청소년기의 자아탄력성, 학업적 성취, 그리고 좌절과 스트레스를 극복하는 자아통제능력과 깊은 관련성이 있다는 것을 보여줍니다. 반면에 만족지연능력이 결핍되었을 경우, 집중력 저하, 과잉행동, 학습동기 부족, 반항행동, 적대적 공격 행동, 대인관계 갈등, 분노, 적대적 감정과 같은 '반항성 장애(Oppositional Deficient Disorder)' 증상들을 포함한 통제부족현상이 나타났습니다. 이런 연구 결과는 부모가 자녀에게 만족지연능력을 개발시켜 주는 것이 얼마나 중요한 것인지 가르치고 있습니다. 우리 현실 속에서 자녀가 물건을 사달라고 할 때 즉각적으로 욕구를 충족시켜 주기 보다는 함께 생각해보고 시간을 두었다가 사 주는 것이 좋습니다. 이것이 부모가 자녀에게 보여주는 절제된 사랑의 표현인 것입니다.

셋째, 권위주의적인 사랑과 권위 없는 사랑입니다. 권위와 권위주의는 다릅니다. 삶을 살아가는 데 기본이 되는 원칙과 규칙은 필요합니다. 가정 내에서 부모는 자녀와 함께 신앙공동체와 생활공동체를 유지해 나가기 위해 원칙과 규칙을 정한 후 이를 지키도록 해야 합니다. 이것은 자녀가 인생의 밑그림을 잘 그릴 수 있도록 일상의 작은 것부터 스스로 통제할 수 있도록 도와주기 위해 필요한 것입니다.

문제는 부모의 태도입니다. 자녀가 숨을 쉴 수 없을 정도로 모든 일에 지나치게 간섭하고 통제하고 잔소리 등으로 힘이 없는 자녀를 어쩔 수 없이 복종케 하는 것은 권위주의적인 태도입니다. 심지어는 자녀를 사랑하거나 격려하지 않고 지나친 체벌 위주(신체적, 정서적 그리고 언어적 폭력을 포함함)로 무서운 태도를 보이는 부모들은 자녀를 노엽게 합니다. 이런 부모 밑에서 자란 자녀는 위축되고 두려움이 많고 자신감이 없으며 마음에 열등감과 분노를 품습니다. 이렇게 권위주의적인 부모 밑에서 자란 아이들은 반항적이거나 거부적인 태도를 보이고, 부모보다 힘이 강해지는 청소년기에 가서 부모를 거역하거나, 반사회적 행동을 하거나, 부모 말에 할 수 없이 순종하는 척하지만 마음으로는 거부하거나 심한 상처를 안고 있는 경우가 많습니다.

반면 권위 없는 부모도 자녀를 망치게 됩니다. 자녀에 대한 부모의 권위는 하나님의 권위를 위임 받은 것입니다. 자녀가 하고 싶은 대로 내버려두는 부모, 자녀에게 절절매는 부모, 자녀에게 '안 돼'라고 말하지 못하는 부모, 자녀가 크고 작은 실수들을 할 때에 그것이 정도를 넘어서더라도 나무라지 않고 내버려 두는 부모들이 있습니다. 이런 부모 밑에서 자란 아이들은 스스로 자신을 통제할 줄 모르게 됩니다. 무엇인가 원하는 것이 있으면 그에 상응하는 노력이 필요한데, 이 아이들은 조금만 힘들어도 쉽게 포기해 버리고 또 다른 무언가를 찾게 됩니다. 자신들의 노력이 부족하다는 생각은 하지 않고 적성에 맞지 않는다고 포기하는 아이가 됩니다. 부모는 아이에게 부모로서의 권위와 존경을 받아야 하는데 그렇지 못했을 경우 나중에 감당하기 어려운 일이 발생할 가능성이 매우 높습니다. 성경적 부모는 하나님의 거룩과 공의의 진리를 대신하여 자녀를 인도해야 합니다.

넷째, 완벽주의적인 사랑입니다. 자녀가 많았던 전통적 사회와는 달리 현대의 핵가족 사회에서는 적은 수의 자녀를 가지고 있습니다. 이런 적은 수의 자녀를 양육하는 부모들의 경우, 부모 역할을 수행하는 데 있어 실수의 여지가 없기 때문에 부모들 스스로 자녀에 대한 기대가 높을 뿐 아니라 자기 스스로도 고민과 죄책감을 갖게 됩니다. 이런 부모는 부모로서 자녀를 키우는 데 자신의 실수를 허용하지 않으려고 할 뿐 아니라 자녀에게도 끊임없이 완벽을 요구합니다.

완벽주의 부모는 자녀가 아무리 잘해도 칭찬하거나 만족스러워 하지 않습니다. 자녀의 실수나 실패, 허물을 용납하지 않고 이미 달성한 성과나 결과에 대해서도 격려하거나 인정하지 않습니다. 혹 표현을 하더라도 '좀더 잘하라'는 메시지를 전달합니다. '더 잘해야 한다', '최선을 다해야 해', '조금만 더 열심히 하면 좋겠다' 등 더 잘해서 최고의 성과를 얻으라고 계속해서 요구하고 기대합니다.

이런 부모 밑에서 자란 자녀는 부모로부터 인정받고 칭찬받고 싶어하고, 부모의 만족과 인정, 칭찬과 격려에 항상 굶주려 있습니다. 이런 자녀는 처음에는 자신도 최선을 다해 부모의 기대를 충족시키려고 노력합니다. 그러나 노력을 해도 부모의 기대에 미치지 못한다고 생각하며 점점 힘겨워하게 됩니다. 마음속으로 자신은 가치 없는 사람이며 해도 안 된다는 생각을 하게 됩니다. 결국에는 자포자기하게 되고 심지어는 분노하게 됩니다. 완벽주의는 율법주의와 같습니다. 모든 일에 항상 완벽해야 하기 때문에 작은 실수를 해서도 안 되고 잠시도 쉬거나 안식을 얻을 수도 없게 됩니다. 완벽주의는 부모 자신뿐 아니라 자녀도 힘들게 만듭니다. 완벽주의 부모는 자기 자신과 자녀에게 끊임없이 기대하고 요구하기 보다는 조금 더 너그럽게 대하고 자녀가 작은 성취를 이루었을 때 칭찬과 격려를 표현해야 합니다.

장점만 가지고 있는 아이는 이 세상에 없습니다. 오히려 아이는 성장 과정에 있기 때문에 미숙하고 부족한 면이 더 많습니다. 조급하게 잘하기를 바라기보다 잘못하여 주눅 든 마음에 생기를 불어넣을 일은 없는지, 어떻게 긍정적인 마인드를 심어줄 것인지 생각하는 것이 더 중요합니다. 그리고 눈앞에 보이는 단점보다 숨어 있는 자녀의 장점을 찾아 칭찬해 주어야 합니다. 아이들은 자랄수록 칭찬할 일보다는 야단치고 혼낼 일이 많아집니다. 그러나 자녀의 일상을 들여다보면 아주 사소한 것이라도 칭찬할 만한 것을 찾을 수 있습니다. 자녀를 칭찬하겠다는 마음으로 바라보면 의외로 칭찬거리가 많이 있습니다. 주의할 점은 이유가 분명한 구체적인 칭찬을 해 주십시오. 부모의 느낌을 강조하여(예를 들어 '잘했다', '착하다' 등) 표현하기 보다는 행동을 구체적으로 짚어서, 아이들의 행동에서 칭찬의 이유를 찾아 정확하게 설명해 주면 아이가 자신감을 회복하게 됩니다.

마지막으로 조건적 사랑입니다. 자녀와의 대화에서 부모들은 종종 어떤 조건이나 대가를 요구하는 경우가 있습니다. 부모들은 자신도 모르게 자녀의 자격과 조건, 그리고 행위에 따라 사랑을 베풀 것이라는 메시지를 자녀에게 던집니다. 자녀가 사랑스러운 일을 해야만 사랑하겠다는 행위 위주의 사랑을 말합니다. 이를테면 '동생이랑 잘 놀아야지 착한 딸(아들)이지.', '공부를 잘해야 엄마 딸(아들)이지.', '엄마 말 안 들으면 가만두지 않는다.'와 같은 말은 자녀로 하여금 사랑받기 위해 부모가 요구하는 자격을 갖추어야 하고, 이를 위해 노력해야 한다는 것을 배우게 합니다.

그러나 하나님은 어떤 자격이나 행위나 성취와 관계없이 있는 모습 그대로 우리를 사랑하십니다. 우리 부모들도 자녀를 조건 없이 사랑하고 조건 없는 사랑을 전달해야 합니다. 이러한 사랑은 자녀가 부모와의 신뢰감을 형성하게 되고 더 나아가 이 세상은 살 만한 곳이라는 긍정적인 생각을 갖게 하는 기반이 됩니다. 또한 조건 없는 사랑을 받은 자녀는 어떠한 일이 있어도 부모가 나를 사랑한다는 확신 가운데 두려움 없이 밝게 성장하게 됩니다.

주의 교양과 훈계로 양육해야 합니다.

성경에서 말하고 있는 자녀 양육은 두 가지로 요약할 수 있습니다. 하나는 바른 데로 인도하는 교육(욥 4:3)이고, 다른 하나는 과오를 책망하는 교육(왕상 12:11)입니다. 아이들 속에는 이기적이고 반항적인 본성이 있습니다. 이러한 부정적인 본성을 순화시키기 위해서 부모는 주의 교양과 훈계로 양육하여야 합니다. 부모는 하나님의 권위를 대신하여 양육해야 하며, 자녀는 어려서부터 부모의 권위를 경험해야 합니다.

'교양과 훈계'의 원어적 의미는 '마음에 새기다, 마음에 넣다'입니다. 자녀의 마음에 넣어주어야 할 것에 대해 신명기 6장 4-9절은 다음과 같이 말하고 있습니다. "이스라엘아, 들어라! 우리 여호와는 오직 하나인 여호와시니 너는 마음을 다하고 성품을 다하고 힘을 다하여 네 하나님 여호와를 사랑하라 오늘날 내가 네게 명하는 이 말씀을 너는 마음 깊이 새기고 네 자녀에게 부지런히 가르치며 집에 앉았을 때에든지 길에 행할 때에든지 누웠을 때에든지 일어날 때에든지 이 말씀을 강론할 것이며 너는 또 그것을 네 손목에 매어 기호를 삼으며 네 미간에 붙여 표를 삼고 또 네 집 문설주와 바깥문에 기록할 지니라." 부모가 자녀의 마음에 가장 먼저 새겨줘야 하는 것은 하나님을 진심으로 사랑해야 한다는 것, 하나님의 진리, 그리고 기독교인으로서 살아가는 삶의 방식입니다.

자녀가 바른 선택을 하고 바른 길을 가게 하려면 어떻게 해야 할까요? 부모가 자녀를 바른 길로 인도하기 위해서는 무조건적으로 위로하고(하나님의 위로: 사 66:13) 신중하게 책망(하나님의 책망: 렘 31:20)해야 합니다. 성경적 훈계는 하나님의 말씀에 근거하여 자녀의 드러난 행위나 성취 그리고 결과 등을 보고 반응하는 것이 아니라 자녀의 마음속에 숨어 있는 죄성과 불순종 그리고 마음의 동기를 보고 반응하는 것입니다. 부모는 자신의 일시적인 감정 때문에 야단치는 것이 아니라 자녀의 마음의 동기를 보고 신중하게 책망해야 합니다. 또 하나의 방법은 무조건적 위로와 사랑입니다. 사랑과 훈계는 균형을 이루어야 합니다. 사랑이 없는 훈계는 자녀에게 상처와 분노를 가져다주고, 훈계 없는 사랑은 자녀를 그릇된 길로 가도록 하여 자녀를 망치게 됩니다. 하지만 자녀를 양육하는 데 있어서 때로는 무조건적인 사랑도 필요합니다.

성경적 훈계는 죄는 미워하되 죄인은 사랑하는 자세를 유지하는 것입니다. 즉 잘못은 다루되 잘못을 저지른 자녀는 용납하고 사랑하고 존중해야 한다는 것입니다. 진정한 훈계는 잘못된 행동을 저지른 자녀를 거부하는 것이 아닙니다. 잘못된 행동을 고쳐주는 것에 목적을 두어야 합니다. 만약 내가 나쁜 일을 저질러도 내 존재가 거부되지 않고 여전히 사랑받고 존중받는다는 확신이 있어야 훈계가 감동적으로 이루어집니다. 인격은 다루지 말고 잘못을 다루어야 합니다. 훈계를 하기 전에 자녀의 말에 먼저 귀를 기울이고 자녀에게 진정한 관심과 신뢰, 사랑을 표현해야 합니다. 이렇게 자녀를 대할 때 자녀와의 대화의 문이 열립니다. "사랑 안에 두려움이 없고 온전한 사랑이 두려움을 내쫓나니 두려움에는 형벌이 있음이라 두려워하는 자는 사랑 안에서 온전히 이루지 못하였느니라(요일 4:18)."

훈계를 두려워하지 마십시오. "지혜로운 아들은 아비의 훈계를 들으나 거만한 자는 꾸지람을 즐겨 듣지 아니하느니라. 사람은 입의 열매로 인하여 복록을 누리거니와 마음이 궤사한 자는 강포를 당하느니라. 입을 지키는 자는 그 생명을 보전하나 입술을 크게 벌리는 자에게는 멸망이 오느니라. 게으른 자는 마음으로 원하여도 얻지 못하나 부지런한 자의 마음은 풍족함을 얻느니라(잠 13:1-4)."

자녀를 주의 교양과 훈계로 가르치기 위해서 부모는 자녀를 성실한 마음으로 대해야 합니다. 성실한 마음으로 자녀를 대하기 위해서는 부모 자신이 먼저 성실하고 진실한 마음을 가져야 합니다. 자녀를 성실한 마음으로 대할 때 자녀와의 대화가 긍정적이고 진지하게 됩니다. 훈계는 주로 말로 행해집니다. 훈계가 효과적으로 이루어지려면 부모의 말에 무게와 신실성이 있어야 합니다. 자녀가 부모의 말을 가볍게 여기는 상태에서는 훈계를 해도 전혀 소용이 없습니다. 효과적인 훈계를 하기 위해서는 평소에 자녀와의 약속을 반드시 지켜야 합니다. 아무리 사소한 약속이라 하더라도 지켜야 합니다. 지키지 못할 약속은 하지 않는 것이 좋습니다. 평소에 자녀와의 약속을 신실하게 지키는 것이 부모의 권위를 세우고 훈계할 때 높은 효과를 보장해 줍니다.

또 자녀에게 감정이입을 하는 것도 필요합니다. 이를 위해서는 자녀가 하는 말에 주의 깊게 귀 기울이고 자녀의 입장에서 이해하도록 노력해야 합니다. 그래야 자녀의 세계에 들어가서 자녀와 같은 느낌을 가질 수 있게 되고 여기서 공감대가 형성되며 깊이 있는 대화를 할 수 있게 됩니다. 이를 통해 자녀는 하나님과 대화하는 법을 배우게 되고 더 나아가 자녀로 하여금 하나님과 교제하고 기도하는 법을 배우게 합니다.

과거 프랑스에는 모두 69명의 군주가 있었습니다. 그 많은 군주 중에서 백성들에게 진정한 사랑과 존경을 받았던 군주는 세 명에 불과했습니다. 생 루이, 루이 7세, 그리고 앙리 4세가 그들입니다. 프랑스의 어느 작가는 그들에겐 백성들의 아픔을 이해하고 상처를 감싸줄 줄 아는 매력이 있었다고 기록하고 있습니다. 그러면서 다른 군주들과 달리 그들만이 사람을 사랑할 줄 알고 감쌀 줄 아는 특별한 인간미를 가질 수 있었던 데에는 한 가지 이유가 있었다고 했습니다. 그것은 바로 어머니와의 대화였습니다. 다른 군주들은 어머니와 떨어져 유모의 손에서 키워졌는데 이 세 군주들은 어머니의 품에서 자라면서 충분히 사랑 받고 충분한 대화를 나누었다고 합니다. 그 작가는 바로 이 점이 그들에게 인간미를 선사했다고 평했습니다.

부모와 자녀와의 대화는 그 정도로 중요합니다. 대화는 서로를 믿고 신뢰한다는 뜻이고, 내 마음을 열어 상대방을 받아들일 수 있다는 표현이기 때문입니다. 또 대화는 응어리진 관계를 풀어주고 건전한 가치관을 가꿔주는 관계 개선의 의미를 갖습니다. 겉도는 대화가 아니라 마음과 마음이 연결되고 영혼과 영혼이 연결되는 진정한 대화가 필요합니다. 대화가 없는 가정은 서로의 사랑을 확인하고 아픔을 나눌 수 없기 때문에 마치 언제 터질지 모르는 시한폭탄을 안고 사는 것과 같습니다.


## 자녀를 하나님께 의뢰하는 부모

부모가 자녀를 노엽게 하지 않고 주의 교양과 훈계로 가르치려고 노력한다 할지라도 자녀가 부모가 생각하는 방향으로 자란다는 보장은

없습니다. 부모는 자녀가 하나님의 말씀으로 잘 양육 받아 정신적, 육체적, 영적 그리고 사회적으로 균형 있게 성숙하기를 바랄 것입니다. 마치 예수님께서 그 지혜와 그 키가 자라가며 하나님과 사람에게 사랑스러워 가신 것(눅 2: 52)처럼 말입니다.

　부모는 자녀를 하나님께 의뢰해야 합니다. "여호와를 경외하는 자에게는 견고한 의뢰가 있나니 그 자녀들에게 피난처가 있으리라(잠 14: 26)." 여호와를 경외하고 하나님께 모든 것을 의뢰하면 자녀들이 어려움에 처할 때 피할 곳이 있을 것이라고 했습니다. "여호와께서 집을 세우지 아니하시면 세우는 자의 수고가 헛되며 여호와께서 성을 지키지 아니하시면 파수꾼의 경성함이 허사로다(시 127: 1)." 우리가 가정에서 안전하고 행복하게 사는 것은 하나님이 베푸시는 보호와 복이 어떠한가에 달려있음을 가르쳐주고 있습니다. 이는 자녀에 대해서도 마찬가지입니다. 부모는 자녀의 장래를 하나님께 맡기고 하나님께서 그들을 역사하도록 기도하고 축복해야 합니다.


## 부모의 신앙적 모범


자녀양육에 관하여 아무리 많은 지식을 가진 부모라 하더라도 부모 자신이 실제의 삶에서 하나님의 말씀에 순종하는 삶을 보여주지 못하면 자녀에게 하는 가르침에 권위가 없어집니다. 부모 자신의 삶의 모범이 자녀를 이끌어주는 가장 힘 있는 교훈입니다. 부모의 모든 행동은 자녀들의 행동의 모범이 됩니다. 그러나 많은 부모들이 이것을 인식하지 못한 채 자녀에게 정직과 도덕성, 그리고 여러 가지 품성의 본을 가르치고 있습니다. 부모의 생활 모범은 자녀의 삶에 매우 중요한 영향을 미칩니다. 성경을 보면 북이스라엘에서 아버지가 악한 왕이었을 경우 아들도 악한 정치를 펼치는 확률이 100%였습니다. 남유다에서도 아버지의 성품을 따라 아들이 착해지기도 하고 악해지기도 할 확률이 64.3%로 나타났습니다. 이스라엘과 유다 왕들은 분명 좋은 교사를 통해 좋은 교육을 했을 것입니다. 그런데 정작 그 자녀들은 교사가 말로 교육한 것보다 아버지가 취한 악한 일, 즉 백성을 착취하고 우상을 섬기는 행동을 그대로 보고 배웠던 것입니다.

기독교인에게 가장 중요한 자녀교육은 부모의 말이 아니라 신앙적인 삶의 모범입니다. 자녀에게 신앙적으로 살아갈 것을 강요하거나 가르치기 전에 부모 자신이 먼저 바른 신앙인이 되는 것이 가장 중요합니다. 부모가 사랑, 부드러움, 인내, 하나님 안에서 성실하게 행동하는 모습을 보일 때 자녀들은 그것을 통해 자연히 신앙적으로 발달하게 됩니다. 말의 전달이나 교훈도 중요하지만 그 말들이 참다운 사랑과 부드러움과 함께 동반될 때 비로소 그것이 산교육이 될 수 있는 것입니다.

예를 들어 엄마와 아빠는 늦게까지 텔레비전을 보면서 자녀들에게는 텔레비전 보지 말고 공부 좀 하라고 해 보십시오. 아이들은 즉각적인 반응을 보입니다. "엄마 아빠는 매일 텔레비전만 보면서 왜 우리한테만 공부하라고 그래?" 자신은 성경을 읽지도 않고 기도하는 모습을 보여주지 않으면서 '성경 읽어라', '기도 좀 하라'고 한다면 무슨 소용이 있겠습니까? 이렇게 모범이 되지 않는 말뿐인 교육은 전혀 효과를 나타내지 못하고 오히려 부모에 대한 거리감만 조성하게 됩니다.

부모가 자녀에게 모범이 되기 위해서는 어떻게 해야 하는지 살펴봅시다. 많은 부모들이 '본이 된다', '모범이 된다'는 말을 완전한 부모가 된다는 의미로 받아들여 부담스러워 합니다. 그러나 이는 부모로서 완전해진다는 의미가 아닙니다. 완전을 추구하다 보면 비현실적인 자기의 모습을 만들어내는 위선을 범하기 쉽습니다. 이러한 모습은 자녀들에게 존경보다는 배척을 받게 되는 요인이 될 수 있으며 자녀들에게 이중적인 인격 모델을 제시하게 됩니다. 부모는 완전이 아닌 성숙한 모습을 보일 필요가 있습니다.

모범이 된다는 것은 부모가 친밀하고 솔직한 모습을 보여 준다는 것입니다. 그럼으로써 자녀들은 부모에게 도덕과 규범을 배우게 됩니다. 부모 자신의 생각과 감정을 감추지 말고 자녀에게 솔직한 모습을 보여주면 자녀가 부모를 이해하고 신뢰하게 됩니다.

부모는 자녀의 모범이 되기 위해 부단히 자신을 개발해야 합니다. 특히 실제 생활에서 모범이 되기 위해 노력해야 합니다. 언어생활, 대인관계, 부지런한 모습, 하나님께 찬양과 순종하는 모습, 기도생활 등에서 모범이 되도록 끊임없이 자신을 개발해야 합니다.

## 온전한 자녀 이해를 위한 기도

오, 주님!
나로 하여금 보다 훌륭한 부모가 되게 하소서.
자녀를 사랑하고 자녀들이 하는 말을 끈기 있게 들어주며
자녀의 괴로운 문제들을 사랑으로 이해할 줄 아는 부모가 되게 하소서.
지나친 간섭을 삼가고 자녀와의 말다툼을 피하며
모순된 행동으로 자녀를 실망시키지 않게 하소서.
부모에게 예의 바른 자녀가 되기를 바라는 것 같이
우리도 자녀에게 친절하고 정중하게 대하게 하소서.
비록 부모라 할지라도 잘못을 깨달았을 때는
용감하게 자신의 허물을 고백하고
용서를 구할 수 있는 용기를 허락하여 주소서.
어느 한편으로 치우치지 않고 항상 공정하며 생각이 깊고
사랑이 넘치는 부모가 되게 하시어
자녀들로부터 진심으로 존경받는 부모가 되게 하소서.
자녀들로부터 사랑받고 자녀들이 진정으로 닮기 원하는
부모다운 부모가 될 수 있도록 깨우쳐 주소서.
예수님의 이름으로 기도드립니다.

하나님,
저로 훌륭한 부모가 되게 하옵소서.
자녀를 이해할 수 있게 하시고
그들이 말하는 것을 진지하게 듣게 하시며
그들의 모든 질문에 부드럽게 대답할 수 있게 하옵소서.
저로 하여금 그들의 생각을 가로막거나 꾸짖지 말게 하시고
그들이 어리석은 행동을 하거나 실수를 할 때에
비웃지 않게 하옵소서.
그리고 제 자신의 만족이나 권위를 내세우려고
그들을 나무라는 일이 없도록 하옵소서.
매순간마다 저의 말과 행동을 통하여
정직함이 옳음을 일러줄 수 있게 하옵소서.
제가 기분이 언짢을 때에 저의 입술을 지켜주시고
그들이 어린이라는 것을
그들이 어른과 같이 행동할 수 없다는 것을
항상 기억하게 하옵소서.
그들 자신이 스스로 결정을 내릴 때까지
기회를 허락하는 참을성을 제게 주시고
스스로가 옳고 그름을 판단하게 하옵소서.
저로 정직하고 바르며 친절한 부모가 되게 하시고
존경받고 본이 되는 부모가 되게 하옵소서.

## 맥아더 장군의 기도

원하옵나니
자녀를 평탄하고 안이한 길로 인도하기 보다는
고난과 도전에 직면하여 분투 항거할 줄 알도록 인도하여 주옵소서.
그리하여 폭풍 속에서 용감히 싸울 줄 알고
패자를 관용할 줄 알도록 가르쳐 주시옵소서.


## 소중한 자녀를 위한 기도

나를 고쳐 주소서.
가끔 자녀를 나의 투자의 대상으로 여기는 착각을,
나의 삶을 자녀에게서 보상 받으려는 유혹을,
'다 너를 위한 것이다' 라고 하면서
궁극적으로 나 자신을 위했던 이기심을,
그리하여 그들이 나에게 속해 있지만
내 것이 아님을 깨닫게 해주소서.

나로 하여금
부모로서의 권리보다는 의무로,
자녀의 성장보다 내가 먼저 성숙해짐으로
그들을 훈계하게 하소서.

그들을 이끌어 주되
강요하거나 협박하지 않고
그들을 돕되

대가를 기대하지 않으며
그들이 누릴 수 있는,
실패할 수 있는 자유와
선택할 수 있는 권리를 빼앗지 않게 해주소서.

그들의 슬픔과 기쁨을
가볍게 취급하지 않고
그들의 성공과 실패를
과소평가하지 않으며,
그들의 하찮은 질문과
사소한 행동방식에도
진지하게 반응하며
매사에 그들을 존중함으로
존경받는 어른이 되게 해주소서.

그리하여
유명한 사람으로가 아니라 '유능한 사람'으로,
일류의 사람으로가 아니라 '유일한 사람'으로,
우리의 자녀들이
자라가게 해주소서.

1. 단원 교육을 마친 부모들은 지침을 따라 만나모임을 진행합니다.
2. 만나모임은 교육에 참여한 부모들이 매 단원을 마친 주간에 모여서 배운 내용을 나누고 교육내용에 따른 삶의 변화에 대해 나누는 시간입니다.
3. 만나모임을 위해서 그리고 보다 친밀한 교제를 위해서 부모들 중 한 명을 리더로 세워 모임이 원활하게 이루어지도록 합시다.


아래는 2단원의 내용을 심도 있게 정리하거나
여러분의 "하나님의 안목으로 우리 가정을 바라보기"를 위해 유용한 책들입니다.

권성수. 성경적 가정 질서관. 목회와 신학, 1993. 6, pp.40–55.
설은주. 가정사역론. 서울: 예영커뮤니케이션, 1997.
송길원 · 이동원, 행복한 가정을 세우는 40일 새벽기도, 서울: 생명의 말씀사, 2005.
양승훈. 기독교적 세계관. 서울: CPU, 2002.
이기복. 성경적 부모교실. 서울: 두란노, 2008.
정종훈. 생활신앙으로 살아가기. 서울: 대한기독교서회, 2007.
추부길. Family Ministry. 서울: 한국가정상담연구소, 2005.

# 2단원 '만나모임' 길라잡이

이번 단원에서 우리는 하나님의 안목으로 가정과 배우자, 그리고 자녀를 바라보는 법에 대해 배웠습니다. 이제 2단원 만나모임을 통해서 이번 단원에서 배운 대로 하나님의 뜻 가운데 가정과 배우자, 그리고 자녀를 바라보고 은혜 가운데 가정을 건강하게 일구어 가기 위한 결단의 시간을 갖고자 합니다. 만나모임은 10명 미만(부부로 말하면 5쌍)으로 운영하는 것이 바람직합니다.

## 1단계: 모임열기

1. 서로를 반갑게 맞이하며 인사를 나눕니다.
2. 찬양을 드리며 마음 문을 엽니다. 특별히 이번 모임에서는 가정을 하나님께 드리며 하나님의 뜻 가운데서 온전하게 세워지기 위한 찬양을 드립니다. 주로 공동체의 하나됨과 가정의 하나됨에 관한 찬양을 드리도록 합니다.
3. 인도자의 기도로 시작합니다.

## 2단계: 소식나누기

1. 약 5분 동안 묵상함으로 한 주간 동안 있었던 개인과 가정의 가장 큰 사건을 기억합니다(이사, 자녀의 입학과 졸업, 독서, 영화관람, 가족 갈등 등).
2. 한 사람 당 1분씩 돌아가면서 기억나는 지난 한 주간의 이야기를 나눕니다.
3. 인도자는 소식들 중에서 기도드려야 할 내용을 메모해 두었다가 기도시간에 나누도록 합니다.

## 3단계: 기억하기

1. 약 3~5분 정도, 지난 강의에서 배운 내용을 새겨보는 시간을 갖습니다.
2. 지난 주간에 나누었던 강의 중에서 중요하다고 여기는 주요 단어를 중심으로 자유롭게 내용을 복습하는 시간을 갖습니다.
3. 지난 한 주간 동안 가정생활에서 어떻게 적용하며 살았는지 묵상합니다.
4. 3~4명 정도로 제한하여 지난 강의에서 느낀 점과 좋았던 점에 대해 나눕니다.

## 4단계: 토닥이고 기도드리기

1. 소식나누기에서 나눈 내용을 중심으로 함께 위로, 격려, 축하의 시간을 갖습니다. 구성원의 기념일이 있을 경우 (필요하다면) 일괄적으로 구입한 선물을 주는 시간을 갖습니다.
2. 소식나누기에서 다루었던 내용 가운데 함께 기도해야할 제목이 있으면 간절한 마음으로 마음을 합해 기도드립니다. 혹시 다른 기도제목이 있을 경우 이 시간에 나누도록 합니다. 기도 시간은 20분 이상을 유지하도록 하고 소리내어 기도하는 것을 원칙으로 합니다.
3. 구성원 가운데 한 명이 대표로 마무리 기도를 하도록 합니다.

## 5단계: BCM 시간

1. 인도자는 교회의 교역자를 초청하거나 자녀들이 출석하고 있는 부서의 최근 교회교육의 진행 상황에 대해 나누도록 합니다.
2. 부모들이 가정예배, 가정목회지침 활용 등의 가정사역을 이해하고 실천할 수 있도록 격려합니다.
3. 간단한 다과와 함께 자녀교육이나 양육에서 필요한 다양한 것들을 서로 나누는 시간을 갖습니다(물품들을 준비했을 경우, 모임장소 뒤편에 별도의 전시 공간을 마련하도록 합니다).
4. 다음 3단원에 대해 간단하게 소개하고 강의 일정을 안내합니다.

성산효대학원대학교 상담학과

# 3단원  건강한 가정을 만듭니다

1과  현재의 가정을 이야기합니다
2과  과거의 가정을 이야기합니다
3과  자녀에게 건강한 가정을 선물합니다

# 건강한 가정을
# 만듭니다

　대부분의 사람들이 "우리 가정에는 아무런 문제가 없어!"라고 자신 있게 말합니다. 가정의 문제를 다루는 텔레비전이나 잡지, 신문의 이야기는 모두 자신과 상관없는 사람들, 특별한 문제를 안고 사는 사람들만의 것이라고 생각합니다. 그러나 실제는 그렇지 않습니다. 대부분의 가정은 크든 작든 문제를 안고 있습니다. 대부분의 가정이 그 정서적인, 혹은 관계적인 차원의 문제를 안고 있습니다. 어떤 가정은 보다 근본적인 차원의 영적이고 정신적인 문제를 안고 있기도 합니다. 또 어떤 가정은 문제를 문제로 바라보지 않으려는 가식적인 태도가 문제입니다. 우리는 우리가 삶의 터전으로 삼고 살아가는 가정이 안고 있는 문제에 직면하여 그것을 바르게 바라보고 그것을 해결하기 위해 해법을 찾는 실질적인 기술을 가져야 합니다. 우리는 우리의 가정이 건강해져야 한다는 것에 대하여 동의해야 합니다.

　이는 아무런 문제가 없는 가정을 문제 있는 가정으로 만들자는 것이 아닙니다. 우리가 살고 있는 세상이 불완전하다는 전제 속에서, 온전한 가정은 존재할 수 없을 것이라는 생각 속에서, 우리는 우리 가정이 안고 있는 문제를 인정해야 합니다. 그리고 보다 나은 방향, 건강한 가정으로 발걸음을 옮길 수 있도록 일정한 기술적 절차를 밟아가야 합니다. 하나님께서는 이미 성경과 교회의 전통 가운데에 우리의 가정이 문제를 극복하고 나아가야할 마땅한 길을 일러 두셨습니다. 우리는 성경을 진지하게 묵상하고 교회의 전통이 제공하는 방식대로 진지하게 자기를 성찰하는 시간을 가짐으로써 우리 가정을 회복의 길로 인도할 수 있습니다. 이제 해야 할 일은 한 가지입니다. 가정을 위하여 시간을 두고 가정의 문제를 위하여 기도하고, 가정의 회복과 부흥을 위하여 실질적인 발걸음을 떼는 것입니다.

이 단원은 크게 세 과로 나뉩니다.

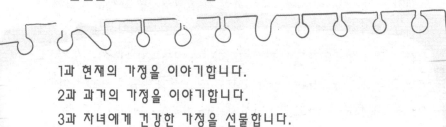

1과 현재의 가정을 이야기합니다.
2과 과거의 가정을 이야기합니다.
3과 자녀에게 건강한 가정을 선물합니다.

이 과에 참여하는 부모들은

1. 오늘 각자의 가정이 안고 있는 현실을 바르게 바라보는 방법과 그 단계적 기술을 이해하고
2. 각자의 가정이 안고 있는 오래된 문제들, 그 해결해야 할 과제들을 바라보아
3. 자녀들을 위해 건강한 가정을 꾸리는 기회를 갖게 됩니다.

# Lesson1
## 현재의 가정을 이야기합니다

-----------------------------------------------------

　대부분의 아빠들이 마음속에 지니고 있는 세 가지 잘못된 환상이 있답니다. 첫째는 "내가 바쁜 것은 다 처자식을 위해서야. 내 아이들이 나보다 더 많은 것들을 갖게 하려면 나는 지금보다 더 바쁘게 살아가야 할 것 같아."라고 믿는 것입니다. 이 말은 얼핏 들으면 무척이나 감동적이지만 사실은 아빠가 아이와 함께하는 그 귀중한 시간을 포기하는 것을 전제로 하는 말입니다. 아빠가 지닌 두 번째 환상은 "지금은 바쁘지만 언젠가는 여유로워질 거야."라는 것입니다. 그렇지만 그것은 사실이 아니지요. 오늘의 스케줄을 스스로 조정할 줄 모르는 사람에게 여유로운 시간은 절대 찾아오지 않기 때문입니다. 세 번째는 아이들의 어린 시절이 영원히 지속될 거라는 환상입니다. 그래서인지 많은 아빠들이 "그래, 나중에 해줄게."라고 말하면서 내일을 기약하지만 아이들은 중학교에 들어가기만 해도 자신의 꽉 짜인 스케줄에 얽매인 채 아빠와 시간을 갖기가 점점 어려워집니다.

　지금 현재 나의 가정에 대해 생각해보고 정성을 다하여 가꾸지 않는다면, 가정은 기다리지 않습니다. 자녀는 성장하게 될 것이고 부모는 당신의 천직을 잃어버리거나 큰 손실을 경험하게 됩니다. 가정은 단순해 보이지만 참 복잡하고 신비한 모습을 가지고 있습니다. 가정은 따로 독립된 구조이지만 또한 위로 아래로 그리고 좌우로 연결되어 있어서 그 영향력이 가히 세상의 그 어떤 것보다 최고입니다. 그래서 가족을 흔히 체제로 이해합니다. 체제는 요소들과 요소들의 상호작용으로 이루어집니다. 핵가족 체제를 예로 들면 남편과 아내, 아이들은 요소들이고 남편과 아내 그리고 아이들이 서로 관계하는 방식은 상호작용이라고 합니다. 또한 크게 보면 세대를 연결하고 있습니다. 요소들의 상호작용이 어떤 방식으로 이루어지는가에 따라서 가족이 건강한가, 아니면 건강하지 않은가 하는 점이 결정됩니다.

  문제는 이런 가정의 특징이 올림픽 봉화가 전수되듯이 자녀들에게 대대로 전수된다는 것입니다. 가정은 우리 삶의 거의 90%를 차지하고 있습니다. 우리가 배운 것은 거의 모두가 가정에서 얻은 것입니다. 함께 나누고 섬기고 봉사하는 가운데 순기능도 많이 배우지만, 눈으로 보고 귀로 듣고 함께 살면서 건강하지 못한 역기능도 배우게 되고, 또한 자신도 건강하지 못한 가정을 만들어가게 됩니다. 이렇게 건강하지 못한 요소를 처리하지 않고 가정이 시작되면, 또 다른 건강하지 못한 가정과 아픈 자녀들을 만들게 됩니다.
  성경의 예를 들어 보면, 아담으로부터 시작된 건강치 못한 가정의 모습이 대대로 전수됩니다. 아브라함이 자신의 아내를 누이라고 속였는데 그 아들 이삭도 똑같은 일을 반복합니다. 이삭은 에서를 편애하였고 야곱은 요셉을 편애하였습니다. 다윗은 밧세바를 간음하였고 다윗의 아들 암논은 이복여동생 다말을 강간하였습니다. 이들은 겉으로 보기에는 하나님에게 충성한 헌신된 인물들이었지만, 실상 가족의 문제들은 어떻게 다루어야 할지 모르고 있었습니다. 그러므로 종교적으로 뛰어난 인물이라고 하여 반드시 건강한 가정을 일구는 것은 아닙니다.

그렇다면 건강한 가정과 건강하지 못한 가정은 어떻게 다를까요? 건강한 가정과 건강하지 못한 가정의 특성을 소개해 드리면서 여러분 가정의 건강도를 체크해 볼 수 있도록 하는 것이 바로 이 과의 목표입니다.


## 건강한 가정

우리는 과연 어떤 가정의 모습을 볼 때 그 가정이 건강하다고 느낄까요? 건강한 가정은 갈등이나 위기가 없는 가정을 의미하지는 않습니다. 유명한 가족학자로 명성을 얻고 있는 스틴넷(Nick Stinnet) 박사와 드프레인(John DeFrain) 박사가 25년간 건강한 가족을 연구한 결과, 건강한 가족은 다음과 같은 6가지 특징을 갖고 있다고 합니다.

## 건강한 가정은 서로 헌신합니다

가족을 건강하고 올바르게 이끄는 첫 번째는 바로 '헌신'이라고 합니다. 헌신(commitment)이란 사전적 의미로서 '서약' 또는 '책무'를 말하는데, 스틴넷과 드프레인 박사는 헌신이 모든 가족을 받쳐주는 기본적 토대라는 사실을 강조하면서, 서로 헌신하는 가정에 사는 사람은 자신이 버림받을지도 모른다는 두려움을 느끼지 않고 모든 가족구성원들이 신뢰와 안정감 속에서 어려운 일이나 실패를 겪어도 이겨낼 수 있다고 하였습니다. 아내의 헌신, 남편의 헌신, 부모의 헌신이 가정을 지켜주는 기초입니다. 이렇게 중요한 헌신에는 여섯 가지 특징이 있는데, 첫째는 부부간의 헌신으로, 성적 충실을 포함한 부부 헌신입니다. 아버지가 아들에게 줄 수 있는 최상의 선물은 바로 부부가 행복하게 사는 모습을 보여주는 것입니다. 부부간에 서로 헌신하고 서로 사랑하는 모습을 보며 자라는 자녀는 안정감을 갖습니다. 부부간의 불화와 이혼은 자녀에게 엄청난 고통을 안겨줍니다. 어떤 부모들은 부부관계의 중요성은 뒤로 하고 오직 자녀 잘 키우는 데에만 몰두하는데 이는 실수하는 것입니다. 외도를 하면 상대방의 자기존중감에 치명적인 손상을 줍니다. 외도는 자신의 배우자에게 '너는 별 것 아니다. 너는 얼마든지 다른 사람과 대치할 수 있다. 너는 나를 성적으로 만족시킬 줄 모르는 존재다.'와 같은 치명적인 메시지를 전달하는 것이므로 더 상처가 깊습니다. 따라서 부부간에는 반드시 정조를 지켜야 합니다. 외도는 있을 수 없는 사건임을 명심해야 합니다. 부부는 다음과 같이 서로에게 헌신하는 계획을 세울 수 있습니다. 예를 들면 '회사일로 인한 외식은 일주일에 3번 이하로 하기, 일주일에 한 번 적어도 4시간 이상 데이트하기, 하루에

30분 이상 대화 나누기, 일주일에 50시간 이상 회사 일에 얽매이지 않기'등을 들 수 있습니다. 두 번째는 개인에 대한 헌신으로, 헌신은 부부 간에만 필요한 것이 아니고 가정을 이루는 한 사람 한 사람이 다 귀한 존재이므로 가족끼리는 100% 서로를 위해 헌신한다는 약속이 있어야 합니다. 셋째는 중요한 일에 먼저 헌신하기입니다. 언제나 가족이 먼저이며 다른 것은 아무리 중요하게 보여도 가족에 대한 헌신을 희석시킬 수 없다는 것입니다. 그래서 일보다 가족을 우선순위에 두어야 한다는 것입니다. 넷째는 정직을 통한 헌신으로, 가족성원 간에 정도의 차이는 있지만 서로 정직해야 한다는 것을 중요하게 생각합니다. 다섯째는 가문의 전통에 대한 충실로, 가문의 전통은 가족의 응집력에 크게 기여하고, 가족의 전통은 가족들에게 사랑의 결속을 인식하게 만듭니다. 여섯째, 긴 여정에의 헌신으로, 건강한 가족을 만들기 위해서는 장시간에 걸쳐 헌신이 필요하다는 것입니다.

### 건강한 가정은 고마움과 애정을 표시합니다

건강한 가족의 구성원들은 서로 상대방의 진가를 인정하고 고마움을 표현할 줄 압니다. 가족 간에 나누는 소박한 감사와 애정 표현은 서로를 행복하게 해 주고 서로에게 힘을 북돋워 줍니다. 한 사람이 다른 사람을 인정하고 그에게 감사를 표할 때, 여기에는 당신은 가치 있고 소중한 사람이라는 메시지가 숨어있습니다. 사람은 인정받을 때 자기 가치감이 향상됩니다. 서로 야단치고 비난하고 상처를 주면서 관계가 좋아질 수는 없습니다. 감사와 애정표현이 많은 집일수록 보다 더 긍정적인 분위기가 됩니다.

에모토 마사루(Emotto Masaru)가 세계 최초로 물이 결빙(結氷)하는 결정(結晶) 사진집을 냈는데, 그곳에 나타난 물의 사진들을 보면 언어가 주는 에너지의 힘이 얼마나 큰지 깨달을 수 있습니다. 감사와 격려의 말과 글이 전해졌던 물은 규칙적이고 아름다운 결정체를 이루고 있는데, 비난과 난폭한 언어가 전해진 물은 한결같이 결정을 나타내지 못했습니다.

우리가 가족에게 전하는 말과 글은 그대로 가족구성원의 세포 건강과 밀접하게 연관되어 있습니다. 그리고 그 언어의 힘은 가족의 밝기와 가족의 분위기에 영향을 미칩니다. 가족에게 힘이 되고 가족을 건강하게 세울 수 있는 '고마워, 감사해, 사랑해, 축복합니다' 등의 언어를 날려주세요!

### 건강한 가정은 효과적인 의사소통을 합니다

가족간의 대화는 인체의 혈관과 같습니다. 혈관이 잘 통하면 건강하고 활기찬 생활을 하듯이, 가족 간에 대화가 원활히 이루어 질 때 그 가족은 건강하다고 할 수 있습니다. 어떤 가족은 너무 분열되고 분주하고 함께 대화할 시간이 거의 없어서 소문을 통해서만 의사소통을 하는 경우가 있습니다. 이런 가족은 간접대화(추측, 가정, 빈정대기 등)를 합니다. 그러나 강력한 가족의 구성원들은 서로 대화하는 시간이 많으며 또한 경청하는 가족입니다. 서로의 말을 경청한다는 것은 내가 하는 말을 잘 들어 줄 만큼 상대방이 나를 존중하고 나 또한 상대방의 말에 흥미를 느낀다는 뜻입니다. 이런 가족은 싸울 때도 공정하게 싸웁니다. 이들은 갈등이 생기면 솔직히 토론하여 문제해결을 위한 대안에 대해서 의견을 나누고 최선의 해결책을 함께 모색합니다.

## 건강한 가정은 함께 시간을 보냅니다

매일 저녁 가족과 함께 말씀을 나누고 기도하면서 사랑하는 관계를 맺는 것, 사실 이보다 더 귀한 부모의 가정 사역은 있을 수 없습니다. 강력한 가족은 함께 많은 일을 합니다. 그들은 그 시간을 구속으로 여기지 않습니다. 함께 있는 것을 진심으로 즐깁니다. 그들은 생활양식을 적극적으로 구성하여, 모든 영역에서 함께 상호작용을 하는 시간을 만들어 냅니다. 함께 여행을 떠나서 추억을 만들고, 함께 식사하면서 담소를 나누고, 집안일을 함께하고, 함께 취미활동을 하고, 특별한 이벤트를 만드는 것도 좋습니다.

사랑하는 사람에게 자신의 시간을 내어주는 것이야말로 가장 값진 선물입니다. 좋은 추억은 많은 비용과 많은 시간으로 만드는 것이 아니라 함께하는 시간에 어떤 의미를 부여하느냐입니다. 아동이든 성인이든 상담을 하면서 느낀 것은 좋은 추억이나 기억을 많이 가진 사람들이 역경을 이겨낼 수 있는 큰 힘도 가지고 있다는 것입니다. 은행에 잔고가 많아서 언제든지 꺼내 쓸 수 있는 것과 마찬가지이지요. 부모 자녀간 그리고 부부간에 물리적으로 영원히 함께할 수는 없지만 함께 보내는 시간을 통해 영원히 함께할 수 있는 내적인 힘을 제공해 주는 것입니다.

## 건강한 가정은 영적 성장을 합니다

한 신앙으로 엮여 있는 가족은 자연스럽게 목표를 함께 공유하게 되어 내적으로 강력한 힘을 가지고 있을 뿐 아니라, 외부의 어떤 상황에 대해서도 대처할 수 있는 강력한 무기를 가지고 있는 셈입니다. 함께 기도하는 가족은 어쩌면 세상에서 가장 무서운(?) 가족입니다. 함께 기도하는 가족은 참으로 단단해서 그 어떤 고난도 그들을 이길 수가 없습니다. 가족이 함께 기도한다는 것은 정서적으로는 가족의 연합된 힘의 모습이면서, 영적으로는 인간의 한계를 뛰어넘는 하나됨의 경험을 하는 강력하고도 놀라운 체계입니다. 가정마다 위기와 어려움이 없을 수 없습니다. 그러나 이것을 어떤 모습으로 극복하는지는 가정의 영적 성장 정도에 따라 다를 것입니다. 그리고 여기에 가장 중심과 기초가 되는 것이 가족의 신앙의 힘일 것입니다.

다른 면에서 보더라도 교회라는 공동체에 소속된다는 것은 가족 지원 네트워크가 고양되고, 활동과 오락을 지원 받으며, 가족을 지지하는 교훈과 가치를 배우고, 사회적 복지서비스를 제공받으며, 개인과 가족의 문제에 있어서 영적 도움을 추구할 수 있게 되는 장점이 있습니다. 신앙을 갖고 기도와 묵상, 성경 공부를 하면 영적으로 성숙하면서 낮은 자기존중감에서 벗어나 자신의 가능성을 볼 수 있습니다. 남을 사랑하고 상대방을 개방적으로 수용할 수 있는 삶을 살게 됩니다. 신앙을 통해 새로운 눈으로 세상을 볼 수 있고, 기도를 통해 위로와 힘을 얻습니다.

**건강한 가정은 위기와 스트레스에 긍정적인 방식으로 대처하는 능력이 있습니다**

위기 속에서도 긍정적인 측면을 볼 수 있는 능력은 매우 중요합니다. 건강한 가정은 위기나 비극에 굴복하지 않고 조금이라도 밝은 부분을 보려고 합니다. 이러한 능력으로 인해 균형잡힌 시각을 가질 수 있고,

우울과 절망에 빠지지 않을 수 있습니다. 한 사람이 전적으로 책임을 맡기보다는 서로 짐을 나누어지고 온 가족 구성원이 한마음으로 대처합니다.

유머감각을 잃지 않는 것도 중요합니다. 유머를 통해 웃음을 잃지 않는 것이 스트레스를 이겨내는 해독제란 점을 명심해야 합니다. 웃음을 통해 질병을 이겨낼 수도 있는 것이며, 위기를 이겨낼 수 있는 정신적 능력으로 발전시킬 수도 있습니다. 우리 가족은 어떻게 위기와 스트레스에 대처하고 있습니까? 긍정성과 기쁨을 누릴 수 있는 우리 가족만의 웃음비법을 찾아보세요.


## 가족 건강도 검진

건강검진 받아보셨나요? 나라에서도 건강검진을 강조하고 40세, 60세에는 생애전환기라고 해서 무료로 건강검진을 해줍니다. 병을 예방하기 위한 최선의 방법이 건강검진이라는 것이지요. 그래서 이제 우리 가족의 건강 강화와 예방을 위해 가족건강도를 체크해 보고자 합니다. 닉 스틴넷(Nick Stinnet)과 낸시 스틴넷(Nancy Stinnet)이 쓴 "환상적인 가족 만들기(Fantastic Families)"에 나오는 '가족강점척도'라는 도구입니다. 이 도구를 사용하여 건강한 가족의 여섯가지 특성을 중심으로 자기 가족의 좋은 특징과 강점이 무엇인지 살펴보고 성장이 필요한 부분은 어디이며 어떤 점을 고쳐야 할지 파악해 볼 수 있을 것입니다. 이번 평가를 통해 가족의 성장과 긍정적 변화를 촉진할 수 있는 가족강점을 발견할 수 있을 것입니다.

앞서 여섯 가지 범주로 건강한 가족의 특성을 나누어 볼 수 있었습니다. 각 문항의 내용을 읽고 자기 가족이 가진 '강점-좋은점(strength)'으로 여겨지면 왼쪽번호 옆에 S자를 적고, 앞으로 더욱 '성장(Growth)'시켜 나가야 할 필요가 있다고 여겨지면 왼쪽번호 옆에 G자를 적습니다. 그리고 자기 가족에게 적용시킬 수 없거나 중요하지 않다고 여겨지는 문항이 있으면, 왼쪽번호 옆에 X라고 적습니다. 그리고 각 항목마다 그 항목에 대한 S점수, 곧 강점이 몇 개나 되고 G점수, 곧 성장이 필요한 점이 얼마나 되는지 살펴봄으로써 어떤 항목이 강점이고 어떤 항목이 좀더 성장을 필요로 하는지 구체적으로 점검해 볼 수 있을 것입니다.


가족강점 척도
The Scales for Family Strength


헌신
1. ____ 우리 가족은 '항상 함께' 한다.
2. ____ 부부관계를 우리 가족의 핵이라 여기고 계속 성장시키려고 한다.
3. ____ 우리 부부는 서로 성적으로 충실하게 대한다.
4. ____ 우리는 서로를 소중한 사람으로 여기고 서로에게 가치를 부여한다.
5. ____ 우리는 서로를 배려하고 돕는다.
6. ____ 우리는 가족공통의 목표를 세우려 한다.
7. ____ 우리는 직장을 포함한 바깥활동보다 가족에게 우선을 둔다.
8. ____ 우리는 서로 정직하다.

9. ___ 우리는 좋은 가족전통을 만들어 가려고 한다.

10. ___ 우리는 필요할 때 서로 인내할 줄 안다.

11. ___ 우리는 서로 무조건적인 사랑을 한다.

12. ___ 우리는 서로 의지하며 산다.

13. ___ 우리는 가족을 위해 희생할 줄 안다.

가족에 대한 전반적인 헌신의 정도는 S인가, G인가? _____

## 고마움과 애정 표현

14. ___ 우리는 서로 고마움을 표현할 줄 안다.

15. ___ 우리는 서로에게 깊고 진정한 애정을 느낀다.

16. ___ 우리는 서로 심한 비판을 하지 않는다.

17. ___ 우리는 긍정적으로 말한다.

18. ___ 우리는 서로 상대방이 잘한 일을 인정해 준다.

19. ___ 우리는 서로 상대방의 좋은 점을 볼 줄 안다.

20. ___ 우리는 서로(다이아몬드를 캐듯이) 좋은 점을 찾으려고 애쓴다.

21. ___ 우리는 진지하게 감사나 고마움을 표할 줄 안다.

22. ___ 우리는 집에서나 남에게나 예의 바르고 정중하다.

23. ___ 우리는 상대방에게 빈정대거나 상대방을 깎아내리지 않는다.

24. ___ 우리는 긍정적인 유머를 많이 사용한다
    (상대방을 당황하게 하거나 상처 주는 일이 없는 농담).

25. ___ 우리는 칭찬이나 찬사를 고맙게 받아들인다.

26. ___ 우리는 가정을 즐거운 보금자리로 만들려고 한다.

27. ___ 우리는 서로의 자기존중감을 강화시켜 주려고 한다.

28. ___ 우리는 함께 있으면 편안함과 안정감을 느낀다.

우리 가정의 전반적인 고마움과 애정표현 정도는
S인가, G인가? _____

## 긍정적인 커뮤니케이션

29. ___ 우리는 커뮤니케이션(대화나 토론)하는 시간을 갖는다.

30. ___ 우리는 긍정적인 커뮤니케이션을 한다.

31. ___ 우리는 서로의 말에 귀를 기울인다.

32. ___ 우리는 메시지의 의미를 잘 점검한다(피드백을 보내고 명료화시킴).

33. ___ 우리는 상대방의 입장에서 보려고 한다(공감하기).

34. ___ 우리는 비판, 판단, 군림을 삼간다.

35. ___ 우리는 정직하고 진실하다(그리고 친절하다).

36. ___ 우리는 의견이 어긋나도 수용한다.

37. ___ 우리는 갈등이 있어도 한번에 한 가지씩 다룬다.

38. ___ 우리는 갈등이 일어났을 때 상대방의 인격을 공격하지 않고 구체적인 문제에 초점을 맞춘다.

39. ___ 우리는 갈등을 해결할 때 타협이나 합의를 찾는다
     (누가 이기고 누가 지는 방법이 아니라).

40. ___ 우리는 상처 주는 말이나 행동을 삼간다.

41. ___ 우리는 차이가 있어도 이해하고 수용하려고 한다.

우리 가정의 전반적인 긍정적 커뮤니케이션의 정도는
S인가, G인가? _____


## 함께 시간 보내기

42. ___ 우리는 정기적으로 함께 식사한다.

43. ___ 우리는 집안일을 함께한다.

44. ___ 우리는 집안에서 함께 즐기는 시간을 갖는다(놀이나 게임).

45. ___ 우리는 가족이 함께 종교활동에 참여한다.

46. ___ 우리는 함께 학교나 사회활동에 참여한다.

47. ___ 우리는 함께 모여 생일이나 기념일을 축하해 준다.

48. ___ 우리는 가족휴가를 갖는다.

49. ___ 우리는 각자의 동료관계를 즐거워한다.

50. ___ 우리는 계획하지 않고도 저절로 즐거운 시간을 가지게 된다.

51. ___ 우리는 서로 함께하는 시간을 마련한다.

52. ___ 우리가 함께 보내는 시간은 즐겁거나 유익하다.

가족과 함께 보내는 시간의 전반적인 평가는 S인가, G인가? _____

## 영성적 차원

53. ___ 우리는 하나님이 우리 삶에 어떤 목적을 가지고 계심을 믿는다.

54. ___ 우리는 우리 삶을 인도한 도덕적 신념과 가치를 가지고 있다(정직, 책임감).

55. ___ 우리는 인내, 용서, 그리고 분노 표현의 절제와 같은 미덕을 실천한다.

56. ___ 우리는 어려운 시기라도 하나님과의 관계 때문에 내적 평화를 누린다.

57. ___ 우리는 우리의 삶이 희망적이고 신뢰할 수 있다고 믿는다.

58. ___ 우리는 하나님이 우리의 가족을 돌보고 인도해주시리라고 믿는다.

59. ___ 우리는 교회라는 가족의 일원임을 믿는다.

60. ___ 우리는 성실한 신앙심을 가진 가족이나 친구와 교류한다.

61. ___ 우리는 하나님이 우리 가족을 사랑하고 인도해 주심을 고맙게 여긴다.

62. ___ 우리는 교회모임에 다같이 참여한다.

63. ___ 우리는 성경을 읽거나 영적 독서를 한다.

64. ___ 우리는 매일 기도하는 시간을 갖는다.

65. ___ 우리는 살아가면서 하나님의 말씀을 생각해본다.

66. ___ 우리는 일상생활에서 영성적 가치를 실현하려 한다(예를 들면 용서의 가르침).

67. ___ 우리는 믿음에 관한 극단적이거나 끝없는 논쟁을 삼간다.

영성적 차원에 대한 가정의 전반적인 평가는 S인가, G인가? _____

## 스트레스와 위기 대처

68. ___ 우리는 사소하고 성가신 스트레스는 무시할 수 있다.

69. ___ 우리는 사소한 근심에 관심과 정력을 쏟지 않는다.

70. ___ 우리는 일상의 고투나 도전이 큰 목표달성을 위한 단계라고 믿는다.

71. ___ 우리는 유머나 건설적인 농담을 통해 스트레스와 긴장을 해소한다.

72. ___ 우리는 앞으로 있을지도 모를 일을 놓고 걱정하지 않는다.

73. ___ 우리는 스케줄이 너무 복잡할 때는 줄일 줄 안다.

74. ___ 우리는 중요한 일에 우선적으로 관심과 정력을 쏟는다.

75. ___ 우리는 여가활동과 취미생활을 즐긴다.

76. ___ 우리는 야외활동이나 레크레이션을 즐긴다.

77. ___ 우리는 정기적으로 운동을 한다.

78. ___ 우리는 상황이 나빠도 긍정적인 면을 보려고 한다.

79. ___ 우리는 위기에 처하면 마음을 모아 대처하려 한다.

80. ___ 우리는 위기상황에 놓이면 서로 지지해 주려고 한다.

81. ___ 우리는 힘들 때 친구, 교회, 이웃으로부터 도움을 구한다.

82. ___ 우리는 위기상황에 처할 때 전문가의 도움을 구한다.

83. ___ 우리는 위기상황에서 영성적 자원(하나님의 도움, 신앙, 희망)을 활용한다.

84. ___ 우리는 위기상황을 개인이나 가족의 성장기회로 여긴다.

85. ___ 우리는 좋은 커뮤니케이션을 통해 감정을 나누고 문제를 해결하려 한다.

86. ___ 우리는 변화에 유연하게 대처하고 잘 적응해 나간다.

스트레스와 위기대처에 대한 전반적인 평가는 S인가, G인가? _____

## 건강하지 못한 가정

우리 가정들 가운데에는 건강하지 못한 가정도 있습니다. 가족은 생명체와 같아서 파릇파릇하게 생명력을 발하는가 하면 점점 시들어가면서 병을 키워가기도 합니다. 가정이 정상적으로 기능을 발휘하지 못할때 이것을 역기능 가정이라고 부릅니다.

흔히 가족을 모빌에 비유합니다. 하나의 요소가 흔들리면 전체가 요동하게 되어 그 이상의 문제를 발생하게 되기 때문입니다. 가족은 체제이기 때문에 요소들이 그리고 그들 간의 상호작용이 치우치거나 넘치거나 부족함이 없이 균형을 유지하는 것이 중요합니다. 크게 보면 건강치 못한 가족은 부모부재현상에서 시작합니다. 부모부재현상은 다음의몇 가지로 이해됩니다. 남편 또는 아버지가 집에 없는 경우는 물리적부재현상이고 집에 있어도 제대로 기능을 하지 못하는 경우는 심리적, 영적 부재현상입니다. 물리적 부재현상은 여러 가지로 나뉩니다. 부부간의 사별, 이혼, 남편의 장기 출장 등 여러 가지 모양으로 나타납니다. 질병으로 인해 남편이 병원에 오랫동안 누워 있는 경우, 부인이나 아이들 중 누군가는 가족 경제를 위해서 일을 해야 하는 상황에 처하게 됩니다. 이 경우에 부인 또는 자녀는 지나치게 많은 책임감으로 일을 해야하기 때문에 다른 가족 구성원들과 정상적으로 상호작용을 하기 어렵게 됩니다. 일에 지친 부인은 아이들의 식사를 제대로 챙겨주지 못하거나 아이들과 대화를 하는 데 있어서 짜증, 신경질, 화를 내는 경우가많아지게 됩니다. 아이들은 엄마에 대해서 불편한 감정을 갖거나 싫어하는 마음, 원망하는 마음을 갖게 됩니다. 이러한 방식으로 오랫동안 상호작용을 하는 경우, 아이들과 부인은 역기능의 상호작용을 하게 됩니다.

심리적 부재 현상은 부모가 정서적으로 부부관계나 아이들과 제대로 상호작용을 하지 않는 경우입니다. 부부가 정서적으로 의미 있는 관계를 만드는 데 실패하거나 아이들에게 무섭고 엄한 부모로만 인식되는 경우에는 부부로서 그리고 부모로서 적절한 정서관계를 만들지 못하게 됩니다. 적절하게 정서관계를 형성하지 못하면 배우자에게는 외로움과 고독을 가져다 주고, 아이들에게는 자신을 동일시 할 수 있는 역할 모델을 갖지 못하게 함으로써 나머지 부모와의 밀착된 혼란을 야기하게 됩니다.

사실 가족의 역기능은 영성의 부재현상으로 인해서 초래됩니다. 영성은 가족들에게 인간으로서 그리고 가족으로서 살아가야 할 목표와 가치관을 제공해 줍니다. 하나님을 믿는다는 의미는 인간이 어떤 존재인가를 알도록 돕는 역할을 합니다. 또한 가족을 형성하였을 때 어떤 방식으로 상호작용을 해야 하는지에 대해서 지도의 역할을 합니다. 삶을 살아가는 데 필요한 것은 무엇이고 필요하지 않은 것은 무엇인지 하는 점들을 알게 됩니다. 필요한 것들은 어떤 방식으로 조달해야 하고 만일 제대로 조달되지 않을 때는 어떻게 해야 하는지에 대해서도 가르침을 제공해 줍니다. 즉 하나님에 대한 믿음은 가족들이 어떤 생활의 지침과 규범을 가지고 살아야 하는지에 대해서 원리를 제공해주고 실제 생활을 이끌어 가는 원동력으로서 역할을 합니다. 만일 영성이 제대로 형성되어 있지 않으면 가족들은 각각 자신들의 관점에서 자신들이 원하는 대로 행동하려고 하는 경향이 강해지게 됩니다. 이러한 행동양식은 가족이라는 사회 속에서 반드시 갈등을 유발하고 상대방을 착취하려는 경향으로 나타납니다. 건강하지 못한 가정의 특성에 대해 좀더 구체적으로 살펴보겠습니다.

### 건강치 못한 가정은
### 부모에게 정서적 문제가 있습니다

이 경우는 부모 중 한 사람이 '폭군아이'로서 역기능 가정을 다스립니다. 이 사람의 중독성/강박성은 가족들에게 알려져 있을 수도 있고 비밀일 수도 있습니다. 그 행위가 은밀하게 이루어질 때 어린이들은 점차로 무엇인가 잘못되었다는 것을 인식하게 됩니다. 그러나 무의식적으로는 알지만 정확히 무엇이 잘못되었는지를 꼭 집어 말할 수는 없습니다.

중독적이고 강박적인 부모에게서 가족들은 자유롭지 못합니다. 알코올에 중독된 부모가 있을 수 있습니다. 약물, 도박에 중독된 부모도 있을 수 있습니다. 또한 습관적인 분노를 폭발시키는 부모는 다른 가족들에게 정서적, 육체적 고통을 초래하는 격렬한 폭발을 일으킴으로써 분노가 다른 가족 중에 나타나기도 합니다. 일에 강박적으로 매달리는 부모도 있을 수 있습니다. 일 중독자는 일반적으로 가정과 떨어져 있으면서 직업적으로 성공해서 하여 많은 칭찬을 받을 수 있습니다. 이것은 많은 결과들이 분명히 긍정적이기 때문에 가장 정의하기 어려운 중독 가운데 하나입니다. 심지어 일 중독자의 가족들조차도 그가 지나치게 일에 열중하는 것에 대하여 상반된 감정을 가질 수 있습니다. 그들은 원하는 만큼 볼 수 없고 관계를 가질 수 없다고 일 중독자에게 불평하면서 동시에 그가 힘들게 일한 결과인 물질적 혜택을 계속 받기를 원할 수 있습니다. 무절제한 식습관을 가진 일부 사람들은 강박적으로 너무 적게 먹거나 은밀하게 강박적으로 너무 많이 먹습니다. 무절제한 식습관을 가지고 있는 사람들은 음식을 이용하여 자신의 감정이나 사람들을 조종합니다. 일부 사람들은 강박적으로 도박을 합니다. 복권, 비디오 게임, 경마, 내기를 건 스포츠 경기 등에 중독되어 있습니다. 섹스에 중독적인 모습을 보이는 사람도 있습니다. 요즘에는 음란물 사이트와 음란서적 등에 집중하여 온라인에 시간과 마음을 온통 빼앗기는 경우도 있습니다. 또한 종교 중독자는 강박적인 종교 행위에 빠져서 가정 안에서 역기능적인 모습을 보이기도 합니다. 그는 적극적으로 종교 의식에 참석하고 종교 서적을 읽고 기도하는 사람일 수 있습니다. 비록 종교 중독자가 겉으로 보기에 긍정적으로 보이는 종교 활동에 관여하고 있다고 해도 그는 정서적으로 또 영적으로 건강하지 못합니다. 종교 중독자는 겉으로는 일련의 종교적 지침들을 열심히 지키려고 하지만 내부적으로는 낮은 자존감 혹은 분노와 강력한 반감을 느끼고 있으며 감정의 기복이 크고, 경건하고 균형잡힌 영적 삶에 대해 소홀히 하며, 신앙을 자신을 위한 수단으로 이용합니다.

이렇게 어떤 부분에 중독적이거나 강박적인 부모는 통제불능의 상태가 되어 자녀들에게 희생을 요구하고, 그 한 사람에게 모두의 관심이 집중되게 만들어 자기도 모르게 자녀들로 하여금 정서적인 에너지를 소모하게 만들면서 건강하지 못한 자아상을 갖게 합니다. 역기능 가정의 중심인물이 알코올 중독자인 아버지라고 가정해 봅시다. 말로 표현하지 않았다 뿐이지, 그 가정의 가훈은 "아버지를 기쁘게 해드리자. 그러면 아버지는 술을 마시지 않을지도 모른다."가 됩니다. 만약 가족의 중심인물이 화를 잘 내는 어머니라면 그 가정의 가훈은 "어머니가 원하는 대로 행동하자. 그러면 어머니는 오늘 화를 안 내실지도 모른다."가 됩니다. 때때로 정서적으로 결핍된 가족에게서 뚜렷한 중독적, 강박적 행위들이 보이지 않는 경우도 있습니다. 예를 들어 가족 중에 오랫동안 육체적인 질병을 앓고 있는 사람이 있을 경우, 다른 가족들의 모든 정서적인 에너지가 그 사람에게 집중됩니다. 각각의 경우 가족들의 정서적 에너지의 상당량이 중심이 되는 가족의 정서적 필요를 채워주려는 노력에 소모됩니다. 이런 과정이 진행되는 동안 모든 가족들이 정서적으로 문제를 갖게 됩니다.

역기능 가정은 명백하게 존재하는 문제를 부인합니다. 역기능 가정은 무엇인가 감추어야 할 것이 있기 때문에 말하지 말라는 규칙을 필요로 합니다. 또한 자신의 문제가 중독증의 결과라는 것을 인정하지 않고 오히려 자신에게 문제가 있기 때문에 중독증세가 생긴것이라고 생각합니다. 혹시 우리의 가정 안에 병적인 모습을 지닌 중독적 폭군이 있습니까?

**건강치 못한 가정은**
**감정표현이 제한되어 있어**
**가정에서 자유롭지 못한 감정표현의 분위기가 흐릅니다**
정서적으로 불안정한 한 사람에게 과도하게 집중되어 있는 가정은 다른 가족들이 감정을 표현할 수 있는 여유를 주지 않습니다. 울어도 안 되고, 싸워도 안 되고, 심지어 화를 내도 안 됩니다. 예를 들어 4살

된 아이가 분노를 느끼고 있습니다. 그런데 화를 내면 아버지가 위험할 정도로 더 화를 냅니다. 그래서 자녀들이 애써 자기의 감정을 억제하고 숨기고 안 그런 척 살아가는 법을 배우게 됩니다. 아이는 감정을 숨기다가 나중에는 감정이 존재하는 것조차 부인하게 됩니다. 자신을 잃어버리고 거짓되고 만들어진 자아가 자기를 지배하면서 점점 자기 자신은 사라진 채 다른 사람에 의해 지배받는 사람이 되어 갑니다.

가족 내에서 감정을 제한하는 것은 다음과 같은 말로 표현되곤 합니다. "울지 마", "너는 아무렇지도 않다", "너는 슬프지 않아", "화내지 마", "웃지 마" 또는 말로 하지는 않지만 감정표현을 제한하는 무언의 메시지가 통용되는 가정도 있습니다. 예를 들어 불쾌한 감정을 표현했을 때 강한 거부 의사를 보여줄 수 있습니다. 받아들이기 어려운 감정표현은 무시되기 때문에 이런 감정은 이 가정에서는 허락되지 않는다는 사실이 전달됩니다. 이런 메시지를 여러 번 전달 받은 후에 아이는 다음과 같은 강력하게 파괴적인 생각을 갖게 됩니다. "나의 감정은 중요하지 않아. 나의 감정은 아무런 상관이 없어. 나는 고통을 느낄 권리가 없어. 나는 느낄 권리조차도 없어." 이렇게 아이는 자기 파괴적인 생각으로 젖어갈 수 있습니다.

역기능 가정에서 자란 아이는 가족 중 중심인물이 된 중독적/강박적 성격을 가진 사람의 감정에 따라 살아가는 법을 배웁니다. 그 사람이 행복할 때 아이는 자신이 행복하다고 생각합니다. 그 사람이 슬플 때 아이도 슬픔을 느낍니다. 결국 아이는 가정 밖에서도 다른 사람들의 감정에 따라 살아가는 법을 배웁니다. 그렇게 성장한 후에 아이는 자신의 과거를 되풀이 하지 않는다고 생각할 만큼 부모와는 다른 배우자를 만나 결혼할 수도 있습니다. 그러나 깊은 수준에서 보면 그 역시 자신의 감정과 단절되어 있고 누군가 그의 정서적인 꼭두각시가 되어 줄 필요가 있다는 점에서 부모와 비슷한 사람일 가능성이 높습니다.

참 슬픈 일입니다. 자신이 기쁜지, 슬픈지, 화가 나는지 그 감정을 억압하고, 하나님께서 주신 아름답고 놀라운 감정의 센스를 잃어버리게 되면서 그 아이는 다른 사람의 감정이 자신의 감정인 줄 아는 색깔을 잃어버린 눈치 보는 아이, 끌려 다니는 아이가 되어 갑니다. 결국 아름답고 신비로운 세계에 대한 느낌도 없어집니다. 혹시 우리 가정 안에 억압된 감정이 쌓여가고 있지는 않나요?

**건강치 못한 가정은**
**명백한 문제에도 불구하고 공개적인 대화를 피한 채**
**한 방향 대화만 존재합니다**
모든 사람은 문제를 가지고 있으며 모든 가정 또한 그 안에 갈등이 있을 수 있습니다. 그런데 건강한 정서적 환경에서는 갈등에 대해서 서로 말할 수 있고 함께 해결책을 찾아갑니다. 상처 받은 감정은 사랑의 보살핌으로 치유될 수 있습니다. 인간은 자기가 받아들여지고 인정받는다고 여길 때 행복을 느낍니다. 그리고 성장해 갑니다.

그러나 역기능 가정에는 이런 대화가 존재하지 않습니다. 언제나 자녀들은 부모의 눈치를 봐야 하고 가족끼리는 거리감을 두고 친밀감 없이 지내며 부모는 언제나 자녀에게 대화를 가장한 설교나 잔소리 또는 꾸중을 하며 살아갑니다. 부모는 일방적으로 말하고 자녀는 자신의 감정이나 욕구, 동기 등 내면의 이야기를 말할 기회를 찾지 못합니다. 결국 상처를 주는 대화가 전반에 깔려 있습니다.

역기능 가정에서는 어느 날 밤 갑자기 심각한 갈등이 발생할 수 있습니다. 부모님께서 심하게 싸우시는 겁니다. 아이들은 세상이 무너지는 듯한 느낌을 가지고 울면서 잠자리에 듭니다. 그런데 다음날 마치 아무 일도 없었던 것처럼 각자의 일을 하고, 어머니와 아버지는 어제 일에 대해 아무 말도 하지 않습니다. 이것은 용서나 망각과는 다른 현실을 피하고 부인하는 것입니다. 이런 벽들이 자녀들에게 습관화 되면 자녀들은 소통의 감격이나 시원함을 경험하지 못한 채 그 내면에 불감증 혹은 분노와 미움을 쌓아가게 됩니다. 이렇게 되면 그 결과는 어떻게 될까요? 혹시 우리 가정 안에 대화와 감정이 교통체증을 겪고 있지는 않은지요?

**건강치 못한 가정은
문제를 인정하지 않고 자녀에게 파괴적인 역할을 하게 합니다**

건강한 가정에서는 문제나 갈등이 생기면 온 가족이 모여 이 문제를 풀어가기 위해 힘을 모으지만, 역기능 가정에서는 문제를 부인하고 힘으로 억눌러 버려서 묻어 두고 지나갑니다. 결국 그것이 더 큰 문제로 나타나게 되고 이런 과정에서 자녀들은 불안한 환경에서 살아남기 위해 자기만의 자리를 개발하고 안정적이라고 여기는 그 자리를 고사하려 합니다. 그 역할은 아이가 무의식적으로 선택한 것일 수도 있고 가족들에 의해서 부여된 것일 수도 있습니다. 자녀들에게 부여된 파괴적인 자리의 모습은 이렇습니다.

**대리 배우자** 역기능 가정의 부부들은 친밀감을 상실합니다. 그래서 자녀에게서 대신 만족을 채울 수 있는 대상을 찾습니다. 또한 문제의 모든 것을 자녀에게 하소연하고 불평합니다. 그 대상이 되는 자들이 대리 배우자나 대리 상담자입니다.

**희생양** 희생양은 가정의 모든 문제들에 대해 책임을 떠맡게 됩니다. "너를 낳기 전만 해도 아무 문제가 없었어. 너만 없으면 나와 너의 아버지와의 사이에는 아무 문제가 없어." 이처럼 건강치 못한 가정은 모든 문제의 근원이 자녀에게 있다는 것을 강조하고 본인은 정작 그것으로 인하여 죄책감을 갖습니다.

**영웅** 가족의 명예를 위해 열심히 일합니다. 영웅의 역할을 맡은 아이는 성공을 이룸으로써 가정을 더 좋게 보이려고 노력합니다. "나의 가정은 비록 엉망이지만 나는 아무 문제가 없어." 그러나 이러한 영웅의 역할을 하기 위하여 얼마나 많은 에너지를 소모해야 하는가를 본인은 알지 못합니다. 너무 큰 짐이 그 여린 어깨에 메어집니다.

**말없는 아이** 말썽을 피우거나 문제를 일으키지 않습니다. 이 가정은 이미 문제를 안고 있기 때문입니다. 집에 분명히 있지만 존재하지 않는 것처럼 살아가는 자녀입니다. 이런 아이는 "나는 문제를 일으키지 않을거야, 나는 결코 누구의 시선도 끌지 않을 거야."라고 하며 숨어버립니다.

**어린 부모, 대리 부모** 부모가 제대로 책임을 감당하지 못해서 자녀 가운데 누군가 부모의 역할을 감당하게 되는 경우입니다. 그래서 그들은 어린 시절을 상실하고 너무 빨리 어른이 되어 버립니다. 그리고 항상 남에게 주고 희생하는 부모의 역할을 감당합니다. 결코 자신을 위하여 아무것도 할 수 없는 생활을 하게 됩니다. 결혼을 하고서도 이런 생활이 여전히 계속됩니다. 남편이 그러한 생활이 불편하다고 하여도 대리 부모역을 맡았던 아내는 항상 남편을 부모처럼 철저하게 돌보고 자신을 희생합니다.

## 건강치 못한 가정은
## 재생산의 기능을 거의 할 수 없습니다

가정은 자녀들이 보살핌을 받고 사랑을 느끼고 귀여움을 받고 신뢰하는 법을 배우는 환경을 제공해야 합니다. 아파서 심하게 울었더니 감싸 안음을 받아 본 경험, 두렵고 불안한 마음을 토로했더니 따스하게 안겨 본 경험, 억울해서 크게 소리 질러 보았더니 누군가가 내 편이 되어 주었던 경험. 따스함, 사랑, 응석, 신뢰, 든든함을 주는 부모. 아무리 많은 사람들이 나에게 비난과 채찍을 가할지라도 부모만은 영원한 내편이라고 아는 것은 자녀가 가진 특권입니다.

그런데 역기능 가정의 자녀들은 마땅히 누려야 할 것을 누리지 못하고 너무 일찍 일을 하도록 강요 받습니다. 그 자녀들의 일은 해결되지 않은 어린 시절의 문제를 가지고 있는 불안한 성인들을 돕는 것입니다. 아이는 자신의 필요를 채우지 못하고 부모의 필요에 따라서 행동합니다.

이렇게 자란 아이는 나중에 다른 사람으로부터 부모에게 정서적인 보살핌을 받았다는 이야기를 들을 때 대단히 놀랍니다. 자신은 그런 경험이 없기 때문입니다. 이들은 이렇게 돌봄, 신뢰, 따스함을 누리는 특권적인 관계가 형성되어 있지 않기 때문에 욕구불만에서 오는 유혹에 쉽게 자신을 내어 줄 가능성이 높아지게 됩니다. 또한 어린 시절을 잃어버린 이 아이는 성인이 된 다음에도 부부관계를 건강하게 맺어 갈 수 없음은 물론이고 자신과 같은 아이를 재생산해 내게 될 뿐입니다.

### 건강치 못한 가정은
### 외부세계와 단절되어 있습니다

역기능 가정에는 종종 비밀이 있습니다. 그것은 알코올 중독자일 수도 있고, 교회에서는 지도자이면서 집에서는 화를 자주 내고 언어폭력이나 손찌검을 하는 아버지일 수도 있습니다. 그래서 그 가정에 초대된 사람은 비밀을 감추기 위한 연극 행위를 볼 수 있을 뿐입니다.

아이들은 자연스레 정서적으로 결핍된 가족을 보호하는 법을 배웁니다. 그들이 하는 중요한 일은 비밀을 감추는 것입니다. 이 일을 위해 아이들은 현실을 부인하고 자신의 감정을 부인하는 법을 배웁니다. 그들은 이렇게 현실과 감정을 부인하는 일을 계속하여 결국에는 무엇이 실제인가를 판단하고 자신들의 느낌이 무엇인지를 인식하는 데 어려움을 느끼게 됩니다. 지금까지 나의 가정은 외부세계에 어떤 연극을 해왔나요?

## 건강하지 못한 가정이 만드는 성인 아이

모습은 어른인데 마음과 생각이 아이와 같다면 아이일까요, 어른일까요? 연령적으로나 인격적으로 성인의 성숙함을 이루어야 할 때인데 정서적으로, 영적으로 어린아이의 성향을 벗어버리지 못한 사람들을 이름하여 성인 아이(adult child: 어른아이)라 부릅니다. 이런 사람들은 건강하지 못한 역기능적 가정에서 만들어 냅니다. 그들은 현재의 성인의 삶에 적응하지 못하고 관계속에서 상처를 입고, 상처를 입히며, 스스로를 파괴시키는 사람들입니다. 버지니아 샤티어는 이들을 '잘못된 자기가치를 가진 문제아' 라고 말하고 로빈 노우드는 '부모에게 받지 못한 사랑의 욕구불만을 성인이 되어 충족시키고자 애쓰는 사람' 이라고 말합니다. 또한 휴 미실다인(Hugh Missildine)은 자신의 책 '몸에 밴 어린 시절'에서 성인아이를 위로받지 못하고 자라난 '과거내재아(또는 내재 과거아)' 라고 표현하고 있는데, 과거 내재아는 문자 그대로 성인이 된 지금에도 성인의 생활 속에 소아적 모습이 그대로 남아 계속되는 사람을 말합니다. 그럼 성인아이들은 어떤 특성을 가지고 있을까요?

**성인 아이는 낮은 자존감 때문에 충동적인 행동을 자주 합니다**
성인 아이는 아무런 대안이나 대책 없이 가능한 결과들에 대해 고려해 보지도 않고 행동합니다. 어떤 일을 할 때 깊이 생각하지 않고 얼떨결에 충동적으로 해버립니다. 그렇게 해 놓고 일이 잘 안되면 있는 성질은 다 내고 책임을 전가시켜 버립니다. 자신과 타인을 무자비하게 비판하고, 완전주의(perfectionism)적으로 행동합니다. 또한 남을 비웃고 험담함으로 자신의 부족감을 감추거나 보상받으려고 합니다. 물론 시간이 흐르면서 후회하고 사과도 하지만 똑같은 상황이 오면 그 행동이 다시 반복되는 경향이 있습니다. 이런 충동은 혼돈과 자기혐오를 가져오며 자신이 처한 환경을 통제하지 못하게 만듭니다. 더욱이 이런 행동으로 말미암아 사태를 수습하기 위해 과다한 힘을 소비하게 됩니다. 이런 사람은 대부분 부모가 유약하여 아이의 절제된 삶을 이끌어 주지 못했기 때문일 경우가 많습니다.

> **성인 아이**(adult child: 어른아이)라 부릅니다. 이런 사람들은 건강하지 못한 역기능적 가정에서 만들어 냅니다. 그들은 현재의 성인의 삶에 적응하지 못하고 관계속에서 상처를 입고, 상처를 입히며, 스스로를 파괴시키는 사람들입니다.

### 성인 아이는 끊임없이 인정과 칭찬 받기를 갈급해 합니다

이들은 다른 사람이 자신을 좋아하도록 하기 위해서 무슨 일이든 하려고 합니다. 충성할 필요가 없을 때도 끝까지 지나칠 정도로 충성합니다. 내면에 자라지 않은 아이가 있어서 인정과 칭찬에 갈급하기 때문에 이렇게 확인하려 드는 것입니다. 이 갈급함은 질투와 시기로 발전하기도 합니다. 자기보다 더 잘 나가는 사람은 모두 적으로 생각해서 주변 사람과 좋은 인간관계를 맺을 수 없습니다. 자기가 돋보여야 하고 최고 경영자의 눈에 들어야 하기 때문에 지나친 경쟁심을 하기도 합니다.

### 성인 아이는 거절이나 버림받는 것에 대한 강한 두려움이 있습니다

인간 관계는 자기를 좋아하는 사람이 있으면 주변에 그렇지 않은 사람도 있기 마련입니다. 그런데 성인 아이는 99명이 자신을 좋아해도 1명이 싫어하는 것 때문에 괴로워하고 밤잠을 이루지 못합니다. 어릴 적 부모님께로부터 수용받지 못하고 거절된 경험이 많은 사람은 이런 두려움 때문에 한 번의 경험일지라도 그 아픔을 그냥 무시하고 갈 수가 없습니다. 자신의 말을 듣기 보다 신문 보기를 좋아하신 아버지, 뭔 말만 하려면 딴생각에 바쁜 엄마, 늘 당신들의 상처의 감정에 매여 자녀의 소리에 시끄럽다고 고함치던 어머니 밑에서 자란 사람들은 "너 같은 놈의 이야기는 들을 필요도 없어. 중요치 않으니 가만히 있어." 라는 무언의 소리에 자신을 옭아매게 됩니다.

**성인 아이는 스스로를 주장하거나 소신 있게 행동할 때**
**죄책감을 느낍니다**

이들은 자신을 돌보는 대신 다른 사람들의 욕구나 견해를 따릅니다. 자신에 대한 문제에 머뭇거리고, 생각했던 것을 주장하지 못하고 포기하는 경우가 많이 있습니다. 이 사람들은 어릴 적 자기만 위한다는 지적을 많이 받고 자랐거나 이기적이라는 꾸중을 많이 듣고 자랐을 때 자기도 모르게 죄책감을 갖게 되어 성인이 되어서도 자신의 주장을 하지 못하고 다른 사람 특히 권위자의 눈치만 보고 불이익이 되어도 말도 못하고 끙끙 앓기만 합니다. 때로는 어릴 적부터 아이로서 응석을 부리거나 어린아이답게 감정을 표현해 본 경험이 없을 경우에도 그렇습니다.

**성인 아이는 친근한 관계에 어려움을 겪습니다**

불안정하게 느끼고 다른 사람을 신뢰하지 못합니다. 분명한 경계가 없어서 다른 사람의 감정과 필요로부터 자신을 개별화시키지 못하여 끌려다니기도 하고 다른 사람의 감정과 필요에 의해 지배 당합니다. 더욱이 성인 아이는 건강하고 성공적인 삶을 살아가는 사람에게는 별로 관심을 갖지 않습니다. 뭔가 비정상적인 상황에서 힘들어하는, 사랑인지 동정인지 혼돈스러운 상황에서 자기가 도와 줄 수 있을 것 같은 사람에게 관심이 쏠리고 그런 사람들을 편하게 여깁니다.

### 성인 아이는 무기력하고 소심합니다

할 수 없다고, 자기는 안 된다는 무능감이 팽배해서 아무것도 하지 않으려고 합니다. 늘 불평만 합니다. 자기를 알아주지 않는다고, 아무도 자기를 도와주지 않는다고 불평합니다. 강압적인 부모나 과보호형의 부모 밑에서 자란 성인 아이의 경우가 이런 경향을 보입니다.

어릴 적에 저지른 작은 실수 때문에 지나치게 혼난 경험이 있거나 무엇인가 열심히 일을 해내었지만 칭찬보다는 늘 비교 당하거나 무시 당한 경험을 가진 경우에 그렇습니다. "이것도 못하니? 네가 하는 일이 다 그렇지. 조금만 더 잘했으면 되는데 왜 못한 거야?" 그 반대로 어떤 일을 해 볼 수 있는 기회를 늘 저지 당한 경우에 이렇게 소심하게 되어 자신은 할 수 없다는 생각에 지배 당하게 됩니다.

# 상처 받은 성인 아이 체크

내면의 성인 아이의 특징을 살펴보면서 어떤 생각이 떠오르셨나요? 성인 아이의 특징을 단 하나도 갖고 있지 않은 사람은 없을 것입니다. 가정마다 문제가 없는 가정이 없기 때문입니다. 그러나 자신과 자신이 속한 가정을 알고, 내면의 소리에 귀 기울이는 것과 그냥 방치하는 것에는 큰 차이가 있습니다. 왜냐하면 이렇게 자신과 자신의 부모를 이해하는 것이 자신을 치유하고 변화시키는 시작이 되고, 가정과 다음세대의 변화를 가져오기 때문입니다. 처음부터 단번에 역기능 가정이 되어 생명을 잃어가는 경우는 드뭅니다. 지금 우리 중에도 현재 진행형인 건강하지 못한 가정이 있을 수 있다는 점에 주의를 기울일 필요가 있습니다. 여기에 자신의 상처 받은 내면을 점검할 수 있는 질문지를 존 브레스쇼의 책 '상처 받은 내면아이 치유'에서 발췌하여 옮겨 봅니다. 만약 당신이 각 항목마다 10개 이상의 문항에 '예'라고 대답했다면 심각한 상황이라고 할 수 있습니다. 그렇지만 그렇다 하여 크게 실망하지 마세요. 다음 과는 그런 분들을 위해 준비되었으니까요.

## A. 정체성

1. 새로운 일을 시작하려고 계획할 때마다 걱정되거나 두렵다.
2. 모든 사람들이 좋아하는 멋진 사람이지만 나 자신에 대한 확신은 없다.
3. 반항적이며 다른 사람과 다툴 때 살아 있다는 걸 느낀다.
4. 숨겨진 나 자신의 깊은 곳에서는 무엇인가 내게 잘못된 것이 있다고 느끼고 있다.

5. 나 자신이 마치 창고와 같아서 아무것도 내다 버릴 수가 없다.

6. 남자로서 혹은 여자로서 부족하다고 느낀다.

7. 성별에 대해 혼란스럽다.

8. 왠지 나 자신을 두둔하면 죄책감이 느껴지기 때문에 차라리 다른 사람들의 편을 드는 것이 낫다.

9. 새로운 일을 시작하기가 어렵다.

10. 일을 끝내기가 어렵다.

11. 자기만의 생각을 가져 본 적이 드물다.

12. 자신의 부족함에 대해 계속해서 스스로를 비판한다.

13. 나 자신이 아주 죄 많은 사람이라고 생각하고 지옥에 갈까봐 무섭기도 하다.

14. 아주 엄격하고 완벽주의자다.

15. 한 번도 내가 능력이 있다고 생각해 본 적이 없고 제대로 일을 해 본 적도 없다.

16. 진정으로 원하는 것이 무엇인지 모른다는 생각이 든다.

17. 완전한 성취자가 되기 위해 나 자신을 통제한다.

18. 성적으로 매력적이지 못하면 아무것도 아니라는 생각이 든다. 혹시 나 자신이 멋진 연인이 되지 못하면 버림받거나 거절당할까봐 겁난다.

19. 인생이 공허하다. 대부분의 시간 동안 우울하다.

20. 나 자신이 누구인지 정말 모르겠다. 나의 가치가 어느 정도인지, 어떤 것에 대해 내가 어떻게 생각하는지도 모르겠다.


## B. 기본욕구

1. 언제 피곤하고, 배고프고, 흥분하는지 등의 신체적 욕구에 대해 아무것도 느끼지 못한다.

2. 다른 사람들이 나한테 손대는 것이 싫다.

3. 정말로 원하지 않을 때라도 종종 섹스를 한다.

4. 예전에, 혹은 현재 섭식장애가 있다.

5. 구강성교를 좋아하고 그것에 집착한다.

6. 무엇을 느끼는지 잘 모르겠다.

7. 화가 났을 때 나 자신이 부끄럽다.

8. 화를 잘 내지 않지만 화가 났을 때는 아주 격노한다.

9. 다른 사람들이 화내는 것이 무섭다. 그것을 막기 위해서는 무엇이든 하려고 한다.

10. 눈물이 날 때 자신이 부끄럽다.

11. 겁이 날 때 자신이 부끄럽다.

12. 별로 좋지 않은 감정은 거의 표현하지 않는다.

13. 항문섹스에 자주 집착한다.

14. 가학적이거나 자기학대적인 변태섹스에 집착한다.

15. 자신의 신체적인 기능이 부끄럽다.

16. 수면장애가 있다.

17. 포르노영화를 보는 데 비정상적으로 많은 시간을 보낸다.

18. 다른 사람들을 자극하기 위해 자신을 성적으로 보이려 한 적이 있다.

19. 어린아이에게 성적인 매력을 느끼지만 그것을 행동으로 보일까 봐 걱정이다.

20. 음식 또는 섹스가 나의 가장 큰 욕구라고 믿는다.


## C. 사회성

1. 기본적으로 나 자신을 포함해 다른 사람들을 믿지 않는다.

2. 예전에, 혹은 지금 중독자와 결혼했다.

3. 관계에 있어서 너무 강박적이거나 통제적이다.

4. 중독자이다.

5. 관계에서 고립되어 있으며 다른 사람들, 특히 권위자를 무서워한다.
6. 혼자 있는 것이 싫기 때문에 그러지 않기 위해 무엇이든 하려고 한다.
7. 다른 사람들이 내게 기대한다고 생각되는 걸 하고 있는 자신을 발견하곤 한다.
8. 어떤 상황이든 분쟁은 피한다.
9. 다른 사람의 의견에 싫다고 해 본 적이 없으며 그들의 제안에 따라야 할 것 같다.
10. 지나친 책임감이 있다. 혼자보다는 다른 사람들에게 관여하는 것이 훨씬 편하다.
11. 다른 사람에게 직접적으로 싫다고 말하지는 않고 다른 사람의 요구에 대해서는 아주 교묘하고 간접적이며 소극적인 방법으로 거절한다.
12. 다른 사람들과 다투고 나서는 어떻게 해결해야 할지 잘 모른다. 그래서 상대방을 눌러 버리거나 아예 포기해 버린다.
13. 이해하지 못하는 부분에 대해서도 거의 해명을 요구하지 않는 편이다.
14. 종종 사람들이 무슨 뜻으로 말했는지 추측하고 그 추측을 바탕으로 대답한다.
15. 부모님 중 어느 한 분과도 가깝다고 느껴 본 적이 없다.
16. 사랑과 연민을 혼동하고 동정할 수 있는 사람을 사랑하는 경향이 있다.
17. 누군가 실수하면 그것이 자신이든 다른 사람이든 비웃는다.
18. 아주 쉽게 그룹의 규칙에 따른다.
19. 나는 아주 경쟁적이며 불쌍한 패배자이다.
20. 제일 큰 두려움은 버림받는 것이기 때문에 관계를 유지하기 위해서는 무엇이든 할 수 있다.

# Lesson2
# 과거의 가정을 이야기합니다

## 자아 발견하기

많은 부모들이 이렇게 이야기합니다. "나도 그러고 싶지 않아요. 불쑥불쑥 화를 내거나 소리를 지르는 내 모습이 싫습니다. 가끔 너무 다른 부모들에 비해 못난 것 같고 할 수 있는 게 하나도 없는 것 같아 한심하기도 하고, 밀려드는 불안과 슬픔 속에서 이러면 안 되는데 하지만 나도 내가 왜 이러는 줄 모르겠어요. 그럴 때면 괜히 아이에게 더 심하게 하죠." 이렇게 우리 부모는 자신도 모르는 자신의 모습으로 인해 자녀에게 좋은 부모가 되는 것에 방해 받고 실패하기도 합니다. 우리는 이렇게 실패하고 무너지는 부모로서의 자신의 모습을 어떻게 이해해야 할까요?

우리가 스스로 생각하고 느끼는 자신의 모습을 자아상이라고 합니다. 성경은 특별히 우리의 자아에 대해 이야기합니다. 자아를 이해할 수 있는 대표적인 성경 구절은 민수기 13장 33절입니다. '거기서 또 네피림 후손 아낙 자손 대장부들을 보았나니 우리는 스스로 보기에도 메뚜기 같으니 그들의 보기에도 그와 같았을 것이니라.' 약속된 땅을 정찰하러 갔던 12명의 사람들이 돌아와서 그 땅에 거인들이 살고 있더라고 보고합니다. 여호수아와 갈렙을 제외한 모두는 그 땅이 비록 하나님이 약속하신 대로 풍요롭다 할지라도 위험할 수 있으므로 들어가지 말자고 보고합니다. 여기에서 중요한 점은 여호수아와 갈렙은 다른 사람들과 아주 다르게 그들 자신을 인식했다는 사실입니다. 대다수의 사람들은 아낙의 자손들과 비교해서 자신을 단지 메뚜기로 여겼고 두려움에 몸을 움츠렸습니다. 위에서 인용한 구절은 자신에 대한 그들의 인식이 적들을 바라보는 태도에 영향을 미쳤다는 점을 지적하고 있습니다. 그들은 자신을 단지 한 떼의 메뚜기로만 여겼습니다. 그런데 여호수아와 갈렙은 자신들을 그렇게 하찮고 작은 메뚜기로 생각하지 않았다는 것이 분명합니다. 그들은 자신들이 그 땅을 차지할 권리가 있음을 확신하면서, 하나님의 존재에 비추어 자신들을 바라보았습니다. 사실 그들은 자신들에 대해 실질적인 평가를 하고 있었습니다. 그들은 오만하거나 자신을 과신하지도 않았습니다. 그들은 확신이 없이 두려움에 가득 차서 자신과 하나님에 대해 과소평가하는 대다수의 사람들과 달랐습니다.

이렇듯 자아상은 자신에 대해 느끼는 모습을 말합니다. 그런데 자아라는 것은 사실 자기 자신을 바라보는 것만으로 끝나지 않습니다. 그것을 경험하고 느끼는 사람의 태도를 통하여 그를 둘러싸고 있는 세상과 주변을 바라보는 중요한 틀이 만들어 지기도 합니다. 부모 자신이 자신에 대해 부정적이면 세상을 바라보는 시각도 부정적이 됩니다. 소극적인 자아상은 세상을 바라볼 때도 소극적이 됩니다. 또한 부모 자신에 대한 상은 자녀와 가족에 대한 시각의 틀을 제공합니다. 자아상의 틀이 뾰족하고 날카로우면 가족들을 바라보는 시각 역시 날카롭습니다. 부모들은 자신에 대한 거울을 통해 자녀를 통제하기 때문에 또 한 명이 그 자아상에 의해 투영됩니다. 부모의 삐뚤어진 자아상은 자녀에게 그대로 투사되어 자녀들이 건강하게 자라는 데 방해를 하게 됩니다. 부모의 좌절감은 자녀에게 그대로 전수되고, 부모의 열등감은 자녀에게 또 하나의 열등감을 불러일으키며, 부모의 죄의식은 자녀에게 다시 죄의식을 갖게 합니다.


## 자아상 속에 숨겨진 부모

그렇다면 이런 자아상은 어떻게 만들어 졌을까요? 아이들이 아주 어릴 때는 자기 주변에 아무도 없으면 울기 시작합니다. 이때 엄마가 달려가면 그 엄마를 보면서 아이는 안심하게 되는데 바로 그 엄마를 통해 자신의 가치를 확인하기 때문이지요. 그런데 점점 자라면서 믿었던 엄마로부터 조건적 사랑을 받게 되고 또 욕설과 비난과 학대를 받게 되면 그것이 상처가 되어 열등감으로 나타나게 됩니다. 그러면서 나는 남보다 못하고 살 필요도 없는 존재라고 스스로를 비하시켜 버리지요. 이 열등감이 초등학교에 다닐 때까지는 조용히 아이의 내면에 웅크리고 있다가 청소년기에 들어서면서부터 폭발하기 시작합니다. 과거에 상처를 안겨주었던 그 사건들이 기억 속에 되살아나면서 분노의 감정이 화산처럼 끓어오르기 때문이지요.

우리는 자전거 사슬로 묶여 있는 서커스단의 코끼리처럼 보입니다. 때로 우리는, 조그만 사슬로 어떻게 코끼리를 묶을 수 있을까 하는 의문을 가집니다. 조련사는 사슬로 코끼리를 묶을 수 없습니다. 코끼리가 탈출하려는 노력을 하지 못하게 하는 것은 바로 코끼리의 기억력입니다. 코끼리가 아주 어릴 때에는 사슬을 끊을 힘이 없습니다. 그때 코끼리는 사슬이 자기보다 더 세다고 믿게 되고, 그 사실을 잊지 않는 것입니다. 그 결과로 코끼리가 충분히 성장한 후 사슬을 끊을 만한 힘을 가지게 되었을 때에도, 코끼리는 자신이 사슬을 끊을 수 없다는 사실만을 기억합니다. 그래서 코끼리는 결코 다시 노력하지 않습니다. 그를 결박하고 있는 것은 사슬이 아니라 그의 기억력인 것입니다. 물론 때때로 코끼리는 사슬을 끊을 수 있다는 것을 알아내는데, 그 후부터는 조련사가 코끼리를 다루는 데 애를 먹습니다.

우리의 자아상도 이와 비슷하게 작용합니다. 우리는 어린 시절의 자신의 장점과 약점을 알게 되면서 그런 기억들이 어른이 되어서도 우리를 묶어 놓습니다. 좋은 것이든 나쁜 것이든 우리를 평가했던 목소리와 경험들이 우리의 잠재의식에 남아 있게 되고, 자신은 수년 전에 가졌던 나약함을 아직도 갖고 있는 사람이라고 믿으며, 인생을 살아갑니다. 우리가 기억하는 어린 시절의 느낌들은 오늘날에도 생생히 살아 있으며, 우리를 둘러싼 세상에 대해 여전히 지금도 그렇다고 추측하게 됩니다. 결국 내 자아상 속에 숨겨진 모습으로 나의 부모님은 지금도 내게 말하고 있습니다.

상담했던 한 사례 중, 자신에게 주어진 좋은 환경 속에서도 마음속에 만족함을 느끼지 못하고 늘 힘겹게 사는 40대 사람이 있었습니다. 애정 있는 가정에서 성장했으나 맏이로서 그에게 주어진 일을 아무리 잘 해도 그의 부모는 늘 그에게 더 잘하기를 원했다고 합니다. 그는 잘했다는 말을 결코 들어 본 적이 없었습니다. 그는 부모의 인정, 특히 아버지의 인정을 받기가 어려워 보였습니다. 그는 자신이 코앞에 매달려 있는 당근을 잡으려는 속담 속의 당나귀나 혹은 잡을 수 없는 토끼를 뒤쫓느라 경주에서 질주하는 그레이하운드처럼 느껴졌습니다. 그는 그의 좌절감을 "나는 결코 정상에 도달할 수 없는 사다리를 오르고 있다."라고 은유적으로 표현했습니다. 오늘날도 그는 부모로부터 인정 받는 말을 들으려고 일하는 자신을 발견합니다. 그의 부모는 모두 돌아가셨지만 부모가 인정하는 기준은 아직도 그의 마음에 살아 있습니다. 그는 아직도 마음속에 있는 부모의 기준에 도달하려고 노력하고 있습니다.

많은 사람이 이러한 성격적인 특성을 갖고 있습니다. 목사들과 기독교인들도 이 문제로 인해 종종 고통을 받습니다. 우리가 매우 바쁠 때, 많은 일을 달성했을 때, 오랜 시간 동안 일을 해서 몹시 지쳐 있을 때, 우리는 우리 자신에 대해서 만족감을 느낍니다. 마음속에 있는 부모님의 기준에 도달했기 때문입니다.

잘 알려진 상담가이며, 저술가인 세실 오스본(Cecil Osborne)은 이렇게 말합니다. "어린아이는 자신에 대해서 일정한 견해를 지니고 있지 않습니다. 그에 대한 부모의 평가라는 거울을 통해 어리석다, 수줍어한다, 솜씨가 없다는 말을 들은 아이는 부모 혹은 자기보다 나은 어떤 사람이 정해 버린 이러한 모습대로 행동하려고 합니다." 죤 브레드쇼(John Bradshow)의 책 '창조적인 사랑'을 보면, 우리가 수치심에 묶일 수 있는 부분에 대해 설명하고 있습니다. 이런 수치심을 통해 자신에 대한 자아상이 어린 시절의 그 목소리에 묶이게 되어 성인이 되어서도 자신을 그렇게 고정화시킨다는 것입니다.

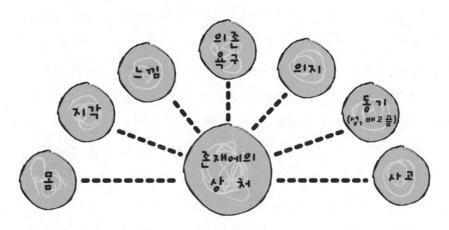

신화는 중요한 타인과 자신과의 대인간 거래로서 시작된다

죤 브레드쇼(2006), 창조적인 사랑(103쪽)

첫 번째 영역은 몸에 관한 수치심입니다. 아이가 매를 맞을 때 신체적인 경계선이 침범당하면 스스로 어떤 보호막을 가지지 못한 사람처럼 느낍니다. 그때 아이가 받게 되는 메시지는 누구라도 나를 만지거나

때리거나 모욕을 느끼게 할 수 있다고 생각하게 되면서 자신을 소중하지 않은 존재로 여기게 됩니다. 아이의 신체에 대한 크기나 모양에 대해서 놀리게 되면 그것이 아이의 수치심을 야기시킵니다. 너무 크거나 작은 아이들, 혹은 너무 마르거나 뚱뚱한 아이들, 혹은 행동이 둔하든지 기형적인 면을 가지고 있는 아이들, 부모가 원하는 성(gender)을 갖고 태어났거나 혹은 그렇지 않느냐에 따라 아이들은 몸에 수치감을 느끼게 되면서 자신이 아무것도 아닌 사람이라고 여기게 됩니다. "왜 그렇게 생겼니? 키가 좀더 컸으면 좋았을 텐데.", "너는 이런 것도 못하니? 그렇게 약해서야…" 이런 말들은 자녀에게 열등감이 생길 수밖에 없게 합니다. 열등감을 가진 사람은 대인관계뿐 아니라 자신의 정신건강에도 무척 어려움을 겪습니다.

두 번째 영역은 지각의 영역입니다. 아이들은 자신들이 보고 듣는 것에 대해서도 수치감을 느낍니다. 그래서 아이들은 자신의 감각적인 지각을 신뢰하지 않게 됩니다. 예를 들면 어머니가 울고 있을 때 "무슨 일이 있어요, 엄마?"라고 묻는 아이에게 눈물을 닦으며 엄마가 대답합니다. "아무것도 아니야. 나가 놀아라." 아이는 두려움을 느끼면서 '나는 정말로 엄마가 울고 있는 것을 보고 그 소리도 들었어. 내가 뭐가 잘못된 것 같아.'라고 생각을 하게 되는 것입니다. 나의 과거의 가정에서 부모님의 시끄러운 싸움, 혹은 괴성들, 그리고 마음에 불안을 일으키는 소리를 들으며 내가 통제할 수 없는 소리임에도 불구하고 그것을 나의 잘못된 모습으로 껴안고 그 수치심에 머물러 있지는 않습니까?

세 번째 영역은 느낌입니다. 역기능 가족의 부모는 '느끼지 말 것'과 '말하지 말 것'이라는 규칙을 두게 됩니다. 치과에서 진료를 기다리며 두려워하는 한 소년에게 아버지가 계속해서 "진짜 남자는 두려워하지 않아."라고 말하였습니다. 그러나 그 아이는 두려워하고 있었습니다. 아버지는 아들이 두려움을 극복하도록 도우려는 의도해서 말했지만 실상은 아버지는 아들의 느낌이 옳지 않은 것이라고 말하고 있는 것입니다. 아이들은 자신이 두려움을 표현하게 되면 스스로에게 '나는 뭔가 잘못된 아이야. 나는 두려워하고 있어. 아버지가 두려워해서는 안 된다고 말씀하셨는데 아마도 나는 제정신이 아닌 것 같아. 내가 뭔가 잘못된 아이임에 틀림없어.'라고 생각합니다. 보통 감정은 약한 것으로 여겨집니다. "너는 너무 감정적이야."라는 말은 나무랄 때 흔히 쓰는 말입니다. 그러나 감정이 수치심을 느끼게 되면 우리의 감정은 마비되고 그에 따라 자신의 존재조차 비하시키고 존중하지 못하게 됩니다.

때로 어린 자녀들은 쉽게 두려움을 경험하는데 협박하는 태도로 그 부정적 느낌을 경험하게 되는 고통을 보게 됩니다. "말 안 들으면 엄마 나가 죽어버릴 거야.", "바깥으로 내쫓아 버릴 거야." 등의 말들, 혹은 어두운 방에 가두어 놓아서 혼내는 등으로 아이에게 감당할 수 없는 느낌을 경험하게 하는 것은 너무 큰 상처가 됩니다. 우리의 감정이 저지되고 무시될 때, 우리는 우리에게 허락하신 아름다운 감정을 사랑하는 사람들과 나누는 방법조차 알지 못하게 됩니다. 감정은 수치라고 여기게 되는 것이지요. 지금 당신의 감정을 소중하게 여기고 계십니까? 어디에서 감정이 자유롭지 않게 되었을까요? 감정이 너무 억제되어 있다면 이제 그 감정을 일으켜주어야 합니다. 당신의 감정은 소중하고 존중받아야 하니까요.

네 번째 영역은 의존욕구입니다. 갓 태어난 아이는 무력하고 힘이 없습니다. 아이는 중요한 타인에게 의존해야만 합니다. 아이는 안아주고 만져주고 반영해 주는 누군가와 음식을 먹여 주고 옷을 입혀주며 쉬게 해주는 누군가가 필요합니다. 무엇보다 아이에게 힘을 부여해주고 긍정해주는 사람이 필요한데 이러한 욕구들은 양육해주는 누군가가 존재할 때만 가능합니다. 그런데 이런 의존에 대해 지나치게 야단을 맞거나 혹은 의지할 만한 대상이 아무도 없이 고립에 빠지게 되면, 자기만의 정체성을 세우지 못하기 때문에 계속해서 중요한 타인의 사랑을 얻고자 갈구하게 됩니다. "네가 말 안 들으면 엄마 딸 아니야.", "말 안 들으면 미워할 거야.", "너희들이 너무 지겹구나." 이런 말들은 사랑으로 자녀를 조종하거나 자녀를 귀찮은 존재로 만듦으로써 자녀에게 심한 거절감을 선사합니다. 이러한 밀착관계는 일생을 거쳐 재연하게 됩니다. 왜냐하면 나를 비춰주는 거울이 나의 욕구에 대해 없다고 이야기하기 때문에 계속해서 그 욕구를 찾을 수밖에 없습니다. 너무 어린 나이에 철이 든 아이도 그렇게 다른 사람에게 도움을 받을 수 있다는 사실에 익숙하지 않습니다. 집이 너무 가난했거나 혹은 부모님께서 자녀를 돌볼 수 없을 만큼 힘이 드셨거나 부모님께서 불행해 보이셨다면, 아이의 눈에 자신이 편안하게 의지할 수 있는 곳을 찾을 수 없었겠지요.

다섯째는 의지의 영역입니다. 아이의 삶의 에너지도 수치심에 묶일 수 있습니다. 2살쯤 되면 아이는 "싫어.", "안할 거야.", "내꺼야."라는 말을 하기 시작합니다. 이때 아이는 심리적으로 탄생해서 자아를 개발하고 있는 것입니다. 바로 자신이 엄마, 아빠와 다른 존재라는 것을 깨닫게 되는 것입니다. 다르다는 것을 느끼는 것은 아이가 심리적으로 태어나는 것이며 자신의 의지를 갖게 된다는 것은 자기만의 자아를 형성한다는 것입니다. 그런데 "네가 뭘 할 수 있다고…", "네가 하는 일이 다 그렇지…", "안 된다. 네가 하면 엉망이 되잖아…", "뭐 하나 잘하는 게 없구나." 이런 식의 부모의 자녀에 대한 의지에 대한 메시지는 자녀가 자신의 존재 자체에 대해 불신을 가지게 합니다. 이런 표현은 자녀에게 무능감과 실패감을 심어줍니다. 실패감이 많으면 새로운 시도와 건강한 모험을 피하기 마련입니다.

또 하나의 영역은 사고의 영역입니다. "다시는 그런 생각하지 말아라.", "너의 생각은 그것밖에 안되잖아." 이런 말속에 포함된 메시지는 이것입니다. 즉 아이가 자신의 방식대로 생각하는 것은 옳지 않다는 것입니다. 아이는 다시 결론을 내리게 됩니다. "나는 무엇인가 잘못된 아이야." 그래서 아이는 자신은 제대로 생각도 할 줄 모르는 아이라고 여기고 자신만의 생각이나 신념을 갖지 않아야 사랑을 받을 수 있다고 여기게 됩니다. 자신의 사고방식에 결점이 있다고 결론을 내리게 되는 것입니다.

결국, 내가 누구인지 알려면 거울을 통하여 자신의 외모를 비춰보아 알 수 있듯, 내면의 '나'는 듣고 기억하는 다른 사람들의 견해에 비춰져 주로 해석된 것입니다. 그것은 어린 시절에 더욱 그렇습니다. 어린 시절에 부모님을 통해 우리가 생각하는 우리 자신, 곧 우리 자아상의 상당한 부분을 형성합니다. 어린 시절뿐만 아니라 성인이 되어서도 다른 사람의 반응이 나의 모습에 대한 상(image)에 영향을 미칩니다. 우리는 성인이 된 후에도 내가 누구이고 무엇인지 확인하기 위해 여러 방면에서 계속 자료를 수집할 것입니다. 우리 자신에 대한 최초의 평가가 대부분 인생 초기에 완성되고, 또한 이를 변화시키기가 어렵긴 하지만,

우리는 자신이 현재 어떤 종류의 사람인가를 알기 위해서 동료와 친구로부터 계속해서 자신에 대한 정보를 얻었을 것입니다. 나에 대한 반응이 긍정적이라는 것을 알았을 때, 우리는 만족감을 느낍니다. 동시에 타인의 태도와 반응이 부정적일 때는 불쾌감을 느낍니다. 그러나 어린 시절에 형성된 보잘것없는 자아상은 계속해서 우리에 대한 긍정적인 태도나 반응을 잊게 하고 부정적인 것에만 집착하게 할 것입니다.

혹시 부모님의 어떤 메시지가 지금 당신에게 죄책감, 실패감, 두려움, 거절감, 열등감 등의 마음의 상처를 일으키고 있나요?

## 자아상 치유하기

### 마음속 부모 이해하기
이렇게 우리의 지금 모습은 참 억울하게도 나의 의지와 상관없이 부모님으로부터 만들어진 모습이기도 합니다. 따라서 부모가 부모로서 행복하고 자신에 대한 가치를 인식하기 위해서는 먼저, 자신 안에 머물러 있으면서 끊임없이 영향력을 행사하고 있는 부모님의 모습이 어떤 분인지 깨닫고 그 부모와 화해하는 작업을 해야 합니다. 이제 나를 포장하고 있는 수많은 거짓된 부모님의 영향에서 자유해야 합니다. 쇠사슬을 끊고 탈출한 코끼리처럼, 우리는 보이지 않는 사슬로부터 자유를 경험할 수 있습니다. 자신 안에 있는 부모의 상을 바꾸어 나가지 않으면, 부모로서 우리 안에 있을 부정적인 부모의 영향력을 우리 자녀들에게까지 행사하게 되기 때문입니다.

그런데 그렇다고 이제라도 부모님께 찾아가서 나에게 어떻게 이런 모습을 만들어 주었느냐고 원망하고 불평하면 해결이 될까요? 그럴 수가 없잖아요. 만약 그렇게 할 수 있다한들 원망하는 것으로 나의 모습을 변화시킬 수는 없습니다. 그렇다면 어떻게 해야 건강하게 나의 존재에 대한 인식을 가져올 수 있을까요?

먼저 우리는 우리의 부모를 이해해야 합니다. 사실, 우리 부모님도 피해자입니다. 할아버지, 할머니로부터 내려온 내면아이의 특성이 아버지와 어머니에게 되물림 된 것입니다. 결국 그렇게 거슬러 올라가서 보면 인간이 자신에 대하여 낮은 상을 가질 수밖에 없는 그 근원의 뿌리는 창세기 3장 14~24절에 나타나 있는 사건을 통해 확인할 수 있습니다.

우리는 이 사건을 외적인 사건으로만 이해해서는 안 됩니다. 이 사건을 경험한 아담과 하와의 입장에서 볼 때 이 사건은 그들에게 엄청난 내적 충격을 주었습니다. 성경에 나타난 내용인즉, 과거에는 하나님께서 모든 것을 주시고 그들을 보호해 주셨지만 이제부터는 스스로 험한 세상에서 살아가라고 하시며 마침내는 에덴동산에서 쫓아내셨습니다(창 3:23-24).

우리는 이 사건을 경험한 아담과 하와의 마음이 어떠했을까 짐작함으로써 인간의 근원적인 마음의 원리를 깊이 이해할 수 있습니다. 모든 것을 보호받던 그들이 에덴동산에서 쫓겨났을 때, 마치 부모로부터 버림받은 갓난아이와 같았을지 모릅니다. 비록 몸은 성인이었지만 그 내적 상태는 너무 어려서 도저히 감당할 수 없을 정도로 버림받은 충격이 컸을 것입니다. 버림받고 거절당해 본 경험이 있는 사람은 그것이 얼마나 큰 아픔인지 알 수 있을 것입니다. 특히 어렸을 때 버림받은 상처와 충격은 나중에 성인이 되었을 때 엄청난 영향을 미치게 됩니다.

버림받음은 인간의 마음에 어떠한 상처를 남기게 될까요? 첫째로 아픔입니다. 버림받음으로 인해 받고 싶은 사랑을 상실할 때 우리의 마음은 끊어질 듯 심한 고통을 겪게 됩니다. 그리고 혼자됨으로 생긴 두려움과 불안이 있습니다. 또 무서운 세상에 대한 두려움 역시 더욱 심화됩니다. 그 속에서 인간은 더욱 소외와 고독감을 느끼고 자신의 무가치함과 무력감, 열등감에 빠지게 됩니다. 아울러 원망과 분노의 감정도 갖게 됩니다.

버림받음으로 입는 상처 중에서 가장 무섭고 심각한 감정은 불신입니다. 믿었던 사람에게 버림받게 되면, 다시 사람을 믿지 못하게 됩니다. 믿고 싶어도 다시 버림받고 거절 당하는 것이 두려워서 아무에게도 다가서지 못하게 되는 것입니다. 하나님이 인간을 구원하실 때도 가장 방해가 되는 것이 바로 그 근원적인 불신입니다. 따라서 하나님이 믿음을 통해 우리를 구원하려고 하시는 것도 이러한 본질적인 치유의 뜻이 있을 것으로 생각됩니다.

인간은 태어나기 이전부터 이러한 버림받은 상처를 갖고 있습니다. 그래서 인간에게 가장 힘들고 고통스러운 마음의 사건이 있다면 바로 버림받을 때의 일인 것입니다. 욥의 고통과 예수님의 십자가의 고통 가운데 가장 견디기 어려웠던 것은 바로 아버지 하나님으로부터 버림받은 고통이었습니다. 갓난아이가 언제 배운 적도 없는데 어쩌면 그렇게 어머니에게 매달리고 버림받는 것에 예민할까요. 인간은 왜 그렇게 남을 의식하고 그 사람이 싫어하거나 비난하지 않을까 염려하고 긴장할까요. 얼마나 많은 사람들이 지금도 이별과 버림받는 경험을 두려워하며 이에 시달리고 있는가요. 아담으로부터 시작된 인간의 가장 근원적인 아픈 마음이 아니고서야 도저히 이렇게까지 예민하게 아플 수가 없을 것입니다.

다음으로 우리는 나를 이해해야 합니다. 내면의 상처난 자아상은 우리의 잘못이 아닙니다(엄격히 말하면 우리 모두의 죄 때문이지요). 상처받아 자존감이 낮은 내면아이로의 부모님 때문에 우리도 역시 성인아이가 되어 똑같은, 아니 오히려 더 심각한 증상들을 보이고 있는 것입니다.

어릴 적 부모님이 다투실 때 아무 말 하지 못하고 이불속에서 울며 잠들었는데, 다음날 온갖 근심 걱정 속에서 불행해 하는 어머니의 모습, 그 밤 너무도 무서워서 그 상황에 어쩔줄 몰라 한마디도 못한 채 이불속에서 불안해 했던 아이의 무능한 모습, 그리고 엄마의 행복을 위해서라면 무엇이든 하리라 다짐했던 아이 속의 그 어머니는 아이가 되어 있어서 그 아이 역시 그분이 불행하면 내가 불행했고 그분이 행복할 수 있는 일이라면 무엇이든 하리라 맘먹으며…. 그 아이, 나의 진정한 모습은 그렇게 사라져 갔습니다. 그 아이의 잘못이 아닙니다. 그릇된 대상이 그 아이의 마음에 남겨진 것 뿐입니다.

"저의 인생은 스스로 결정해서 살아온 줄 알았는데 사실은 부모님에게 휘둘려 살아온 인생이었습니다." 이 말이 가슴이 메도록 들리지 않습니까? 그러나 우리의 부모님 역시 그런 상처난 목소리에 매여 살아오셨기에 그분 역시도 가슴 아픈 삶을 살았습니다. 언제까지 이런 원죄의 사슬에 매여 이것을 다음세대에까지 물려주어야 한단 말입니까? 이제 우리가 알았습니다. 우리의 모습은 깨진 거울로 인해 왜곡되어져 있음을. 그래서 이제 용서가 필요합니다.

## 마음속 부모 용서하기

이제 우리는 우리의 과거에 우리에게 상처로 다가와 우리 마음속 깊은 곳에 자리잡은 부모님에 대한 용서할 수 없는 마음을 돌이켜보고 그 분들을 용서하는 시간을 가져야 합니다. 마음속에 담겨진 오래된 상처와 함께 잔상으로 남은 부모님을 용서하는 길은 다음과 같습니다.

첫째, 용서하는 것은 쉬운 일이 아닙니다. 용서는 단순히 잊어버리는 것을 의미하지 않습니다. 우리는 과거의 사건이 계속해서 잊혀지지 않기 때문에 용서하는 데 실패했다고 느낄지도 모릅니다. 어떤 것을 잊어버리는 것은 의지로 되는 일이 아닙니다. 괴로움을 주는 행동을 잊는다는 것은 그 행동이 계속되고 있을 때 특히 어렵습니다. 부모와의 갈등 관계는 시간이 지난다고 해서 자동적으로 좋아지는 것이 아닙니다. 강박적인 부모에 의해서 만들어진 느낌 때문에 계속해서 갈등을 겪을 때, 그 불쾌했던 일들을 잊어버리는 것은 거의 불가능합니다. 그러나 용서는 가능합니다.

둘째, 우리에게 상처를 준 어떤 사람을 용서한다는 것이 그 사람은 옳고 당신은 틀렸다는 것을 의미하는 것은 아닙니다. 용서는 모든 고통이 즉각적으로 사라지는 것을 의미하지 않습니다. 우리가 잘못한 것이 없어도 그 사람을 용서할 수 있습니다. 예수님은 자신을 십자가에 못 박은 사람을 용서해 달라고 하나님께 기도하셨습니다. 예수님이 용서를 구하셨다고 자신을 못 박은 사람들의 행동이 옳다는 것을 뜻하지는 않습니다. 또한 예수님이 용서를 구하셨다고 그분 자신이 잘못했다는 것을 뜻하지도 않습니다.

셋째, 용서는 모든 고통이 즉각적으로 사라진다는 것을 의미하시 않습니다. 역기능 가정에서 만들어진 고통이 사라지려면 아무래도 시간이 걸립니다. 우리는 자신이 자라온 가정의 역동성을 점점 이해하기 시작합니다. 우리는 부인하는 것으로부터 벗어납니다. 어린 시절에 자신에게 상처를 주었던 정서적인 충격에 더 솔직하게 직면해야 합니다. 우리는 우리 자신을 드러냅니다. 그때부터 우리는 도움을 받을 수 있습니다. 그러면 때로는 큰 덩어리로 때로는 작은 조각으로 고통이 사라지기 시작합니다. 단순히 고통이 남아있다고 해서 당신의 용서가 효과적이지 못했다고 생각하지 마십시오.

넷째, 용서는 다른 사람이 우리를 다스린다는 것을 의미하지 않습니다. 역기능 가정에서 통제는 중요한 것입니다. 역기능적인 부모는 자녀가 성장한 후에도 다음과 같은 방법으로 통제합니다. 일방적 방문, 조건이 있는 경제적 도움을 제공함, 나의 가치관과 다른 방법으로 손자들을 돌봄, 내가 선택한 것을 말없이 혹은 행동으로 거부함, 내가 선택한 것을 말로 거절함, "내가 너를 위해서 얼마나 많이 희생을 했는데 나를 이렇게 대하니."라며 순교자 같이 행동함, 우리의 도움을 받기 위해 하는 수동적인 행동 등. 우리가 아직도 부모 중 한 명이나 혹은 모두에게 통제를 받고 있다면 우리에게 용서는 그 통제를 상실하는 것으로 느껴질지도 모릅니다. 그러나 용서란 단순히 다른 사람이 우리를 통제하는 것을 의미하지 않습니다.

용서는 다음과 같은 것을 의미합니다. 첫째, 용서란 어떤 사람의 행위로 인하여 그 사람을 비난하기보다 나에게 괴로움을 주었던 사건의 역동을 이해하는 데 더 많은 관심을 기울이는 것을 의미합니다. 우리는 계속해서 그 사건에 대한 의미를 생각해 볼 수 있습니다. 둘째, 용서란 우리에게 상처를 준 사람을 더 이상 우리에게 빚진 자로 간주하지 않는 것을 의미합니다. 과거를 부인하면 용서하기 어렵습니다. 용서는 과거를 있는 그대로 받아들이는 것입니다. 셋째, 용서란 과거의 지배를 거부하고 미래를 향해 나아가는 데 더 많이 관심을 갖는 것을 의미합니다. 우리는 아픈 사건과 상처를 부인하고 회피하려는 마음을 뛰어넘어서 자신의 감정에 정직해져야 합니다. 용서를 위한 시간은 있습니다. 하나님의 인도하심에 민감해야 합니다.

어느 전도사님의 간증을 들은 적이 있는데 여기에 소개하고자 합니다. 그분은 청소년 시기에 예수님을 구주로 영접했습니다. 사건은 이후 사역자가 되고자 신학공부를 하던 중에 일어났습니다. 전도사님은 성실하게 사역했고 열심히 공부하였습니다. 그런데 그분은 지나칠 정도로 일에 매달렸고 때로 성도들과 관계를 맺는 것에 있어서 자신감이 없었습니다. 그분은 성경말씀을 사실과 진실로 믿었지만 한 가지의 성경말씀이 눈에 들어왔을 때, 머리로는 이해되어도 마음에는 와 닿지 않았습니다. 그 말씀은 "내가 너를 떠나지도 버리지도 않을 것이라."는 말씀이었습니다. 혹 주님이 떠나시거나 자신을 버리실 것 같아서 더 열심히 일하였는지도 모릅니다. 그러던 어느 날, 전도사님은 그렇게 마음에 와 닿지 않던 그 말씀을 붙잡고 울며 주님께 기도하기 시작했습니다.

"주님! 주께서 이 세상을 창조하시고 우리를 지으신 것을 믿습니다.

그리고 저를 구원하시기 위해 생명을 주셨다는 것도 믿습니다. 그런데 주님!! 나를 버리지도 않고 떠나지도 않는다는 그 말씀은 왜 이리도 제 마음에 담을 수가 없는 것일까요?" 그때 "내가 너를 안다. 내가 너를 사랑한다."는 말씀이 마음속에 울렸습니다. 전도사님은 다시 원망과 분노에 찬 목소리로 기도할 수밖에 없습니다. "주님! 당신이 나를 아신다구요? 당신이 나를 떠나지 않으실 거라구요? 당신은 부모로부터 버림받은 자의 마음을 알지 못합니다. 사랑하는 사람이 나를 버리고 떠날 것 같은 그 불안을 당신은 알 수 없을 것입니다. 당신은 알 수 없어요. 제 마음을…." 전도사님은 소리 내어 울었습니다. (사실 그분은 어릴 때 부모님이 누구인지 모른 채 보육원에서 자랐습니다.) 그때 그분의 마음 가운데 십자가에서 피 흘리시는 주님의 모습이 그려졌습니다. 그리고 마음에서 소리가 들리는 것 같았습니다. "내가 너를 안다. 나도 십자가 위에서 그 순간, 하나님 아버지로부터 철저히 버림받았단다. 내가 너를 안다. 내가 너의 그 마음을 안다. 사랑하는 사람에게 버림받을까 봐 두려운 마음, 모두 나를 떠나버릴 것 같은 무서움, 홀로 어둠 가운데 있어야 하는 외로움, 그 두려움과 무서움, 불안을 안다." 그 순간 전도사님은 한없이 그분의 품에 안겨 울 수밖에 없었다고 합니다.

다음의 사실을 마음으로 받아들일 수 있습니까? 우리의 과거가 아무리 무거운 짐이었을 지라도, 어그러지고 깨어진 부모의 거울에 비친 나의 모습이 깨어졌을 지라도, 우리의 창조자 되신 그리스도의 사랑에서 우리를 끊을 수가 없다는 사실을 말입니다. 그 어떤 것도 그리스도 안에 있는 우리를 하나님께서 사랑으로부터 막지 못합니다. 그런데 때로 우리가 스스로 그분의 사랑을 받아들이지 않을 수도 있습니다. 만약 우리가 수치심, 원망에 기반을 둔 낮은 정체감을 가지고 있다면 우리는 하나님께서 우리를 사랑하고 계신다는 사실을 믿기 어려울 것입니다. 만약 하나님에 대한 개념이 가혹하고 냉정하며 짐스러웠던 부모에 대한 개념과 혼돈되고 있다면, 하나님께서 나를 사랑하신다는 사실을 믿기 어려울 것입니다.

누가 우리를 그리스도의 사랑에서 끊으리요 환난이나 곤고나 핍박이나 기근이나 적신이나 위험이나 칼이랴 기록된바 우리가 종일 주를 위하여 죽임을 당케 되며 도살할 양같이 여김을 받았나이다 함과 같으니라 그러나 이 모든 일에 우리를 사랑하시는 이로 말미암아 우리가 넉넉히 이기느니라 내가 확신하노니 사망이나 생명이나 천사들이나 권세자들이나 현재 일이나 장래 일이나 능력이나 높음이나 깊음이나 다른 어떠한 피조물이라도 우리를 우리 주 그리스도 예수 안에 있는 하나님의 사랑에서 끊을 수 없으리라 (로마서 8장 35-39절)

여기서 '우리'란 예수 그리스도께 마음의 문을 열고 그분께 다음과 같이 말하는 사람들입니다. "저는 주님께서 저의 삶 속으로 들어오시기를 원합니다. 제가 지은 모든 잘못을 용서해 주시기 원합니다. 이제부터 제 안에 함께하여 주시옵소서. 당신께서 저의 주님과 인도자가 되어 주시옵소서."

"환난이 우리를 그리스도의 사랑에서 끊으리요?" 여기서 '환난'이란 문자적으로 '강한 압력'이라는 의미입니다. 어떤 강한 스트레스가 우리를 그리스도의 사랑에서 끊을 수 있습니까? 그럴 수 없습니다. 어린 시절의 고통, 소외감, 이질감, 그리고 그러한 고통스러운 과거로 인하여 만들어진 수치심이 우리를 그리스도의 사랑에서 끊을 수 있습니까? 그럴 수 없습니다. 과거에 어떤 일이 있었든지 간에 예수님께서는 우리를 사랑하십니다.

그러나 우리는 이 언약을 현실을 부인하는 도구로 사용하지 않도록 주의해야 합니다. 사람들은 고통스러운 과거의 상처들에 직면하는 단계를 거치지 않고 하나님께서 모든 것을 해결해 주셨다고 말하기 시작합니다. 종종 성인 아이는 고통의 깊은 웅덩이를 감추는 데 신앙이라는 얄팍한 덮개를 사용합니다. 우리들 자신에게 고통을 느끼도록 허락하십시오. 우리에게 무슨 일이 일어났는지, 그리고 우리가 무엇을 느꼈는지에 대해 솔직해질 수 있었으면 합니다.

치유는 우리가 과거의 아픔에 대해 솔직해 질 때 찾아오는 것입니다. 우리는 우리 자신이 가지고 있는 두려움, 분노, 그리고 과거의 모든 나쁜 기억들에 직면해야 합니다. 어떤 면에서 보면 이 회복의 과정은 일생 동안 계속되는 과정입니다. 우리는 항상 과거의 문제들을 피하지 말고 그것을 다루어야 합니다. "나는 계속해서 나의 고통을 알아갈 것이다. 나는 도움을 구할 것이다. 그러나 자기 연민에 빠지지 않을 것이다. 나는 앞으로 나아갈 것이다." 이렇게 외칠 때 우리는 우리 자신이 회복되는 은혜를 경험할 수 있게 됩니다.

하나님의 사랑은 참됩니다. 그리고 그 사랑은 우리를 향한 것입니다. 우리의 과거가 아무리 고통스럽고, 우리에게 남겨진 우리를 향한 부모님 혹은 누군가의 메시지가 감당할 수 없을 만큼 큰 아픔과 상처일지라도 그것이 우리를 하나님의 사랑에서 끊을 수 없습니다. 이제 우리에게 부여되었던 그 역할을 수행하는 일을 그만둘 수 있습니다. 우리는 더 이상 희생양이 될 필요가 없습니다. 우리는 항상 영웅이 되어야 할 필요도 없습니다. 우리는 반항아가 될 필요도 없습니다. 과거에서 우리에게 주어진 역할이 무엇이었든지 간에 이제 우리는 그것을 넘어설 수 있습니다. 이제 우리는 우리 자신이 누구이며 어떤 사람이 될 것인지를 스스로 결정할 수 있습니다.

## 새로운 자아상 발견

지금 건강한 자아상을 가지고 있지 못할 때, 과거를 돌아보는 일은 때로는 두렵고 답답하고 지루한 여행이기도 합니다. 그러나 과거는 지금을 이루는 한 조각이고 현재의 뿌리가 되기 때문에 과거를 이해하지 못하면 현재와 미래를 든든하게 세워갈 수 없습니다.

제목이 참 아름다운 '선물(Present)'이란 책이 있습니다. 이 책의 주인공 소년은 어린 시절 같은 마을에 사는 지혜로운 할아버지로부터 '우리의 인생을 행복과 성공으로 이끌어주는 소중한 선물'에 대한 이야기를 듣습니다. 그것은 마법과 같지만 마법이 아니며, 내가 이미 가진 것이지만 반드시 찾아내야 하는 선물입니다. 또한 그 선물은 이상한 나라의 엘리스처럼 신비한 나라에서 온 것도 아닙니다. 그것은 늘 내 곁에 있지만 내가 알아차리지 못하는 것입니다. 소년은 젊은이로 성장하며 사랑을 하고 직장 생활을 해나가면서 숱한 환멸과 좌절을 겪지만, 우리에게 마음의 평화를 주고 진정한 행복을 가져다준다는 '세상에서 가장 소중한 선물'에 대해 늘 생각했습니다. 그리고 마침내 선물의 의미를 깨닫게 됩니다. 그것은 믿기지 않을 만큼 평범하지만, 놀랍도록 위대한 선물이었습니다. '바로 지금 이 순간을 살자. 내가 성공과 행복을 향해 한 걸음 내딛을 수 있는 것은 바로 지금뿐이다. 나는 내일을 앞당겨 쓸 수 없고, 어제를 다시 쓸 수 없다. 오직 이 순간에 몰두하자.' 소년은 이렇게 '바로 지금 이 순간이 가장 소중한 선물'이라는 사실을 깨닫게 되면서 미래와 과거에 대해서도 새롭게 자각합니다. '미래에 대한 두려움 때문에 현재에 충실하지 못하면 미래는 정말 두려운 현실이 된다. 현재에 최선을 다하며 미래를 계획하자. 계획은 미래와 현재를 잇는 징검다리와 같다. 과거에서 배우지 못하는 한, 과거는 영원히 나의 발목을 잡는다. 과거가 내 가슴을 아프게 한다면 바로 그 순간은 배움의 시간이다.' 과거와 미래, 그리고 현재를 잘 엮어서 선물을 만들어 낸 참으로 감동적인 이야기였습니다.

그렇게 과거를 아는 것은 현재를 선물로 만드는 과정입니다. 그러기에 내가 살아온 과거를 무시하거나 덮어 두는 것은 결코 현재에 도움이 되지 않습니다. 하나님은 특별한 의도로 두 사람, 즉 한 사람의 남성과 한 사람의 여성으로 하여금 자식을 낳게 하셨습니다. 양 성(性)의 부모는 출산을 위해 생물학적으로 필요할 뿐만 아니라, 자녀를 훌륭한 인격과 올바른 자아상을 지닌 개인으로 성장시키는 과정에도 필요합니다. 하나님은 인간의 성장 시간을 여러 해로 설정하셨습니다. 인간의 성장이라 함은 육체적, 정신적, 정서적 발달 모두를 포함합니다. 당연한 결과로써 하나님은 자녀를 양육하는 기간을 또한 설정하셨습니다. 건전한 한 인간을 성장시키고자 하는 하나님의 의도에 있어서 이 두 기간은 기본적인 것입니다. 이 두 기간의 중요성을 깨닫기 위해서 우리는 잠시 멈춰서 각 기간에 소요되는 시간의 양을 생각해 보기로 합시다. 인간의 육체적 성장 기간은 보통 18년이 걸립니다. 자녀 양육 기간 역시 이와 비슷합니다. 이를 통해 볼 때 우리는 보통 사람이라면 양육 받고 양육하면서 적어도 반평생을 보낸다는 사실을 알 수 있습니다. 우리의 짧은 인생에서 성장과 양육 기간이 그렇게 상당한 부분을 차지하도록 하나님께서 계획하신 것을 보면, 하나님께서 이 시간을 중요하게 여기신 것이 틀림없습니다. 처음부터 하나님께서는 이 두 과정이 건전한 인격과 올바른 자아관을 형성하는 데 기초가 되도록 정하셨습니다. 그래서 인간이 살면서 행할 수 있는 가장 훌륭한 일 중의 하나는, 천지 창조 이후 자손을 낳고 번성하라는 하나님의 첫 계명을 실천하는 것입니다. 그리고 그 과정, 과거는 현재의 내 모습의 기반이라는 것입니다.

하나님은 우리를 독특한 모양으로 만드셨습니다. 여기 자신의 모양 즉, 나의 독특함을 새롭게 발견하기 위해 모양(shape)의 첫 자 S, H, A, P, E를 따서 살펴보는 5가지 안목과 방법을 소개합니다.

첫째, 우리의 모양(SHAPE)의 첫 글자 S는 Spiritual gift(영적 은사)의 약자로, 하나님께서 우리에게 주신 은사입니다. 은사를 점검하는 과정과 영적 은사들을 개관하고 살펴보는 과정에서 하나님께서 우리에게 어떤 은사를 주셨는지 확인할 수 있을 것입니다. 그리고 나의 독특한 삶의 모양에 대해서 일부분을 알 수 있습니다.

둘째, H는 heart(마음)의 약자로, 우리가 어떤 일을 좋아하는가 하는 것입니다. 우리의 생각을 점검하는 과정은 우리가 어떤 일을 정말로 좋아하는지를 분명히 알도록 도와줄 것입니다. 어떤 것을 보면 눈물이 나십니까? 어떤 것을 생각하면 가슴이 설레십니까? 그것을 해야 당신은 당신이 될 수 있습니다.

셋째, A는 Ability(능력, 재능)의 약자로, 우리가 가진 선천적인 능력은 무엇인가 하는 것입니다. 우리의 능력을 적용하는 과정은 우리가 자신의 선천적인 재능과 직업적인 기술들에 대해 감사하도록 도와 줄 것입니다. 당신은 다른 사람과 똑같은 시간이 주어졌는데도 훨씬 능숙하고 재미있게 해내는 일이 있습니까? 당신이 그 일을 하면 유달리 사람들이 칭찬하며 잘한다고 하는 분야가 있습니까? 문서작성, 글쓰기, 요리, 청소, 처음 보는 사람 사귀기, 기계 다루기 등이 있을 수 있습니다.

넷째, P는 Personality로, 개성, 기질입니다. 우리의 기질이 어떠한지 기질에 대한 이해를 통해 하나님께서 만드신 나를 발견하도록 도와 줄 것입니다. 사람은 태어나면서 그의 성장에 독특한 욕구 요소를 갖게 됩니다. 상식적으로도 이 견해는 확인될 수 있습니다. 한 명 이상의 자녀를 가진 어머니들은 아이들이 태어나면서부터 다르게 행동했다고 말합니다. 첫아이부터 둘째나 셋째도 각각 독특한 개성을 나타내었습니다. 부모들이 자녀들의 성격과 능력에 어떻게 영향을 주는지를 연구하는 한 대학의 심리학자는 "한 자녀를 둔 부모는 환경론자가 되고, 둘 이상의 자녀를 양육하는 부모는 유전학자가 된다."라고 말합니다. 그리하여 타고난 기질에 대하여 구분해보고 알아보고자 하는 시도들이 MBTI, 에니어그램, DISC입니다. 기질에 따라서 각 은사, 재능, 마음 등은 다르게 활용될 수 있습니다. 예를 들면 구제의 은사가 있다고 가정해 보면 재능에 따라 은사의 활용이 달라집니다. 재능이 문서작성이라면 글쓰기라는 재능을 통해 가난하고 소외된 자들을 도울 수 있는 길을 찾을 수 있는 등 재능이 무엇이냐에 따라 구제의 역할도 다릅니다. 또한 아동을 보면 눈물이 나고 주먹을 불끈 쥐게 되는 마음을 가진 사람이라면 아동을 대상으로 구제의 은사를 펼칠수 있겠지요. 어떤 분야에 혹은 어떤 대상에 마음을 가지는가에 따라 다릅니다. 또한 기질에 따라 다르게 됩니다. 외향형(외부활동을 즐겨하는 사람이라고 쉽게 설명할 수 있습니다)의 사람과 내향형(내적인 일을 좋아하고 혼자서 무엇을 하는 것이 더 편한 사람입니다)의 사람의 구제 활동이 분명 다르기 때문입니다.

끝으로 자신의 삶의 모양에 대해 알 수 있는 것이 E입니다. E는 Exprience(경험)의 약자로, 우리는 어떤 경험을 가지고 있는가 하는 것입니다. 우리가 어떤 과정을 거쳐서 지금 여기까지 왔으며 어떤 경험들을 했었는지 하는 것입니다. 인생의 경험이 같은 사람은 한 분도 없습니다. 누구는 오랫동안 학교를 다녔어야 하고, 누구는 선교사, 목회자의 가정에서 태어났고, 누구는 성격이 고약한 시어머님의 외동아들의 아내였고, 누구는 어릴 적 성폭행의 경험으로 세상 사람들이 모두 무서웠고, 누구는 지독히도 가난해서 도시락을 가지고 학교에 다닐 수 없었고, 누구는 어릴적 사랑하는 사람의 죽음을 경험했고, 누구는 몸이 약해서 많이 아팠으며, 누구는 친구에게서 크게 배신을 당한 등등, 그 누구도 삶의 경험이 같을 수 없습니다. 더욱이 우리가 만난 부모님의 모양이 다 다릅니다. 같은 부모님이었을지라도 내가 태어난 형제 순위가 어떠하느냐에 따라 서로 다른 경험을 했을 것입니다. 나의 부모님은 나를 위한 훈련의 장이었을 것입니다.


요셉의 삶의 모습을 보십시오. 요셉은 노년에 얻은 아들이므로 부모님의 편해가 있었습니다. 그것 때문에 형제들의 미움을 받았고 심지어 노예로 팔리게 되며 형제들의 배신을 경험합니다. 또한 일하는 곳에서 큰 오해를 사서 감옥에 갇혔고, 총리가 되기까지 많은 배신과 오해를 받았습니다. 그리고 오랜 시간 동안 혼자였습니다. 또한 그는 시대적 배경이 되는 7년의 풍년과 흉년의 시기를 갖게 됩니다. 요셉은 참 파란만장한 삶을 살았습니다. 그는 외로움과 고독이 그의 삶을 포기하거나 비관하며 자신을 비천하고 쓸모없는 인생으로 살게 하기에 충분한 삶의 경험을 가지고 있습니다. 요셉은 그가 원망과 미움, 분노의 삶을 살았다 할지라도 그를 동정하기에 충분히 아픈 경험들이 많았습니다. 그러나 요셉은 그런 자신의 삶의 경험을 소중한 축복의 경험으로 바꾸어 냅니다. 그의 고백을 들어보십시오. "요셉이 그들에게 이르되 두려워하지 마소서. 내가 하나님을 대신하리이까. 당신들은 나를 해하려 하였으나 하나님은 그것을 선으로 바꾸사 오늘과 같이 많은 백성의 생명을 구원하게 하시려 하셨나니, 당신들은 두려워하지 마소서. 내가 당신들과 당신들의 자녀를 기르리이다 하고 그들을 간곡한 말로 위로하였더라 (창 50:19-21).

어릴 적 성폭행을 당한 경험 때문에 많은 청소년들이 자신을 사랑하고 잘 지켜낼 수 있도록 그들에게 용기와 힘을 주는 강사로서 삶의 비전을 펼치고 있는 구성애 선생님. 시각장애자인 아버지 때문에 불편했던 삶을 불평하지 않고 오히려 시각장애인들을 돕는 훌륭한 안과의사로 살고 있는, 미 백악관 국가장애위원회 정책 차관보를 지낸 시각장애인인 강영우 박사의 아들. 그리고 팔과 다리가 없는 닉 부이치치 (Nicholas James Vujicic), 그는 비관적이고 목표가 없는 사람들에게 비전을 심어 주기 위해 비전과 삶의 사랑을 전하는 행복전도사가 되어 전 세계의 많은 사람들을 감동시키고 있습니다. 알코올 중독자의 아들로 자라면서 만들어진 영웅의 역할을 하게 된 어린 시절이 불우한 어느 목사님! 그러나 그는 수많은 사람들에게 강력한 영적 영향력을 끼쳤습니다. 자신의 삶의 약점과 아픔을 도리어 자신의 강점으로 삼아 내가 꼭 세상에 살아야하는 이유로 만드는 이는 정말 많습니다.

사실 고통스러운 어린 시절은 도리어 몇 가지 긍정적인 결과를 줄 수 있습니다. 첫째, 그 경험은 당신에게 강한 생존본능을 만들어 주었을 것입니다. 앞서 건강하지 못한 가정에서 만들어진 성인 아이들은 어려운 상황을 이겨낸 생존자들입니다. 어떤 성인 아이는 육체적 학대, 혹은 무시, 혹은 두려움, 공포를 경험하면서 살아 남기 위해 애를 썼습니다. 어떤 성인 아이는 다른 사람들은 거의 인식하지 못하는 내부의 정서적인 전투에 참여해 왔습니다. 부부싸움을 할 때 자녀가 어리면 어릴수록 그 현장에서 느끼는 공포감은 전쟁터에서 전우가 피를 흘리면서 죽어가는 상황에서 총알이 귓가를 스쳐가는 공포심과 비슷한 수준이라고 합니다. 부부싸움으로 인해서 성인 아이는 버림받을지 모른다는 공포, 자기 욕구를 부모님이 충족시켜 주지 않을지도 모른다는 공포를 느끼며 심지어 '이 싸움은 태어나지 말았어야 할 내가 태어나서 나 때문에 사랑하는 두분 부모님이 저렇게 험악하게 싸우는 거야.'라는 생각으로 스스로 희생양이 되어 모든 책임을 자기가 짊어짐으로서 자기 정체성을 상실해 가는 일이 생깁니다. 이런 투쟁의 정확한 본질이 무엇이든지 간에 성인 아이는 어린 시절에 겪은 갈등과 투쟁에 의해 상처를 받았지만 그래도 살아남았습니다. 살아남았다는 사실만으로도 어떤 면에서 그 내적 힘을 볼 수 있습니다. 야고보는 다음과 같이 말합니다. "내 형제들아 너희가 여러 가지 시험을 만나거든 온전히 기쁘게 여기라 이는 너희 믿음의 시련이 인내를 만들어 내는 줄 너희가 앎이라 인내를 온전히 이루라 이는 너희로 온전하고 구비하여 조금도 부족함이 없게 하려 함이라(약 1:2-4)." 당신은 다른 사람들이 포기할 때에도 계속할 수 있는 인내를 소유하고 있는 사람인지도 모릅니다. 당신은 다른 사람들이 회피하는 정서적으로 불편한 상황들에 기꺼이 직면하려 하는 사람인지도 모릅니다. 당신은 다른 사람들이 너무 힘들고 높다고 말하는 목표에 도달할 수 있는 사람인지도 모릅니다.

둘째, 고통스러운 어린 시절은 당신에게 탁월함을 향한 욕구를 줄 수 있습니다. 건강하지 못한 가정에서 자란 경험은 당신의 삶에서 더 많은 것을 이루겠다는 강한 욕구를 만들어 낼 수 있습니다. 당신은 어렸을 때 가정 안에서 만족하지 못한 것이 많았기 때문에 성공하려는 욕구를 발전시킵니다. 만약 당신이 이 욕구를 잘 조절하고 하나님께서 그것을 다듬으시도록 하면 그것은 긍정적인 것이 될 수 있습니다. 그것은 성공을 향한 강박관념과 '내가 무슨 일을 하든, 그것은 만족스럽지 못할 거야.'라는 느낌을 가져올 확률이 많습니다. 그러나 그것을 하나님께 맡기고 하나님께서 그것을 다스리시도록 한다면, 하나님께서 그러한 기질을 잘 다듬으셔서 건강하게 탁월함을 추구할 수 있도록 만드실 것입니다. 그러나 당신은 완전주의자일지도 모릅니다. 하나님께서 당신에게 역사하셔서 당신을 강박적인 완전주의자에서 탁월함을 추구하며 최선을 다하는 사람으로 향하게 하실 수 있도록 당신을 돌아보는 시간을 가져야 합니다.

셋째, 고통스러운 과거는 당신이 다른 사람들을 도울 수 있도록 이끌 것입니다. 바울은 다음과 같이 기록했습니다. "찬송하리로다. 그는 우리 주 예수 그리스도의 하나님이시요, 자비의 아버지시요, 모든 위로의 하나님이시며 우리의 모든 환난 중에서 우리를 위로하사 우리로 하여금 하나님께 받는 위로로써 모든 환난 중에 있는 자들을 능히 위로하게 하시는 이시로다(고후 1:3-4)."

나의 인생의 경험들을 되돌아보는 것은 하나님의 독특한 사역을 위해 하나님께서 어떻게 우리를 준비시키셨는지에 대한 과정을 되돌아보게 할 것입니다. 선천적으로 혹은 후천적인 것을 통해 나를 만들어가며 하나님의 사역의 현장 속으로 우리를 이끌어 가십니다.

예수 그리스도의 죽음은 나쁜 것에서도 선한 것이 나올 수 있다는 것을 보여준 가장 위대한 사건입니다. 십자가는 죄인들을 처형하기 위해 로마정부가 사용한 흉측한 처형기구였습니다. 예수를 시기하고 미워한 종교 지도자들은 예수님이 죽기를 원했습니다. 로마 정부는 그들의 요구대로 예수님을 십자가에 못 박았습니다. 하나님께서는 십자가상의 끔찍한 죽음을 취하셔서 오히려 그것을 우리가 용서, 소망, 생명, 그리고 평안을 알게 하는 수단으로 삼으셨습니다. 하나님께서는 나쁜 것으로부터 위대한 선을 이끌어 내는 방법을 알고 계십니다. 그리스도를 따르는 자에게는 다음과 같은 약속이 주어졌습니다. "우리가 알거니와 하나님을 사랑하는 자 곧 그 뜻대로 부르심을 입은 자들에게는 모든 것이 합력하여 선을 이루느니라(롬 8:28)." 이 얼마나 힘 있는 약속인지요.

하나님께서는 하나님을 사랑하는 자들에게 모든 것-고통스럽고 혼란스러운 어린 시절을 겪었을 때에도, 가혹하고 무관심한 부모님을 만났을지라도, 힘든 결혼생활 중에 있을 지라도, 심각한 질병 중에 있을 때에도-합력하여 선을 이루게 해 주십니다. 하나님께서는 당신의 고통스럽고 아픈 어린 시절로부터 선을 이끌어 내실 수 있습니다. 환경과 상황 속에서 경험한 나의 모습과 마음들을 돌아보며 자신에 대한 상이 주님의 안목과 마음으로 변화되어 가기를 기대하기 바랍니다. 그런 과정은 우리에게 주신 그 어떤 부모님에 대해서도, 그리고 그 어떤 주변 사람과 환경에 대해서도 감사하게 만들 것입니다. 모든 것은 나를 소중하고 존귀하게 만들어 가시는 훈련의 장입니다. 하나님은 우리 삶의 모든 상황을 취하셔서 그 안에 있는 우리를 위로해 주시고 우리가 우리의 상처와 아픔을 통해 다른 사람들에게 복음을 전파하는 사람이 될 수 있게 해 주십니다(고후 1:3,4). '우리가 알거니와 하나님을 사랑하는 자 곧 그 뜻대로 부르심을 입은 자들에게는 모든 것이 합력하여 선을 이루노라(롬 8:28)'라는 하나님 말씀의 도움으로 우리는 우리의 부모가 그려준 모습보다 더 긍정적인 모습을 찾을 수 있게 될 것입니다. 우리의 모든 환경을 이용하셔서 우리가 남을 도울 수 있도록 해 주신 신실하신 하나님 덕분에 우리는 심지어 주정뱅이, 폭군, 무관심, 무책임한 부모님께도 감사하게 될 것입니다.

그때 우리는 이렇게 말할 것입니다.

"하나님, 나의 부모님에 대해서 감사드립니다. 나는 나의 어린 시절을 모두 이해하지 못하지만 당신이 그 모든 것이 합력하여 선을 이루도록 해 주실 것을 믿습니다."

## Lesson3
# 자녀에게 건강한 가정을 선물합니다

--------------------------------------------------------------

### 균형의 중요성

인간에게 왜 콧구멍이 두 개인지 혹시 아시나요? 인간의 몸은 중간을 기준으로 좌우 대칭을 이룹니다. 눈, 귀, 콧구멍, 폐,… 갈비뼈 또한 우리의 장기를 안전하게 보호하기 위해 좌, 우 두개로 이뤄져 있습니다. 이렇듯 우리의 몸 구조는 거의 다 2개씩 한 쌍을 이루고 있습니다. 하나인 기관들, 예를 들어 입이나 심장 등도 그 형태를 보면 좌우 대칭형으로 이뤄져 있습니다. 눈이 아파 부득이하게 아침부터 한쪽 눈을 가리고 다녀 보면, 약간의 시간이 지나면 눈이 시리고 머리가 띵하면서 일하는데 집중력이 한참 떨어지는 것 같습니다. 균형감각도 떨어지고 멀고 가까운 것을 구분하는 데도 어려움이 생기게 됩니다. 몸의 균형을 잃는다는 것이 이렇게도 움직임에 불편함을 주는 것인지 미처 몰랐다는 것을 깨닫게 될 것입니다. 뭐든 한쪽의 기능이 상실되면 나머지 한쪽이 잠시나마 그 역할을 대신할 수는 있지만 이는 둘의 기능을 하나가 모두 감당해야 하기 때문에 얼마 못가 쉽게 지치거나, 부작용이 나타나게 됩니다. 콧구멍이 두개인 이유도 그렇다고 합니다. 왼쪽과 오른쪽 코가 두 시간마다 교대로 활성화되면서 서로 짝을 이뤄 호흡활동을 돕는다고 합니다. 그렇게 하여 예민하게 냄새를 맡는 기능을 지치지 않고 유지한다고 합니다. 사람의 코와 입 사이에 인중이라는 곳이 있습니다. 한자를 풀이해보면 사람의 가운데라는 뜻이죠. 코로는 하늘의 기운을 마시고, 입으로는 땅에서 나는 곡식을 섭취함으로써 영양공급을 받습니다. 이렇듯 우리 몸의 구조는 상하, 좌우 균형을 이루며 조화를 이루고 있습니다.

병은 왜 걸리는 것일까요? 병은 몸의 균형이 깨어져서 나타나는 것입니다. 곧 균형이란 단어는 건강을 의미합니다. 면역의 불균형, 생활의 불균형, 영양 및 식단의 불균형은 건강을 해하고, 수입과 지출의 불균형, 일과 관계의 불균형, 요소들의 불균형은 기업에 혼란을 가져옵니다. 삶의 불균형은 더 치명적일 수 있습니다.

부모도 균형이 필요합니다. 균형은 어느 한쪽으로 기울거나 치우치지 아니하고 고른 상태를 말합니다. 부모에게 필요한 균형이 있다면 구체적으로 무엇일까요? 먼저 자녀를 사랑하는 마음과 자신을 사랑하는 마음이 함께 균형을 이루어야 합니다. 그리고 자녀를 위한 양육에서 자녀를 사랑함과 훈계로 양육함이 또한 균형을 이루어야 합니다.

## 부모 자신과 자녀와의 균형

### 자신을 사랑하는 부모

자녀와 다퉜거나 혹은 자녀의 어떤 문제로 인해 지치고 지쳐서 완전히 탈진해 버릴 것 같은 느낌을 받은 적이 있습니까? 아니 그런 적이 없는 부모도 있나요? 만일 지금 여러분이 이런 상태에 놓여 있다면 그만큼 자원이 고갈되어 있다는 것을 의미합니다. 어떤 부모들은 이러한 탈진 증상 때문에 고통을 겪기까지 합니다. 어떻게 이런 일이 생길 수 있느냐고요? 아주 간단합니다. 자녀에게 계속해서 주기만 할 뿐 절대로 보충을 하지 않는 것입니다. 그러면 얼마가지 않아서 금세 그런 상태가 되고 말 것입니다. 여러분이 인정을 못 받거나, 사랑받지 못하고 있다고 느끼거나, 시도했던 일이 효과가 없을 경우, 사태는 훨씬 더 심각해집니다. 회복할 시간을 스스로에게 제공해 주지 않을 경우 이런 일이 발생하게 됩니다. 그리고 부모가 영적, 정서적, 육체적으로 고립과 결핍상태일 때 아주 위험한 상황입니다.

만일 여러분의 샘이 메말라 있다면 어떻게 퍼줄 수 있겠습니까? 미국의 캘리포니아 남부에는 이른바 '죽음의 계곡(The Death Valley)'이라고 불리는 지역이 있습니다. 그곳은 아주 뜨겁고, 황량하고, 건조합니다. 정말이지 결코 가보고 싶지 않은 곳입니다. 하지만 몇백 년 전만 해도 그곳은 지금과 전혀 다른 모습이었습니다. 거기에는 강물이 들어오고 나가는 커다란 호수가 있었습니다. 그런데 시간이 흐르면서 호수로 들어오는 강물이 점점 줄어들더니 결국은 말라 버렸습니다. 하지만 호수에서 흘러나가는 강물은 그대로였습니다. 그러다 결국은 빠져 나갈

물이 더 이상 안 남게 되었습니다. 완전히 말라 버린 것입니다. 우리 부모들 역시 이렇게 메말라 버리게 될 수 있습니다. 자녀에게 계속 주기만 하고 다시 채우지 못하면 머지않아 완전히 말라 버리고 말 것입니다.

임종렬 박사의 '모신'이란 책에 이런 이야기가 나옵니다.

행복과 불행은 마음속에서 느끼는 정서이고 그 정서는 그 정서를 길러준 사람에 의해서 만들어진 것입니다. 그래서 행복과 불행은 할머니에게서 어머니에게로 어머니에게서 어머니의 아이들에게로 대를 이어 전해지는 이해할 수 없는 이상한 마력을 지니고 있습니다.

어머니가 느끼는 어머니의 정서는 이렇듯 대를 이어 후손들에게 전해지는 속성을 가지고 있습니다. 그러므로 어머니가 행복한 오늘을 사는 것은 후세의 행복을 위해서 중요합니다. 그럼에도 불구하고 어머니의 정서가 지니고 있는 이상한 마력은 어머니들에게 행복보다는 불행을 더 많이 느끼면서 살게 하고 아이들에게도 어머니가 느끼는 불행한 정서를 전해 주기를 좋아하는 타성을 가지고 있습니다. 그리하여 아이들까지도 어머니처럼 어머니 마음속의 불행한 마력을 전수받아 불행한 인생을 살게 합니다.

조금 무섭고 겁나는 이야기입니다. 현재 나의 삶이 나에게서 끝나는 것이 아니기에 그냥 넘겨버릴 수 있는 문제가 아닙니다. 엄마 개인의 문제가 아니라 그렇게도 소중한 나의 아이들과 그 아이들의 아이들, 그러니까 대를 이어 내려 보내는 문제입니다.

자녀가 정녕 행복하게 살기를 바란다면 먼저 엄마인 당신이 행복해야만 합니다. 엄마의 행복이 대상 표상인 마음속 어머니와의 불행한 관계를 끊는 것에서 시작되고 마음속 어머니와 친하게 지냄으로 오직 어머니 자신으로부터 시작되는 자신만을 위한 행복을 누리는 일이 자녀가 행복할 수 있는 시작이 됩니다. 자신을 사랑하는 엄마가 진정 자녀를 사랑하는 엄마입니다.

여기에 그 비밀이 있습니다. 당신은 자신이 소유하지 못한 것을 줄 수 없습니다. 당신의 자녀에게 사랑을 주기 위해서는 우선 당신 자신부터 사랑 안에 거하여야 하며 자신을 사랑해야 합니다. 부모가 사랑 안에 거하며 자신을 사랑할 수 있는 비결은 어디에 있을까요?

첫째는 자신을 사랑하는 부모는 자기 자신을 돌봅니다. 좋은 부모는 자신에게 휴식의 시간을 줍니다. 그리고 자신의 생활을 누릴 줄 압니다. 부부만의 행복한 시간을 가지기도 하고 때론 자신이 좋아하는 취미나 그 무엇을 하기 위해 일정의 시간을 냅니다. 그리고 자신의 사명과 꿈을 인식합니다. 때론 다른 사람들에게 도움을 청하기도 합니다. 육아와 집안일을 함께하는 것을 허용하고 요청합니다. 자녀에게 계속해서 베풀기만 하고 전혀 보충하지 않는다고 해서 그것이 사랑 넘치는 부모라는 증거가 될 수는 없습니다. 자신의 생활을 누릴 줄 아는 부모 밑에서 자라난 아이는 자신이 이 세상의 중심이 아니라는 사실을 깨닫게 될 뿐만 아니라, 자신도 자신의 꿈을 자유롭게 펼칠 수 있다는 사실을 잘 알게 됩니다.

둘째는 자신을 사랑하는 부모는 사랑의 원천을 가지고 있습니다. 부모 자신이 안정된 사랑 안에 뿌리가 박히고 터가 굳어질 때 자녀에게 일관된 사랑으로 인내할 수 있습니다. 그것이 어떻게 가능할까요?

나는 포도나무요 너희는 가지라 그가 내 안에 내가 그 안에 거하면 사람이 열매를 많이 맺나니 나를 떠나서는 너희가 아무것도 할 수 없음이라 (요 15:15)

우리는 사랑, 희락, 화평, 그리고 인내의 부모가 되기를 원합니다. 예수님은 과실을 맺는 비결을 말씀해 주셨습니다. 우리가 그분 안에, 그리고 그분이 우리 안에 있어야만 한다는 것입니다. 가지는 나무에 붙어있을 때 생명을 얻습니다. 그럴 때 생명의 물결이 뿌리부터 줄기까지 뻗어갈 수 있고, 뿌리가 끌어 올리는 영양분은 새로운 지맥을 만들고 있는 새 가지들에게로 보내어집니다. 부모는 그분의 포도나무의 생명에 견고하게 뿌리 내리고 그분 안에 거해야 합니다. 예수님의 사랑 안에 뿌리를 내려야 된다는 것은 삶의 여러 상황 가운데서도 자신을 지탱해 주는 예수님의 사랑에 깊이 뿌리내려야 하며 그 뿌리를 통해 끝없는 사랑의 근원으로부터 계속 영양을 공급받아야 한다는 것을 뜻합니다. 내가 누구인지 예수님께 들으십시오. 그렇게 예수 안에서, 예수님이 부모들 자신을 누구라 하는지 그 존귀함과 소중함을 경험할 때 견고한 생명의 흐름이 자녀에게 흘러가는 것입니다.

부모님들이여! 여러분이 행복해야 합니다. 여러분이 먼저 여러분을 향한 주님의 사랑을 알고 마음에 새겨서 자유롭게 누려야 합니다. 여러분 스스로를 살피고 돌봐야 합니다. 그럴 때 여러분 안에 있는 사랑과 행복이 흘러 그렇게 사랑하는 여러분의 자녀에게 자유롭게 그 생명이 이어가게 됩니다.

## 자녀와 건강한 경계선을 가진 부모

부모 역할의 중요한 마지막 과제는 아마도 떠나보내기일 것입니다. 부모의 눈에는 아직도 미숙하게 보일 뿐이지만 그래도 자녀는 독립된 존재로 이제 하나님과 일대일로 그 삶을 책임져야 할 때가 다가옵니다. 자녀가 성장할수록 부모의 과제는 어떻게 자녀를 잘 떠나보낼 것인가 하는 것입니다. 사실 자녀를 떠나보낸다는 것은 아기가 태어나는 순간부터 시작되어야 하는 과정입니다. 자녀가 부모를 잘 떠나갈 수 있도록 부모는 준비해야 합니다. 그리고 성장의 과정에서 연습해야 합니다. 자녀를 떠나보낼 준비가 되셨나요? 만약 준비가 되어 있지 않다면 큰 아픔과 진통을 겪게 될 것입니다. 떠나보내기 연습, 바로 부모와 자녀 사이에 건강한 경계선을 가지는 것입니다.

우리는 동물의 세계에 대한 다큐멘터리 프로그램을 접할 때마다 동물과 인간의 유사점을 자주 발견하곤 합니다. 그 중에 하나가 많은 동물들이 여기저기 배변을 뿌리는 등의 방법으로 자신의 영역을 선포하는 행위입니다. 광활한 자연에서 삶을 영위하기 위해서 동물들은 어느 정도의 물리적 공간을 확보해야 하기 때문입니다. 인간도 생존하기 위해서는 적절한 공간이 필요합니다. 이러한 공간을 확보하기 위한 노력이 크게는 국가 사이의 영토싸움으로, 적게는 집 한 칸 마련하고자 하는 서민들의 애절함으로 드러납니다. 이렇게 사람들은 외부로부터 자기를 보호할 수 있는 적절한 공간이 필요한데 이러한 공간은 외부세계에서의 물리적 영역뿐만 아니라 내적 세계의 심리적 영역에서도 필요합니다.

이러한 영역은 나와 타인의 관계에 따라, 그리고 상황에 따라 나에 의해서 결정됩니다. 어느 만큼의 영역을 허용하느냐 하는 것은 내가 어디까지, 어떤 경계선을 긋느냐에 달려 있습니다. 이러한 경계선이 제대로 형성되면 나와 타인의 관계에서 내가 허용하고 싶은 만큼의 나의 영역과 내가 들어가고자 하는 상대방의 영역에 대한 분명한 인식이 있기 때문에 타인으로부터 나를 보호할 수 있고 또 다른 사람도 존중할 수 있습니다.

건강하지 못한 사람들이 이러한 영역을 결정짓는 경계선의 형태를 보면, 먼저 지나치게 경직되면 아무도 내 영역에 들어오는 것을 허락하지 않고 또 다른 사람의 영역에도 들어가려 하지 않기 때문에 자기를 타인으로부터 소외시킵니다. 또 다른 형태로 이 경계선이 너무 성글게 형성되면 다른 사람이 나의 영역에 부적절하게 지나치게 들어오는 것을 막지 못하거나 다른 사람의 영역을 침범하게 되는 결과를 낳습니다.

예를 들어 부부간에도 적절한 각자만의 영역과 함께 두 사람이 친밀함을 느낄 수 있는 공유되는 부분을 가질 수 있도록 적절한 경계선(boundary)이 있어야 합니다. 지나치게 경직된 경계선은 친밀감 형성에 문제가 되고, 지나치게 경계선이 없는 경우는 너와 내가 구별이 되지 않아 숨이 막히는 것처럼 답답하게 느끼거나, 상대방을 내 마음대로 조정하려 하게 됩니다.

부모자녀 관계에서 지나치게 경계선이 경직되어 있는 경우라면 어떨까요? 이는 부모가 자녀에게 지나치게 무관심하거나 부모가 너무 바빠서 정서적으로 나눔이 없고 방임된 경우라 할 수 있습니다. 부부 사이가 안 좋아서 아이에게 정서적 지지를 하지 못할 경우뿐 아니라, 아이가 부모 사이에 삼각관계로 끼어서 어느 한 부모와는 관계가 멀고, 다른 한 부모와는 지나치게 밀착된 관계를 유지하다 보면 한 부모로 인하여 비어 있는 공허감을 다른 밀착된 부모의 감정으로 채우게 됩니다. 이런 부모에 대한 밀착은 뒤에 나올 부모와 경계선이 없어서 나타나는 문제와 연관됩니다. 경계선이 너무 완고하고 경직되면 관계를 형성하지 못한 채 남처럼 살게 됩니다. 예를 들면, 아이들이 넘어져서 아프다고 할 때 아픔에 공감할 줄 모르고 아프긴 무엇이 아프냐고 한다든가 빨리 울음을 그치라고 다그칩니다. 즉, 아프다고 느끼는 아이의 감정을 부인하는 것입니다. 한편 다른 사람이 많이 보는 데서도 부모가 어린아이의 의견을 무시하거나 때리는 일도 자주 목격할 수 있습니다. 혹은 아버지가 어머니를 때릴 때 슬프고 두려운 감정을 표현하지 못하는 경우입니다. 자녀는 자신의 감정과 다른 사람의 감정을 비추어 알 수 있는 거울을 보지 못했기 때문에 알 수가 없습니다. 이렇게 되면 아이들은 현실을 보는 눈이 왜곡되어 현실과 분리되거나, 이러한 감정을 아예 없애버리거나, 자신의 감정은 잘못된 것이라고 감정을 부인하게 됩니다. 결국 세상에 대하여 아무 감정도 느끼지 못하게 되고, 감정이 사라지면 세상과 내가 하나로 연결되었다는 느낌을 갖지 못하게 됩니다. 이러한 단절감은 마음이 텅 비게 하기 때문에 다른 사람과 깊이 있는 믿음의 관계를 형성하기 힘들고, 자신의 생각이나 느낌을 모르기 때문에 외부의 것, 즉 다른 사람의 생각이나 느낌, 혹은 어떤 집착으로 자신의 공허감을 채우려 합니다. 예를 들어 일, 술, 돈, 섹스, 지나친 종교적 열광, 지나친 도덕주의자, 정치적 욕구 등으로 채우게 됩니다.

그렇다면 부모와 자녀 관계에서 경계선이 없는 경우는 어떨까요? 한 예로 속박가정을 들 수 있습니다. 속박가정에서는 부모가 자녀에게 지나치게 집착합니다. 그리고 그 집착을 사랑이라고 착각합니다. 또한 자녀에게 강요하고 간섭하고 조종하며 구속합니다. "내가 너를 어떻게 키웠는지 아니!" 하고 죄책감을 주면서 독립을 허용하지 않습니다. 이 과정을 보면 부모가 자녀들의 관점과 가치관을 존중하지 않고 지나치게 부모의 것을 받아드리도록 요구하게 되면, 자녀들은 자기의 생각, 느낌, 영역에 대한 분명한 확신이 서지 않습니다. 부모의 열등감으로 자녀를 나의 못 다 이룬 꿈이라고 생각하여 부모의 쓴 뿌리를 해결하는 방편으로 자녀를 이용하고 부모가 자신의 열등감에 대해 자녀에게 보상을 강요하게 되면, 자녀는 경계선에 혼돈이 오게 됩니다. 그리하여 부모님이 좋아하는 것이 자신이 좋아하는 것인지 알게 되고 부모님이 싫어하는 것이 자신이 싫어하는 것이라고 착각하게 됩니다. 또 하나, 경계선이 없는 부모자녀 관계로, 자녀가 배우자의 역할을 하는 가정을 들 수 있습니다. 건강한 가정은 부부가 중심이 되어 자녀를 양육합니다. 그런데 만일 부부 사이가 좋지 않으면 그러한 독립이 어렵습니다. 자녀를 길러 오는 동안 배우자에게서 충족되지 못한 위로와 소망을 자식에게서 찾았기 때문입니다. 그러한 가정에서는 자녀 역시 부모를 떠나기가 어렵습니다. 부모가 "너 하나 바라보고 살았다."라고 말합니다. 자녀는 독립하고자 하는 마음조차 불효처럼 생각되어 죄책감까지 느끼게 됩니다. 인생의 중요한 결정에서도 자신의 의지와 욕구, 동기, 관심에 귀 기울이기보다는 늘 내면에 따라다니는 부모님의 목소리에 얽매이게 됩니다. 이들은 서로에게 강하게 밀착하다가 어떤 때는 서로를 지나치게 부담스러워 합니다. 그래서 사랑과 미움이 공존하기도 합니다. 이런 모습은 자녀의 내면에 평생 동안 무거운 짐을 지게 할 뿐 아니라 자녀가 자신을 사랑하는 법을 알지 못하게 하고 결국에는 나와 세상을 구별할 수 있는 경계선도 형성하지 못하게 합니다. 자녀가 부모화 되는 혼돈의 관계에서는 자녀에게 부모의 불행과 한이 전수되어 갑니다. 건강한 경계선을 가진 경우, 부모는 부모다워야 하고 자녀는 자녀다워야 합니다.

　제가 상담했던 내담자 중에 한 여성의 이야기를 짧게 소개해 보려고 합니다. 그녀는 외모가 매우 아름다웠습니다. 그런데 그녀는 아내와 엄마로서의 역할에서 행복을 느낄 수 없었으며 항상 불안했습니다. 그래서 끝없이 어딘가에 소속되어 무엇인가를 배워야만 했습니다. 하지만 그녀는 항상 불안하고 공허했습니다. 그녀의 어머니는 젊었을 때 사랑하는 사람에게 버림받고 지금의 남편과 도망치듯 결혼을 하였지만 늘 마음이 텅 빈 듯하고 우울했습니다. 이 어머니에게는 아이들을 잘 키우는 것이 자신이 살아야 하는 마지막 이유였습니다. 어머니는 무섭도록 엄격하게 아이들을 키웠는데 큰 언니는 어머니가 원하는 학교에 가고 좋은 배우자와 결혼하여 어머니의 마음을 흡족하게 해드렸습니다. 그런데 둘째 딸은 어려서부터 고집이 세서 반발을 하자 여자아이가 고집이 세면 큰 일 난다고 더욱 심하게 복종시켰습니다. 아이는 유치원에 다니면서부터 칭찬을 받기 보다는 좀더 열심히 해서 더 잘해야 한다고 들었습니다. 이 아이는 엄마의 우울함을 없애기 위해서는 내가 잘해야 한다. 그래야 엄마가 행복할 수 있다고 생각하면서 더욱 무엇인가를 이루기 위해 끝없이 찾아 다녔습니다. 그러한 생활이 지금까지 계속되었고 결혼을 했지만 늘 마음에 만족이나 여유를 찾을 수 없었습니다. 이 여성의 경우, 어머니가 지나치게 아이의 영역에 넘어왔기 때문에 아이가 경계선을 제대로 형성할 수 없었습니다. 항상 자기가 하고 싶은 것을 할 때에는 등 뒤에 비난하는 손가락이 있는 것 같아 갑자기 뒤를 돌아보곤 했으며, 아름다운 용모에도 불구하고 자신에 대한 존중과 만족보다는 항상 무엇인가를 이루어 내고 엄마를 만족시키기 위한 노력으로 자기 자신을 끌어 갔습니다. 그녀는 자신이 무엇을 좋아하는지 무엇을 하고 싶어 하는지 모릅니다.

이렇게 부모 자녀 사이의 건강한 경계선은 자녀로 하여금 독립하게 하는 기초를 든든하게 세워가는 준비입니다. 무엇보다 부모 자신이 자신의 경계선을 가질 때 자녀에게도 그들의 경계선을 존중해 줄 수 있습니다. 또한 부모가 먼저 건강한 자기의 경계선을 가질 때 자녀에게도 건강한 경계선을 물려줄 수 있습니다. 자녀 떠나보내기는 어느 날 갑자기 이루어지는 것이 아닙니다. 이미 자녀는 부모에게서 떠나고 있습니다. 부모 자신의 행복과 마음, 동기, 욕구 등을 살펴서 자신의 마음의 경계선을 세워보시기 바랍니다. 부모 자신의 영역을 지키십시오. 그리고 자녀의 마음, 동기, 가치관, 욕구를 존중해 주십시오.


## 자녀를 향한 사랑과 훈육의 균형

### 건강하게 사랑하는 부모

자녀 양육의 큰 균형은 바로 사랑과 훈육입니다. 아이는 당신이 언제까지나 조건 없이 사랑해주기를 바랄 것입니다. 그렇게 부모의 사랑을 받은 자녀는 부모의 훈육을 받아들일 수 있고 하나님의 말씀을 받아들일 수 있습니다. 부모의 사랑만큼 자녀들의 영혼-그의 생각, 의지, 감정–에 필수적인 영양분은 없습니다. 어느 부모가 자녀를 사랑하지 않을까요? 문제는 사랑이란 이름으로 자녀에게 오류를 범하고 있는 부모가 많다는 사실입니다. 다시 말하면 사랑을 사랑이 되지 못하게 방해하는 장애물이 있습니다. 사랑처럼 보이지만 그것은 자녀에게 또 다른 굴레와 짐을 만드는 건강하지 못한 사랑입니다. 그렇다면 건강한 사랑은 무엇일까요?

첫째는 하나님 중심적인 사랑입니다. 고린도전서 13장 5절에 '사랑은… 자기의 유익을 구치 아니하며'라고 기록되어 있습니다. 부모가 자녀에게 사랑을 줄 때 직면해야 하는 몸부림이 이 자기중심성이라는 문제입니다. 그렇다고 자녀 중심의 사랑을 의미하는 것은 더욱 아닙니다. 한 예를 생각해 봅니다. 어느 주말에 강연을 갔다가 아빠가 일요일 밤 늦게 돌아왔습니다. 며칠간 딸을 못 봤기 때문에 몇 시간도 못 자고 일어나 딸을 직접 학교에 태워다 주었습니다. 버스편도 있었지만 아빠가 태워다 주면 딸이 좀더 잘 수도 있고 가는 길에 함께 이야기도 할 수 있기 때문이었습니다. 아빠 딴에는 그럴 줄 알았습니다. 그러나 월요일답게 딸은 월요일 무드에 젖어 있었습니다. 인간의 힘으로 에베레스트 산을 들 수 없는 것만큼이나 아빠는 딸의 입에서 단 한마디도 끌어낼 수 없었습니다. 딸은 고맙다는 말도 없이 그 기나긴 침묵을 유지한 채 차에서 내렸습니다. 평소 감사 표현을 잘하던 딸이었는데 그날은 영락없이 사춘기 소녀의 아침이었습니다.

부모 중심 혹은 자녀 중심의 아버지라면 딸이 너무 괘씸해서 당장 속이 부글부글 끓었을 것입니다. '일부러 잠도 못 자고 나왔는데 고작 나를 이렇게 대해? 다시는 태워 주나 봐라! 내가 저한테 어떻게 했는데….

다음부터는 잠이나 푹 자자.' 자녀 중심, 부모 중심의 부모는 자녀가 자기한테 잘할 때만 그들에게 잘해 줍니다. 자녀 중심, 부모 중심의 아버지는 자녀가 자기의 희생을 고마워하는 만큼만 희생합니다. 자녀 중심, 부모 중심의 부모는 자녀의 반응에 따라 자신의 행동의 기초를 둡니다.

반면 하나님 중심의 부모는 하나님을 경외하는 가운데서 사랑합니다. 그는 자녀가 나를 어떻게 대하든 자녀에게 먼저 다가가 그 삶에 개입하여 성경적으로 바로잡아 주고 사랑으로 지원해 주는 것이 하나님의 뜻임을 아는 부모입니다. 그는 자녀들이 부모에게 어떻게 반응하느냐보다 하나님이 나를 어떤 일로 부르셨는지가 더 중요합니다. 부모가 자녀를 사랑하는 것은 사실이지만 몇 시간밖에 못 자고 자리에서 일어난 것은 그 자녀의 행동에 대한 반응 때문이 아니라 나를 부모로 부르신 부르심의 자리에 대한 응답에 기초하여 사랑하는 것입니다. 부모중심적인 사랑은 조건 없는 부모의 사랑을 방해합니다.

둘째는 조건 없는 수용입니다. 고린도전서 13장 7절에 조건 없는 사랑의 정의가 나와 있습니다. "모든 것을 참으며 모든 것을 믿으며 모든 것을 바라며 모든 것을 견디느니라." 부모가 자녀가 얻은 결과만 보고 자녀를 받아들이는 이 장애물에 걸려 넘어진다면, 그것은 단지 자식이기 때문에 사랑하고 수용한다는 것 보다는 오히려 자녀가 부모를 기쁘게 하는 행동을 할 때만 수용하는 것을 의미합니다. 그렇게 하여 자녀는 부모를 위한 수단이 될 뿐입니다. 이렇게 되면 자녀는 자신의 존재에 대해 그 소중함을 알지 못하고 계속 무엇인가 해야만 하는 역할에 치중하게 되는 사람이 될 것입니다.

아기가 밤새 부모를 못 자게 하거나, 걸음마를 시작한 아이가 괴롭히거나, 두돌배기가 대소변을 못 가리거나, 6살 된 애가 얌전히 앉아 있으려고 하지 않을 때, 조건 없는 사랑의 흐름을 계속 유지하기가 매우 힘듭니다. 사춘기 직전의 자녀가 버릇없게 굴고, 십대 자녀가 반항할 때, 우리의 사랑은 시험을 받게 될 것입니다. 성인이 된 자녀가 휴일에 보러 오지도 않고 이메일이나 전화도 없을 때 우리는 그 자녀를 거부하고 싶은 마음이 들 것입니다. 때론 그렇게 공부나 잘하기를 바랐건만, 공부는 전혀 관심이 없고 부모가 하찮게 생각하는 일에만 관심을 가지며 부모의 마음을 몰라줄 때, 자녀가 좋은 회사에 취직하면 주변에 자랑하고 싶은데 뜻대로 되지 않을 때, 그때 그 자녀를 거부하고 싶은 마음이 들 것입니다.

부모의 조건 없는 사랑에 대해 예수님께서 말씀하신 위대한 이야기가 누가복음에 나와 있습니다. 탕자의 아버지는 아들에게 화내고 모질게 할 충분한 이유가 있었습니다. 그는 아들에게 냉정하고 쌀쌀맞게 대할 수도 있었습니다. 그러나 그는 아들이 분명히 죄를 짓고 무책임하게 살았는데도 조건 없는 사랑을 베풀었습니다. 그의 사랑은 자녀의 성과를 바탕으로 한 것이 아니었습니다. 자녀의 행동에 기초한 것도 아니었습니다. 그의 사랑은 그가 자신의 아들인 것만으로도 충분했습니다.

예수님께서 우리에게 그 조건 없는 사랑의 본을 보이셨습니다. "너희 안에 이 마음을 품으라. 그는 근본 하나님의 본체이시나 하나님과 동등됨을 취할 것으로 여기지 아니하시고 오히려 자기를 비어 종의 형체를 가져 사람들과 같이 되었고 사람의 모양으로 나타나셨으매 자기를 낮추시고 죽기까지 복종하셨으니 곧 십자가에 죽으심이라." 예수님께서는 우리가 죄인임에도 우리의 모양으로 나타나셨고 우리를 벌하지 않으셨으며 우리를 위해 당신의 생명을 주셨습니다. 우리의 죄악과 상관없이 하나님께서는 예수 그리스도를 통해 당신의 사랑을 보이셨습니다. 인간을 향한 기대와 사랑, 그것 때문에 인간이 시속적으로 죄를 지었음에도 불구하고 하나님께서는 끝까지 참으시어 그 아들 예수 그리스도를 보내셨습니다.

예의 바르게 행동하는 자녀를 사랑하는 것은 쉽습니다. 그러나 부모가 꿈꾸던 자녀가 아닐 때, 부모가 그렇게 바라던 역할(공부, 직업, 성격, 태도 등)을 하지 못할 때, 그 자녀를 사랑하는 것은 쉽지 않습니다. 이성을 잃고 자녀를 비난하는 때, 그때 혹시 부모의 꿈과 기대를 이루지 못한 자신에 대한 실망을 자기 자녀에게 퍼붓고 있는 것은 아닐까요? 부모님들이여! 자녀가 부모를 기쁘게 하거나, 그렇지 않거나, 그 자녀는 그렇게도 당신의 사랑을 갈망하는 당신의 자녀입니다.

### 건강한 사랑의 기술

건강하게 사랑을 표현하는 데는 기술과 방법이 필요합니다. 그 사랑의 기술은 무엇일까요?

**건강한 사랑은 시간이 필요합니다** 고린도전서 13장 4절에는 '오래참고'라고 되어 있습니다. 자녀들은 부모가 세운 계획대로 움직이지 않습니다. 아직 미숙하고 서투른 것이 당연합니다. 우리는 그들이 우리를 필요로 할 때 도움을 주어야 합니다. 자녀가 실수로 어긋나 있을지라도 자녀가 도움을 요청할 때까지 부모가 인내하며 기다리면, 그들로 하여금 부모의 사랑을 알게 할 수 있을 것입니다. 자녀를 아직 자라는 중, 배우는 중, 훈련 중이라는 마음으로 바라보세요. 자녀에게는 시간이 필요합니다. 또한 자녀들은 어머니가 자기에게 완전히 집중해 준다는 것을 알고 방해 없이 어머니와 함께있는 시간을 필요로 합니다. 자녀와 데이트 시간을 가지세요.

**건강한 사랑은 접촉이 필요합니다** 고린도전서 13장 4절에 '사랑은 온유하며'라고 되어 있습니다. 부모의 손의 감촉은 온유하고 부드러워야 합니다. 당신의 손을 사용해서 자녀들에게 온유함을 표현해 봅시다. 이것은 조건 없는 사랑의 비언어적인 표현입니다. 할로우(Harry Frederick Harlow) 박사는 저명한 미국의 발달심리학자입니다. 그는 '사랑'에 대해 연구했습니다. 그는 정상적인 어미의 보살핌이 없는 상태에서 자라는 원숭이의 발달을 연구하였습니다. 연구 결과 밀접한 신체접촉이 어미 원숭이가 새끼를 돌보는 데 아주 중요한 요인중의 하나라는 것을 발견하였습니다. 원래 할로우의 연구의 목적은 어린 원숭이가 대리엄마에게 애착이 된다면 어떤 특성, 즉 젖꼭지와 부드러운 담요 중에 어느 것이 애착을 유도하는 데 더 효과적인가를 보려는 연구이었습니다. 할로우가 실험을 시작하기 전만 해도 애정이란 보상의 차원에서 발생하는 것이라 생각했습니다. 즉, 부모가 아이를 보살피면 그 아이는 부모가 주는 보상 때문에 부모에게 애정이 생겨난다고 생각했습니다. 때문에 올바른 아이로 자라게 하기 위해서는 적절한 보상을 적당히 조절하기만 하면 될 것이라는 생각이 지배적이었습니다. 그런데 그러한 생각이 할로우의 실험을 통해 뒤집어집니다.

할로우는 붉은털원숭이 새끼를 어미에게서 강제로 떼어놓은 후 두 인형이 있는 방에 가둬두었습니다. 하나의 인형은 철망으로 만들어진 몸에 젖병이 매달려있는 원숭이 인형이었고, 다른 하나는 마분지로 만든 몸통에 천을 감아 만든 원숭이 인형이었습니다. 실험을 시작하기 전만 하더라도 할로우는 당연히 원숭이가 젖을 주는 인형에게 애착을 가질 것이라 생각했습니다. 하지만 그 결과는 놀랍게도 그렇지 않았습니다. 새끼 원숭이는 처음에는 어미와 떨어져 공포에 울부짖고 사방에 대소변을 뿌리며 고함을 질렀지만, 어떠한 노력으로도 어미에게로 돌아갈 수 없다는 것을 알게 된 후, 인형원숭이에게 매달렸습니다. 그런데 새끼 원숭이가 매달린 대상은 젖을 주는 철사인형이 아닌 부드러운 담요로 대충 만든 인형이었습니다. 특히 낯선 물체가 나타났을 때에는 더욱 담요인형에 매달렸으며 담요인형과 같이 있을 때에는 좀더 용감하게 익숙하지 않은 장소를 더 잘 탐색하였습니다. 이 실험을 통해 우리는 단순한 '보상'이 아닌 '접촉'이 애정을 형성하는 데 얼마나 크게 작용하는가를 알 수 있습니다. 만날 때마다 잠시 품에 안아 주세요. 잘했다고 쓰다듬어 주세요. "괜찮아."라고 말하면서 어루만져 주세요.

**건강한 사랑은 대화가 필요합니다** 고린도전서 13장 1-2절을 자녀들과 부모의 관계에 적용해보면, 이 말씀은 조건 없이 자녀를 사랑하는 것이 우리가 가르칠 수 있는 모든 성경공부보다 귀하다는 것을 분명히 드러내 줍니다. 부모가 말씀 전파와 사역, 성경공부, 구역모임을 하느라 바쁠 수 있습니다. 그러나 부모가 자녀를 무조건 사랑하지 않는다면 부모는 아무것도 아니며 부모가 하는 모든 말은 시끄러운 꽹과리 소리와 같을 것입니다. 우리가 그렇게 사랑하기를 원하는 우리의 아이들은 부모의 설교를 필요로 하지 않습니다. 아이는 거절당하거나 지시 받는 느낌이 아니라 받아들여지는 느낌, 자신의 마음을 들어주는 대화를 필요로 합니다. 마음으로 자신의 말을 귀기울여 듣는 부모를 그렇게 간절히 필요로 합니다. 고린도전서에 따라 부모는 자랑하지도 교만하지도 않을 것입니다. 이렇게 다짐해 봅시다. 상스러운 말을 하지 않겠습니다. 쉽게 화를 내지도 않겠습니다. "사랑해.", "참 귀하구나.", "고마워.", "그렇구나." 말하겠습니다.

## 건강하게 훈육하는 부모

잘못된 훈계는 자녀에게 평생 상처가 되고 부모의 마음에 큰 짐으로 남아있습니다. 상담을 하다 보면 어린 시절 부모에게서 받은 잘못된 훈계가 평생의 상처가 되어 잘못된 자아상을 갖게 되고 불행한 결과를 가져다주는 사례를 많이 볼 수 있습니다.

얼마 전 상담을 했던 한 여인의 고백이 생각납니다. 그 여인은 육교를 오르면 발을 뗄 수 없는 공포에 시달려서, 가까이에 있는 육교를 건너지 못하고 멀리 돌아서 길을 건넌다고 합니다. 상담을 하던 중 그런 원인이 어디에서 왔는지를 찾게 되었습니다. 이 여인이 어릴 적에 살던 동네에 도시 육교 정도 높이 아래 개울이 있었다고 합니다. 어릴 때 잘못을 하거나 말썽을 피우면 아빠가 아이를 때리고 개울 옆으로 데리고 가서 "너 계속 이렇게 말 안 들으면 여기로 빠트릴 거야."라고 하며 혼냈었다고 합니다. 그때부터 아이는 무서움에 질려 몸이 굳어 버리는 것 같았고 그 무서움이 그만한 높이에 갈 때마다 공포를 심하게 느끼게 한 것입니다.

사실 모든 부모들은 자녀를 사랑하기 때문에 훈계합니다. 그러나 어떤 훈계는 오히려 나쁜 결과를 낳기도 합니다. 훈계의 목적으로 본다면 자녀가 행동을 교정하고 다듬어주는 것 혹은 좋은 습관을 잡아줄 수 있는 틀을 확립하는 훈련이라고 할 수 있습니다. 그러나 훈계의 더 커다란 목적을 놓치게 되면 훈계라는 이름하에 부모의 감정과 악한 본성을 드러내게 됩니다. 그러므로 훈련이라는 이름의 훈계에 앞서 기억해야 할 중요한 훈계의 목적은 단지 자녀의 행동의 교정을 위한 것이 아닙니다. 이것은 자녀에게 그리스도가 필요하다는 것을 보여주는 중요한 수단입니다. 곧 자녀가 가르침 받은 기준에 미치지 못하는 생활을 할 때에 그것은 자녀에게 예수 그리스도가 필요하다는 것을 설명할 수 있는 좋은 기회가 됨을 부모는 먼저 인식해야 합니다.

그런데 요즈음 많은 부모님들이 자녀를 지나치게 사랑하는 나머지, 좋다는 것은 무엇이든지 다 해주면서 자녀에게 옳고 그름에 대한 마땅한 훈계를 하는 일에는 나약한 모습을 보이는 경향이 있습니다. 그 결과 부모로서의 진정한 권위가 실추되는 것을 볼 수 있습니다. 그러한 부모의 나약함이 자녀를 불행하게 하는 것입니다. 부모의 권위는 하나님께서 부여하신 것으로서 반드시 행사되어야 합니다. 바르게 그리고 자녀의 유익을 위하여 사용되어야 하는 것입니다. 가정에서 부모의 권위를 찾아보기 힘든 요즈음 우리 사회 전반을 바라보십시오. 스승의 권위도, 지도자의 권위도, 그리고 연장자에 대한 권위와 존경도 찾아보기 힘들지 않습니까. 이 시대야말로 부모의 진정한 권위와 사랑이 강력히 요구되는 시대입니다. 이 시대야말로 하나님의 권위를 대리하는 청지기로서의 권위가 필요한 때입니다. 그러한 진정한 부모의 권위는 자녀를 위축시키는 것이 아니라 오히려 자신감과 안정감을 심어 주는 것이 됩니다. 또한 그러한 권위를 통해 자녀들이 자기 자신을 절제하고 제어하는 능력도 배우게 되어 결국 자녀에게 궁극적 행복을 제공하게 되는 것입니다.

마치 "주께서 그 사랑하시는 자를 징계(correct)하시고 그의 받으시는 아들마다 채찍질 하심이니라(히12:6)"의 말씀과 같이, 우리도 자녀를 사랑하기에 때로는 매로, 때로는 하나님께서 부여하신 부모의 권위로, 엄격한 가르침으로 그들을 바로잡아 주고 가르치는 것이 바로 성경적 훈계인 것입니다. 따라서 사랑과 훈계는 본질적으로 하나입니다. 이것은 하나님의 명령이고 복종과 자제력을 가르치는 데 필수적이기 때문입니다. 사랑 속에는 훈계가 내포되어 있고, 훈계 속에는 사랑이 내포되어 있는 것이지요. 따라서 사랑 없는 훈계는 진정한 훈계가 될 수 없고, 훈계 없는 사랑은 더 이상 사랑일 수가 없는 것입니다.

### 건강한 훈육 기술

그러면 정말로 바르고 효과적인 훈계를 하기 위해서 주의해야 할 점은 무엇일까요? 자녀를 훈계할 때 염두에 두어야 할 중요한 점들에는 무엇이 있는지 더불어 생각해 보겠습니다.

**건강한 훈육은 사랑이 기반이 됩니다** 훈계에 앞서 가장 중요한 것은 자녀를 향한 따뜻한 사랑이 먼저 충분하게 전달되었는가를 확인하는 일입니다. 특히 조건과 상관없는 사랑과 용납, 즉 그들의 존재와 인격

자체가 있는 그대로 받아들여지는 사랑이 풍성하게, 부족함이 없이 전달되었는지를 확인해야 합니다. 훈계가 성공적으로 이루어지려면 그에 앞서서 따뜻한 사랑이 우선되어야 한다는 것입니다. 왜냐하면 자녀에게 먼저 사랑이 전달되지 않았을 경우, 자녀들은 부모의 훈계를 사랑으로 받아들이지 못하고 거부하고 배척하게 되기 때문입니다. 따라서 부모로서 "너를 정말 사랑하기 때문에, 그래서 네가 잘못되는 것을 원치 않기 때문에, 너를 훈계하는 것이란다."라는 뜻이 분명하게 전달되도록 하는 일이 효과적 훈계의 준비이며 출발인 것입니다.

**건강한 훈육은 가르침이 분명해야 합니다** 때로 자녀를 야단치다 보면 자녀의 잘못된 행동이나 습관을 바르게 교정하고자 했던 목적은 어느새 사라져 버리고 부모 자신의 감정을 다스리지 못하여 흥분하게 되는 경우가 있습니다. 일관성 있고 공정한 훈계의 기준에 의한 것이 아니라 부모의 기분에 들고 안 들고, 혹은 부모의 감정의 기복에 따라 자녀들에게 반응하게 되는 것입니다.

그러한 감정 폭발은 자녀를 혼돈시키거나 좌절시키며 그들을 노엽게 하는 것입니다. 또한 결과적으로 부모가 감정에 치우치다 보면 자녀는 무엇이 잘못된 것인지 자신의 행동수정 사항을 알기 전에 벌써 감정이 상하여 억울함을 느끼게 됩니다. 따라서 먼저 부모는 훈계의 상황에서 자신의 감정을 다스릴 줄 알아야 합니다.

그리고 훈계를 하기 전에 먼저 정확한 가르침과 지시를 제시해야 합니다. 만일 분명한 지시를 주지도 않은 채 잘못한 결과만을 가지고 야단을 치면 자녀는 야단을 맞으면서도 자신이 무엇을 잘못했는지 모를 뿐 아니라 감정이 상해서 부모와의 관계만 깨지게 됩니다. 훈계는 수정과 훈련을 위한 것입니다. 훈계는 자녀에게 자신의 바람직하지 못한 습관을 점차적으로 수정해 주는 능력을 부여해주는 것입니다.

**건강한 훈육은 부부가 한 뜻입니다** 자녀를 훈계할 때 부부가 한 뜻으로 하는 것이 참으로 중요합니다. 흔히 부모 중 한 사람이 자녀를 훈계할 때 다른 한 사람이 그 자녀를 두둔하거나 감싸는 경우가 있습니다. 그러할 경우 훈계의 효과도 반감될 뿐 아니라 자녀로 하여금 눈치를 보거나 기회에 편승하는 법을 가르치는 결과를 낳을 수 있습니다. 그렇다고 해서 덩달아 같이 야단치는 일에 동참하여 자녀를 궁지에 몰아넣으라는 뜻은 아닙니다. 한 사람이 훈계를 맡아서 할 때에는 다른 한 사람은 마음으로 기도하며 조용히 있거나, 혹은 자리를 비켜 주더라도 부부가 언제나 한 뜻이라는 것을 자녀가 알도록 해야 합니다.

**건강한 훈육은 결과가 아닌 마음과 동기를 살펴봅니다** 우리 사회는 모든 평가가 겉으로 드러난 성과에 의해 판단되고 있습니다. 그래서 자녀를 훈계함에 있어서도 드러난 결과에 기준을 두는 경우를 봅니다. 심지어는 학교에서 받아쓰기의 결과를 가져온 어린 자녀에게 틀린 숫자만큼 매를 때린다는 부모의 이야기를 들은 적도 있습니다. 받아쓰기는 글을 배우기 위한 연습 과정인데 어려서부터 노력에 대한 격려는 없고 실수에 대한 두려움과 좌절만 심어 준다면 이는 더욱 위축감을 주게 되는 결과를 낳게 됩니다. 우리의 하나님께서는 드러난 성과에는 별 관심이 없으신 분이십니다. 그분은 우리 마음의 중심을 보시는 사랑의 아버지이십니다. "하나님이여 나를 살피사 내 마음을 아시며 나를 시험하사 내 뜻을 아옵소서(시 139:23)."라는 시편 기자의 기도문처럼 성경적 훈계는 겉으로 드러난 행동이나 결과를 보고 반응하는 것이 아니라 그러한 행동을 한 마음의 동기를 살피는 것에서 시작되어야 합니다. 말하자면 왜 동생을 때리는지, 왜 거짓말을 했는지 그 숨은 동기를 살펴보아야 하는 것입니다. 마음의 동기를 다루어 주지 않으면 행동 변화가 일어나지 않습니다. 보통 어린 자녀가 문제행동을 보이는 데는 4가지 숨은 동기가 있을 수 있습니다.

첫째는 사랑과 관심끌기입니다. 동생을 본 형이 옷에 오줌을 싼다거나, 부모가 서로 심한 갈등을 보이며 싸울 때 남의 물건을 훔쳐서라도 자신에게 관심을 집중시키는 경우입니다. 이때 자녀의 문제 행동은 "나에게 관심을 보여주세요.", "엄마 아빠, 싸우지 마세요." 하는 메시지입니다.

둘째는 힘겨루기입니다. 특히 어린 자녀는 부모가 권위로 자신을 바르게 이끌어 주기를 본능적으로 원합니다. 그런데 자신이 보기에 부모가 자신을 제어할 만큼 강하지 못하다고 느끼면 반항행동을 통해 어른과 힘겨루기를 시작합니다. 자신이 고집 부리고 떼를 쓰면 부모가 언젠가는 질 것을 알기에 그런 행동을 지속하는 것입니다. 이런 경우, 부모가 끝까지 확고하고 흔들림 없는 태도를 보여야 합니다. 부모가 확고해지면 자녀는 의외로 안정감을 되찾습니다.

셋째는 분노입니다. 인간은 누구나 부당함에 분노합니다. 비록 어린 자녀라 할지라도 불공평하다고 느끼면 무의식적으로 여러 방어적 문제

행동을 표출하기 시작합니다. 부모가 다른 자녀만 편애한다든가 아빠 또는 엄마가 폭력적일 경우, 또는 자신이 부당한 대우를 받는다고 느낄 때 분노로 문제행동을 나타냅니다.

넷째는 무기력함입니다. 부모가 학업과 성취에 대해 너무 높은 기대를 요구하는 경우 무기력함이나 능력부족을 문제행동으로 표출할 수 있습니다. 이것은 자신에게 버거운 부모의 높은 기대를 일찌감치 포기시키려는 동기에서 비롯된 것입니다. 자신은 나름대로 노력했는데 격려와 칭찬은 없고 계속 더 잘하라는 재촉과 요구만 받을 때 자녀는 무기력함에서 비롯된 문제행동을 일으킵니다.

자녀에게 드러난 문제행동에 초점을 맞추기 보다는 그 이면에 동기나 마음을 살펴야 합니다.

건강한 훈육은 다른 사람과 비교하지 않습니다 "엄만 나만 미워해." 세 아이를 둔 가정에서 낀 둘째가 이리저리 치이면서 하는 말입니다. 그런데 요즘에는 셋 모두 이렇게 말하지요. 하물며 형제가 없는 아이마저도 옆집 아이와 비교하며 왜 나만 미워하냐고 합니다. 다른 형제 자매나 혹은 다른 사람들과 비교하며 자녀를 양육하는 것이 얼마나 해로운가는 굳이 설명할 필요도 없을 것입니다. 그리고 자녀를 훈계할 때, 다른 형제 자매 앞에서 하거나, 혹은 그들과 비교하며 훈계할 경우, 훈계를 듣는 자녀는 자존심이 상하게 됩니다. 어느 가정에서는 동생 앞에서 형을 야단치곤 하니까 그 동생이 형의 약점을 알고는 형을 무시하거나 이용하는 경우도 있습니다. 따라서 훈계는 개인적으로 조용한 장소를 택하여 일대일의 관계 가운데 하는 것이 효과적입니다. 이렇게 해야 훈계를 듣는 자녀도 자신이 인격적으로 존중받는다고 생각하여 자신을 돌아볼 마음이 열리게 됩니다.

**건강한 훈육은 잘못은 다루되 인격은 존중합니다** 어릴 적 부모님께 혼이 나고서 한번쯤은 '난 주워 온 아이가 아닐까? 친부모를 찾으러 나가볼까.' 생각해 본 적 있으시죠? 훈육 중에 인격이 손상이 되어서입니다. 부모는 훈육을 통해 '행위는 고치고 수정하되 감정은 받아주어야' 합니다. 예수님께서는 죄는 너무나도 미워하셔서 다스리셨지만, 죄를 지은 그 사람은 지극히 사랑하셨습니다. 그러한 예수님의 태도를 배우면서 다시 한 번 강조해야 할 것은 성경적 훈계는 단호하고 엄격하게 해야 하지만 자녀가 거부감이나 사랑 받지 못함을 느끼지 않도록 조심해야 한다는 것입니다. 아이들이 혼이 나고 억울하면 따라서 부모는 "네가 저지른 잘못은 밉지만 그래도 여전히 너는 소중하기 짝이 없는 나의 자녀란다."라는 뜻이 충분히 전달되도록 표현도 하고, 확인도 시켜 주어야 할 것입니다. 비록 아주 어린 자녀라 할지라도 그들의 인격 자체를 소중하게 다루고 존중하는 태도는 그들에게 건강한 자존감을 갖게 해줄 뿐 아니라 효과적으로 훈계할 수 있기 때문입니다.

**건강한 훈육은 주로 어릴 때 '사랑의 매'를 사용하는 것입니다** 성경적 훈계에는 실제로 매를 들어 사용하는 방법을 포함시키고 있습니다. 물론 그 '매'는 폭력이나 힘을 남용하는 것이 아니라 '사랑과 진정한 권위의 매'가 되어야 합니다. 어린 자녀들은 아직 어떻게 행동해야 할지 모릅니다. 잠언 22장 15절은 "아이의 마음에는 미련한 것이 얽혔으나 징계하는 채찍 이 이를 멀리 쫓아내리라."라고 말씀하시고 계십니다. 자녀들은 어릴 때부터 해서는 안 되는 일에 대해 강력한 제한을 받아야 합니다. 그들은 부모의 강한 팔, 권위의 두 팔, 그러나 사랑의 두 팔을 느낄 수 있어야 합니다. 그들은 자기들을 보호해 주는 두 팔, 그러나 때로는 자신들의 잘못을 제한하는 두 팔, 그리고 마땅히 가야 할 길을 바르게 제시해 주는 단호한 부모의 팔을 느낄 수 있어야 합니다. 그러한 제한이 때로는 강력한 가르침으로, 때로는 '사랑의 매'를 통해 나타나야 하는 것입니다.

물론 매는 아무때나 공연히 남용되어서는 안 됩니다. 그러나 자녀는 어릴 때 부모의 '사랑의 매'가 무엇인지 이해하도록 양육되어야 합니다. 매는 효과적인 훈계를 위해 바르게, 그리고 시기에 적절하게 사용되어야 합니다. 그런데 실제의 삶 속에는 만일 자녀가 다섯 살이 되기 전까지 매를 효과적으로 사용했을 경우에는 그 자녀가 성장해 갈수록 거의 매를 사용하지 않아도 된다는 것입니다. 적절한 시기에 사용된 부모의 권위의 매로 인해 부모의 권위에 대한 자녀의 순종의 관계가 이미 성립되었기 때문입니다.

또한 부모의 감정 폭발을 피하기 위해서도 사랑의 매가 효과적입니다. 이를테면 사랑의 매를 가지러 가는 동안 생각할 수 있는 시간을 얻습니다. 그럼으로써 부모가 생각 없이, 충동적으로 손을 들어 자녀를 때리는 것도 피할 수 있습니다. 그리고 사랑의 매를 가지러 가는 동안 우리는 기도할 수 있습니다. 바르게 훈계할 수 있도록, 또는 정말 자녀의 유익을 위한 공정한 훈계인지 하나님께 여쭈어 볼 수 있는 것입니다.

건강한 훈육은 평소에 장점을 강화, 격려합니다 컵 안에 들어 있는 이물질을 빼려면 큰 손을 컵 안에 넣으려고 애쓰지 말고 그곳에 물을 넘쳐 흘려보내서 이물질이 자연스럽게 빠져 나가게 할 수 있습니다. 어느 자녀에게나 하나님이 주신 은사와 장점이 있습니다. 그것을 주의 깊게 살펴보십시오. 그리고 그것들을 살리고 격려해 보십시오. 그러면 그러한 격려가 자녀의 약점을 물러나게 합니다. 칭찬은 고래도 춤추게 한다고 합니다. 사람은 누구나 자신의 장점이 개발되고 격려되는 분위기에서 용기를 얻으며 성장하게 됩니다. 우리 자녀가 가지고 있는 부정적인 측면은 고칠 수 있도록 훈계해 주어야 하지만, 그들의 긍정적인 장점들은 찾아서 격려하며 개발해 주는 것 역시 또 다른 훈계의 방법이 되는 것이지요. 그리하면 자녀들이 스스로 자신들의 장점을 살리며 성장할 수 있을 뿐 아니라 그러한 격려의 분위기 속에서 자신의 약점들을 스스로 고치고 삼가는 훈계의 효과가 실제의 삶 속에서 일어나는 것을 경험할 수 있습니다. 타율적인 복종보다 내면에서 동기화된 순종이 얼마나 아름다운지요.

건강한 훈계의 궁극적 목표는 자기훈련입니다 자녀를 사랑한다면 어릴 때 좋은 습관을 훈련시켜야 합니다. 어릴 때 강한 훈련을 받으면 자녀는 일평생 삶을 좀더 수월하게 살아갈 수 있습니다. 그 이유는 자기절제와 자기훈련을 알기 때문입니다. 결국 훈계란 자녀로 하여금 스스로 옳은 길을 선택하는 능력을 가르치는 훈련입니다. 일상 가운데 만날 수 있는 유혹과 시험 가운데 옳은 길을 가는 절제와 강직함을 심어줄 수 있습니다. 평생 따라다니면서 일일이 훈계할 수 없습니다. 부모가 대신 살아 줄 수도 없습니다. 자녀는 떠나보내야 합니다. 자녀가 스스로 자기 자신을 절제하고 훈련할 수 있도록 능력을 심어주는 것이 훈계의 궁극적인 목적입니다.

건강한 훈육은 자녀를 위해 기도합니다 자녀가 성장할수록 가르침은 자녀에게 상처를 주는 행동이 되기 쉽습니다. 왜냐하면 부모가 자신의 연약함의 한계를 극복할 수 없어서 자신의 감정과 뜻을 기준으로 하여 훈계하게 되기 때문입니다. 그리고 부모가 통제할 수 있는 영역은 한계가 있습니다. 우리는 자녀를 위해 주님께서 가르쳐 주신 것과 같이 기도해야 합니다. "주님! 악으로 가득찬 이 세상에서 시험에 들게 하지 마옵시고 다만 악에서 구하옵소서(마 6:13). 저희 자녀들이 주님의 진리 가운데 살아갈 수 있도록 주의 성령과 능력으로 강건케 하옵소서." 사실 성경적 훈계란 기도로 시작해서 기도로 끝나는 것이라고 해도 지나치지 않습니다. 성경적인 훈계는 곧 하나님의 마음이기 때문입니다.

하나님은 우리를 칭찬으로 가르치고 계시는 분이십니다(잠 27:21).
하나님은 우리의 실수와 연약함을 기다리고 인내하시는 분이십니다(렘 15:15, 롬 3:25).
하나님은 우리를 사랑하기 때문에 매를 드시면서도 사랑을 표현하시는 분이십니다(삼하 7:14).
하나님은 우리를 보상하시면서 격려하시는 분이십니다(시 138: 8).
하나님은 우리의 체질을 아시고 기질대로 가르치고 키우십니다(시 103:14).
하나님은 우리를 끝까지 포기하지 않으시고 우리에 대한 소망의 계획을 세우시는 분이십니다(요 13:1).

1. 단원 교육을 마친 부모들은 지침을 따라 만나모임을 진행합니다.
2. 만나모임은 교육에 참여한 부모들이 매 단원을 마친 주간에 모여서 배운 내용을 나누고 교육내용에 따른 삶의 변화에 대해 나누는 시간입니다.
3. 만나모임을 위해서 그리고 보다 친밀한 교제를 위해서 부모들 중 한 명을 리더로 세워 모임이 원활하게 이루어지도록 합시다.

아래는 3단원의 내용을 심도 있게 정리하거나
여러분의 "건강한 우리 가정을 만들어 가기"를 위해 유용한 책들입니다.

이기복. 성경적 부모교실, 두란노, 2006.
노만 라이트. 하나님, 이 아이를 어떻게 키워야 합니까?, 아침, 2008.
김종환 · 채경선 · 최우영. 충분히 좋은 엄마교육, ABBA., 2006.
닉 스틴넷 · 낸시 스틴넷. 환상적인 가족만들기, 학지사, 2004.
조엘 오스틴. 엄마를 위한 긍정의 힘, 긍정의 힘, 2008.
죤 브래드쇼. 창조적인 사랑, 한국기독교상담연구원, 2006.
팀 슬레지. 가족치유 마음치유, 요단출판사, 1996.

# 3단원 '만나모임' 길라잡이

　　이번 단원에서 우리는 우리 가정의 근본적인 문제와 그 문제를 극복하여 건강한 가정으로 나아가는 방법들에 대해 배웠습니다. 이제 3단원 만나모임을 통해서 이번 단원에서 배운 대로 하나님의 사랑 가운데 서로의 가정을 위해 기도하면서 건강한 가정의 모습을 회복하기 위해 결단의 시간을 갖고자 합니다. 만나모임은 10명 미만(부부로 말하면 5쌍)으로 운영하는 것이 바람직합니다.

## 1단계: 모임열기

1. 서로를 반갑게 맞이하며 인사를 나눕니다.
2. 찬양을 드리며 마음 문을 엽니다. 특별히 이번 모임에서는 가정의 온전한 회복과 부흥을 바라는 찬양을 드립니다. 주로 성령이 우리 가정 가운데 임하셔서 우리 가운데 충만하시기를 바라는 찬양을 드리도록 합니다.
3. 인도자의 기도로 시작합니다.

## 2단계: 소식나누기

1. 약 5분 동안 묵상함으로 한 주간 동안 있었던 개인과 가정의 가장 큰 사건을 기억합니다(이사, 자녀의 입학과 졸업, 독서, 영화관람, 가족 갈등 등).
2. 한 사람 당 1분씩 돌아가면서 기억나는 지난 한 주간의 이야기를 나눕니다.
3. 인도자는 소식들 중에서 기도드려야 할 내용을 메모해 두었다가 기도시간에 나누도록 합니다.

## 3단계: 기억하기

1. 약 3~5분 정도, 지난 강의에서 배운 내용을 새겨보는 시간을 갖습니다.
2. 지난 주간에 나누었던 강의 중에서 중요하다고 여기는 주요 단어를 중심으로 자유롭게 내용을 복습하는 시간을 갖습니다.
3. 지난 한 주간 동안 가정생활에서 어떻게 적용하며 살았는지 묵상합니다.
4. 3~4명 정도로 제한하여 지난 강의에서 느낀 점과 좋았던 점에 대해 나눕니다.

## 4단계: 토닥이고 기도드리기

1. 소식나누기에서 나눈 내용을 중심으로 함께 위로, 격려, 축하의 시간을 갖습니다. 구성원의 기념일이 있을 경우 (필요하다면) 일괄적으로 구입한 선물을 주는 시간을 갖습니다.
2. 소식나누기에서 다루었던 내용 가운데 함께 기도해야할 제목이 있으면 간절한 마음으로 마음을 합해 기도드립니다. 혹시 다른 기도제목이 있을 경우 이 시간에 나누도록 합니다. 기도 시간은 20분 이상을 유지하도록 하고 소리내어 기도하는 것을 원칙으로 합니다.
3. 구성원 가운데 한 명이 대표로 마무리 기도를 하도록 합니다.

## 5단계: BCM 시간

1. 인도자는 교회의 교역자를 초청하거나 자녀들이 출석하고 있는 부서의 최근 교회교육의 진행 상황에 대해 나누도록 합니다.
2. 부모들이 가정예배, 가정목회지침 활용 등의 가정사역을 이해하고 실천할 수 있도록 격려합니다.
3. 간단한 다과와 함께 자녀교육이나 양육에서 필요한 다양한 것들을 서로 나누는 시간을 갖습니다(물품들을 준비했을 경우, 모임장소 뒤편에 별도의 전시 공간을 마련하도록 합니다).
4. 다음 4단원에 대해 간단하게 소개하고 강의 일정을 안내합니다.